JN320246

やわらかアカデミズム・〈わかる〉シリーズ

# よくわかる
# コミュニケーション学

板場良久・池田理知子 編著

ミネルヴァ書房

# はじめに

■よくわかるコミュニケーション学

　私たちは，コミュニケーションにおいてつまずいたり，ある人間関係を避けたくなったり，知らぬ間に会話や行動が方向づけられていたりすることを知っています。たとえば，自分が正しいと思っていた事実が無根であることに気づいて驚愕することもあるでしょう。また，必要のないものを買って「しまった」と思うこともあるでしょうし，うまく説明できたと思っても，相手に納得してもらえないこともあるでしょう。お互いを知れば知るほど仲が悪くなっていくこともありますし，〈自分がやりたいこと〉と〈自分にできること〉とのギャップから自己嫌悪におちいった状態で対話に参加せざるを得ないこともあります。

　また，それとは逆に，コミュニケーションが何の問題もなく快活に進んでいるとき，その理由を考えてみたことがあるでしょうか。会話がはずんでいるとき，その会話が自分たちの気づかぬ問題を維持する働きをしている可能性について考えてみたことがあるでしょうか。混雑した駅のホームでの整列乗車は秩序だった行動ですが，なぜスムーズに整列できるのかを考えてみたことはあるでしょうか。あるいは，相互に「そうそう」と理解しあえたとき，それが別の誰かを不当に傷つけていたり，特定の人びとに対する偏見を助長させたりしている可能性について想像してみたことがあるでしょうか。

　コミュニケーションとは，私たちが日常的に〈よりよくしようとすること〉〈せざるをえないこと〉〈してしまっていること〉には違いないのですが，このように，かならずしも単純で明るく自然なものではないのです。それは，日常的なものでありながらも非常に複雑なものだといえるでしょう。したがって，多元的な理解と実践が求められるのです。そこで，「コミュニケーション学」という学問領域を設け，多様なテーマのもと，人間がかかわる様々な活動を対象とした研究が進められているわけです。

　この本は，多岐にわたるテーマのなかから，技術革新を通じてグローバル化する世界的情況のなかで，コミュニケーションを学ぼうとするすべての人にとって重要と思われるものを抽出し，できるだけわかりやすい解説を試みたものです。具体的には，メディア・家族・ジェンダー・教育・文化・精神・記号・思想といったキーワードを手がかりに，コミュニケーション学の輪郭を描こうとしています。読者のみなさんにとって，日常の様々な問題を分析する力を養うだけでなく，コミュニケーションの力とそれがもたらす現状変革の可能性を認識したうえで，新たな関係性を築こうとする原動力にこの本がなるならば，これ以上の喜びはありません。

最後に，本書を完成させるにあたり，日ごろの問題意識と調査研究の成果を平易な例と表現で綴っていただいた執筆者全員，および編集で多大なご尽力と的確な指摘，励ましのことばをいただいたミネルヴァ書房の河野菜穂さんに，心からお礼申し上げます。

共編者

# もくじ

■よくわかるコミュニケーション学

はじめに

## Ⅰ　コミュニケーションという力

1　コミュニケーションとは何か……2

2　「伝え合い」としての
　　コミュニケーション……4

3　本当に伝え合えているのか……6

4　伝え合えれば，それで良いのか…8

5　コミュニケーションを管理する
　　様々な条件……10

6　コミュニケーションを管理する
　　法の力……12

7　コミュニケーションを管理する
　　言説の力……14

8　コミュニケーションを管理する
　　文化の力……16

9　隠された了解……18

10　コミュニケーション学を
　　学ぶことの意義……20

コラム1：「当たり前」を見直す……22

## Ⅱ　メディア

1　コミュニケーションの場としての
　　メディア……24

2　メディエーションの意味……26

3　ことばと支配……28

4　歴史の継承と身体……30

5　メディアとしての空間……32

6　記録と身体……34

7　「語り部」というメディア……36

8　「貨幣」というメディア……38

9　規範と権力……40

10　グローバル化とメディア……42

コラム2：現場に立つことの意味……44

## Ⅲ　個人・家族

1　自己と他者……46

2　コミュニケーションと
　　アイデンティティ……48

3　アイデンティティと「出自」……50

4　「家庭内コミュニケーション」の
　　語られ方……52

5　家族という規範……54

6　国家と家族……56

7　「家族」という個性……58

8　「生命」を巡るコミュニケーション……60

9　「死」を巡るコミュニケーション…62

10　多様化する関係 …………… 64

　コラム3：社会参加と／の
　　　　　　コミュニケーション …… 66

---

## Ⅳ　ジェンダー・セクシュアリティ

　1　ジェンダーとコミュニケーション
　　　…………………………………… 68

　2　性暴力とコミュニケーション …… 70

　3　見られることの意味 ………… 72

　4　ジェンダーとテクノロジー …… 74

　5　セックス／ジェンダーという二分法
　　　…………………………………… 76

　6　セクシュアリティの意味 …… 78

　7　規律化とクローゼット ……… 80

　8　「クィア」という抵抗 ……… 82

　9　第2波フェミニズム以降の
　　　ジェンダー論 ………………… 84

　10　セックス・ジェンダー・
　　　パフォーマティヴィティ …… 86

---

## Ⅴ　文　化

　1　文化の諸相（多面性）と
　　　コミュニケーション ………… 88

　2　文化としてのコミュニケーション，
　　　コミュニケーションとしての文化
　　　…………………………………… 90

　3　コミュニケーション・テクノロジー
　　　と文化 ………………………… 92

　4　文化産業とコミュニケーション … 94

　5　文化と権力 …………………… 96

　6　「伝統」と文化 ……………… 98

　7　身体化された文化 …………… 100

　8　象徴暴力とコミュニケーション … 102

　9　文化を変えるコミュニケーション
　　　…………………………………… 104

　10　グローバル化のなかの
　　　コミュニケーションと文化 …… 106

　コラム4：ディベートの歴史を
　　　　　　学ぶことの意味 ……… 108

---

## Ⅵ　記号の力

　1　記号とは何か ………………… 110

　2　記号の恣意性と政治性 ……… 112

　3　記号から言説（ディスコース）へ
　　　…………………………………… 114

　4　レトリックとしての記号 …… 116

　5　記号としての場所 …………… 118

　6　自分（たち）と他者の境界を
　　　形成する記号 ………………… 120

　7　記号の消費 …………………… 122

　8　比喩と認識 …………………… 124

　9　現実に先立つ記号 …………… 126

　10　意味の決定不可能性 ………… 128

## VII 教育

1. 教育とコミュニケーション …… 130
2. 近代教育の時空 ………………… 132
3. 学校における身体の教育 ……… 134
4. コミュニケーション能力と現代社会
   ……………………………………… 136
5. コミュニケーション能力と言語教育
   ……………………………………… 138
6. 国際教育とコミュニケーション … 140
7. コミュニケーションの基盤としての母語 ……………… 142
8. 生活を学ぶこと ………………… 144
9. 教育とメディア ………………… 146
10. 広がる教育の機会 ……………… 148

コラム5：教育と権力 ……………… 150

## VIII 精神

1. 心理から精神へ ………………… 152
2. 〈現実〉と私たちを介する位相 … 154
3. 言語世界における「精神」の生成と運動 ……………………… 156
4. 「自我」の問題点 ………………… 158
5. 語りに語られる主体 …………… 160
6. 閉塞感と日常的不安 …………… 162
7. 精神の働きに寄り添うコミュニケーション ……………… 164
8. 分析的視点の重要性 …………… 166
9. 「知っているはずの主体」とオーディエンス ……………… 168
10. 認識の及ばぬ次元 ……………… 170

コラム6：夢と現実 ………………… 172

## IX 社会思想としてのコミュニケーション

1. コミュニケーションする思想，思想するコミュニケーション … 174
2. 啓蒙主義とコミュニケーション … 176
3. 共和主義と発話 ………………… 178
4. ポストモダンとコミュニケーション
   ……………………………………… 180
5. リベラリズムと発話 …………… 182
6. コミュニタリアンと発話 ……… 184
7. 多文化主義と発話 ……………… 186
8. 文化戦争とコミュニケーション … 188
9. コミュニケーションとデモクラシー ……………………… 190
10. 偶有性とコミュニケーション思想
    …………………………………… 192

コラム7：コミュニカティヴな実践の場としての〈図書館〉… 194

人名・事項索引 …………………… 196

SERIES
ya
やわらかアカデミズム・〈わかる〉シリーズ

# よくわかる
# コミュニケーション学

# I　コミュニケーションという力

# 1　コミュニケーションとは何か

### 1　コミュニケーションの力

　コミュニケーション学はコミュニケーター学ではない。これは，社会学が社会人学でないのと同じである。人は，生まれ，育ち，社会の一員となる。この世に生命を授かった人に先立つものが社会である。同様に，人は，自分が生まれる前からあったコミュニケーションに参加していく。生きていくためには，コミュニケーションに参加せざるを得ないからだ。

　我々が学ぼうとしているのはコミュニケーションであり，コミュニケーターではない。コミュニケーションとは，人と人の間にあって，人と人を関係づけたり，人と人の関係を方向づけたりするものである。人そのものではない。確かに，コミュニケーションは人が行なうものだが，人が好き勝手に操れるものでもない。たとえ世間に迎合するのが嫌いで，どんなに身勝手に振る舞おうとしても，その身勝手さが他者にわかるように振る舞わないといけない。過度に独創的な身勝手さなど不可解なだけである。身勝手な人というのは通常，他者に理解される身勝手な振る舞い方というものに迎合しており，その意味では身勝手ではないのだ。

　コミュニケーションとは，人が自主的に行なおうとするものであるが，人を縛り動かすものでもある。そうであるならば，その縛り方に問題はないだろうか。コミュニケーションが，空気や水のごとく，あまりにも当たり前に起こっているものであるために，その問題に気づきにくい。しかし，だからといって，コミュニケーションについて考えなくてよいわけがない。コミュニケーションは確実に私たちを動かしている。人が人を動かしているというよりも，人と人を媒介するコミュニケーションの中で生じる考えやイメージの力によって，人は動かされているのである。現在，人が生きるうえで不可欠な大気や水質に無関心でいることはできない。同様に，私たちは，生きていくのに不可欠なコミュニケーションが無色透明ではないことを知り，コミュニケーションにまつわる問題にも注意を払うべきなのである。

### 2　人と人を媒介するコミュニケーション

　人と人の結びつき方は自然で純粋無垢なものではない。例えば，上級生／下級生という意識は自然に生じるように思えても，それは３月と４月の間に引か

れた制度的な「線」の結果生じるものだ。そして，具体的な上級生と下級生のコミュニケーションに先立って，上下関係のあり方はすでにコミュニケートされ，了解されている。したがって，コミュニケーションを人間同士の純粋な相互行為と考えてはならない。それは，様々な次元や規模の政治が絡み合う磁場である。

青沼のコミュニケーション論に基づけば，コミュニケーションを学ぶことは，「人間（にんげん）」ではなく「人間（じんかん）」を学ぶことである。「人間（じんかん）」とは，様々な力学が作用する「世間」のことである。中国語で「人間」は「世間」を意味する。したがって，漢詩でも「人間」を「じんかん」と読む。例えば，「流水落花春去也　天上人間」は，李煜の漢詩「浪淘沙令」の結句だが，最後の「人間」は「人の世，世間」という意味で，「じんかん」と読む。「人間万事塞翁が馬」の「人間」も「じんかん」と読み，「世の中，世間」を表わす。私たちは，「人の世」から逃れられないように，コミュニケーションから逃れられない。そうであるならば，「人間（じんかん）」としてのコミュニケーションを学ぶ必要がある。

## ３ 脱個人主義に向けて

これまで，個人が世間で成功するためにコミュニケーション・スキルを学ぶべきだという発想もあった。その場合，注目の対象は「人間（にんげん）」の能力であった。しかし，コミュニケーションとは個人的なものではない。したがって，例えば，「人間（にんげん）」個人のコミュニケーション能力を判断する基準が人びとの序列化を促進する危険性は「人間（じんかん）」に関わる社会問題であり，コミュニケーション学が注目すべき課題となる。

たしかに，昨今の「コミュニケーション」という言葉の流行からすると，個人のコミュニケーション・スキルを磨けば人生がうまくいくかのような気にはなる。しかし，私たちはそのような誘惑に負けてはならない。コミュニケーションとは特定の個人の人生に資する場，一部の人びとの立身出世や経済的成功のための場ではないからであるし，また，そうであってはならない。このような立場に立って初めて私たちは，コミュニケーションを学問することができるのだ。

これは，もちろん，個人の技能を磨く必要がないという意味ではない。個人技の高低とは別次元に，コミュニケーションに関する諸問題が存在しているという意味である。この視点に立つと，例えば，「個人のコミュニケーション技能を高めよ」という発言を通じて政治的な意味が暗にコミュニケートされていることだけでなく，その発言が条件付きで有効であることも気づけるようになるだろう。コミュニケーション学とは，有能なコミュニケーターを育成し，成功をおさめさせることを支援する学問ではないのだ。

（板場良久）

▷1　マックス・ウェーバーは「職業としての政治」について講じたものの，それ以外の力関係の展開も広い意味での政治であると述べている。マックス・ヴェーバー／脇圭平訳（1980）『職業としての政治』岩波書店，8頁。

▷2　青沼智（2010）「ことばの力」『よくわかる異文化コミュニケーション』ミネルヴァ書房，42頁。

▷3　この結句は，「目の前を，水が流れ去り，花は散りゆき，そして春は過ぎていってしまった。天上の世界とこの人の世の隔たり」と訳され，永遠なるものの天上界と異なり，人の世が，去っていくものばかりであることを詠った名句である。村上哲見（1959）『中国詩人選集（16）李煜』岩波書店。

▷4　萱野稔人は，「コミュニケーション能力をめぐる過当な競争は，人間関係にひずみをもたらすだろう」と述べている。萱野稔人「空気の読み過ぎ──社会を萎縮させる同調圧力」『朝日新聞』（2009年4月10日付）。

# I　コミュニケーションという力

## 2　「伝え合い」としてのコミュニケーション

### 1　「コミュニケーション」が多義的である理由

「コミュニケーション」ということばは「ジョーカー」のような働きをする。様々なものになれるという意味においてだ。実際，「コミュニケーション」ということばは，この研究が盛んな米国で多様に定義されてきた。例えば，岡部朗一は，1976年に出版されたDance & Larsonの著書に「コミュニケーション」の定義が126もあげられていることを紹介している。この定義の多様性は複数の事情があるとされるが，とりわけ重要なことは，このことばが多数の定義を導くことができたという事実を認識することである。

定義とは分節である。分節とは，「～は～ではなく，～である」という具合に，ことばで世界を切り取りながら実体あるいはイメージ上の輪郭を形成していくことである。簡単に言えば，注目や認識の範囲を定めていくことである。したがって，「コミュニケーションとは～である」という定義は，この「～」が示す範囲こそを関心対象にすべきだと主張している弁舌である。「コミュニケーション」の定義は，十分なものであるかどうかよりも，ある範囲のことについて語るために必要なものであるかどうかが重要なのである。

それでは，「コミュニケーション」とは，私たちの関係する事象のどのような範囲を分節し，そこに注目するよう仕向けてきたことばなのであろうか。ここでは，比較的最近強調されるようになった「伝え合い」という定義について概観してみよう。

### 2　「伝え合い」としての「コミュニケーション」

松本茂によれば，「コミュニケーションとは伝え合いである」。この定義は，一見，挑発的である。「伝え合い」以外は「コミュニケーション」と呼ぶなと言っているようだからである。しかし上述したように，そもそも定義とは，ある語りを展開するのに必要な分節である。したがって，「伝え合い」という定義を用いる必要がどのように示されているのかを推進者の立場に立って考える方が建設的である。

この定義は，「伝える」でもなく「伝わる」でもなく，「伝え合う」である。つまり，「コミュニケーション」ということばから，発信でもなく受信でもなく，その両方が連鎖するように起こっているイメージを呼び起こせと主張している

---

▷1　岡部朗一（1993）「コミュニケーションの定義と概念」橋本満弘＆石井敏編『コミュニケーション論入門』桐原書店，54-55頁。
▷2　Wood, Julia T. (1982). *Human Communication: A Symbolic Interactionist Perspective.* Holt, Rinehart & Winston.
▷3　「分節」の比較的平易な説明として，中山元（2005）『高校生のための評論文キーワード100』ちくま書房がある。また，コミュニケーションの双方向性を強調する場合，コミュニケーションを「キャッチボール」に見立てることもある。こうした定義は，外国語教育のように，ことばが正しく伝わるかどうかが焦点となる場合に限れば妥当なものであろう。
▷4　松本は，伝え合いによる「意味創出」がコミュニケーションの定義のキーワードになると述べている。しかし，それが何を意味するのかを明示していない。むしろ，個人レベルでは，意味が伝わるほどの大きな声を出す必要性や，コミュニティとのつながりが希薄になってきたことを問題化している。松本茂編著（1999）『生徒を変えるコミュニケーション活動──自己表現活動の留意点と進め方』教育出版，13-14頁。

のである。この主張は、現状変革を目論んだものである。文脈的には、読む・書く・聞く・話すがばらばらに教育されている現状を打破しようと企図された発言である。その教育の場は主に学校教育であろう。そこでの従来の風景は、読んだら記憶するだけ、書いたら直してもらうだけ、授業中は私語を慎み、質問や意見は控え黙々と教師の話を聞き記録・記憶するだけというものであった。こうした現状の改革が希求されたときに登場したのが「コミュニケーション重視」という教育標語である。したがって、「伝え合い」を「コミュニケーション」の定義とし、それを教育プロセスに取り入れようという語りは筋の通った政談に聞こえる。

### 3 定義する意味

しかし、ここで必要な問いは、「コミュニケーションとは伝え合いである」という定義をなぜ存在させる必要があるのかという根源的なものだ。「コミュニケーション」が「伝え合い」なら、そもそも定義など必要ない。定義などしなくてもコミュニケーションがあれば、それはすでに伝え合いでもあるのだから。

実際には、一方通行的に見えるコミュニケーション（マス・コミュニケーションなど）や相手の話を良く聞かずに思い思いにことばを飛ばし合う会話もある。こうしたコミュニケーションは伝え合いとはいえないだろう。そして、コミュニケーションが「伝え合い」と定義される場合、このような一方通行、あるいは好き勝手なコミュニケーションは、「伝え合い」の定義から除外されるどころか、「そんなのはコミュニケーションとは言わない」という評価・判断の対象にすらなりかねない。そうでなければ、一方通行を「本来」の双方向に改めるための言語的圧力を掛けていくことになる。マス・コミュニケーションの受信者はフィードバックすべきだという提言は、「伝え合い」という旗印の下での推進活動と通底するのだ。

このことから、「伝え合いとしてのコミュニケーション」を定義（推進）することは、コミュニケーションに関する特定の理想イメージを実現させるための標語であることがわかる。したがって、「伝え合い」推進活動の政治性について考察することは、コミュニケーションについて学ぼうとする私たちにとって重要である。

このように、「コミュニケーション」の定義までもがコミュニケートされ、その定義の政治性が考察の対象となるのだ。こうした考察を通じて、私たちは、自分たちの耳に入ったり目にとまったりする「普通」の考えが、じつはそれと相反する少数意見を隠蔽するほどの支配力をもっているために「普通」に思えてしまうことに気づけるようになるのではないだろうか。このように、コミュニケーション学は、コミュニケートされ難い意見にもスポットライトを当てていくという目的ももっているのだ。

（板場良久）

I　コミュニケーションという力

# 3　本当に伝え合えているのか

## 1　伝え合えなかった伝え合い

　伝え合いは日常茶飯事である。誰かがあなたのところにやってきて話しかけたとしよう。相手が言っていることを，あなたは難なく理解できた。相手が何を求めたかもわかったし，たいしたことでもなかったので，あなたは即座に返答できた。そして，お互いが別れるときまで会話が続いた。数日後，あなたは，あの人と会話したことまでは思い出せるが，会話の内容自体がよく思い出せないでいる。あのとき，相手の言っていることを理解したはずだが，それを思い出せないのは，他愛もないことだったからだ。このような伝え合いは，日常的に頻繁に起こるが，記憶に残らないほどの些細なこと，伝え合うまでもないことである場合が多い。つまり，容易に伝え合えたことなど，すぐに忘却の彼方に消え去るのである。

　そのような事象を指して，私たちは「コミュニケーション」とわざわざ呼ぶだろうか。簡単に伝え合えたことの多くは，伝え合うまでもないことだったかもしれない。コミュニケーションするまでもないことがコミュニケートされたといってもよい。そして，何といっても，伝えたはずのこと，理解したはずの内容が，記憶に残っていないのである。つまり，伝え合えたことが伝え合えていなかったのである。

## 2　伝え合えなかった出来事

　その逆も稀にある。相手のことば（外国語など）をまったく理解できない場合などである。相手が，あなたに必死に話しかけてきたとしよう。あなたは，そのことばがまったく理解できなかった。あなたは必死に自分の知っていることばや身振り手振りで理解しようとした。しばらく，この完全に不可解なことばとジェスチャーの交換が行なわれた。しかし，ついに相手は去っていった。そして，あなたは自分の外国語の未熟さを痛感した。伝え合いは失敗に終わったのである。

　このような出来事は，コミュニケーションの価値を痛感させてくれる出来事として記憶に残りやすい。必死に伝え合おうとしたのに，コミュニケーションが成立しなかった悔しい思い出となるからだ。

　このように，必死に努力し合ったのにまったく伝え合いのできなかった出来

事がコミュニケーション上の衝撃的体験として記憶に残ることはよくある。いや，むしろ，まったく理解し合えなかった体験こそが最も意識されるコミュニケーション上の出来事である。対照的に，何の努力もなく伝え合えている日常の会話，平穏に過ぎ去る言葉の交換などは，コミュニケーション上の体験にはならない。

そうであるならば，コミュニケーションとは伝え合えない事象なのかもしれない。これが極論に響くのであれば，一歩下がって，コミュニケーションとは，伝え合えるかどうかはわからないけれど，その努力をしているプロセスなのだ，と言えないだろうか。

### 3 伝え合えないことの重要性

「コミュニケーションは伝え合いである」。何という心地よい響きだろう。しかし，このスローガンには注意すべき点もある。それは，端的に言うと，このコミュニケーション観が理想主義的であり，伝え合いを脅かすものへの恐怖と表裏一体となっている点である。つまり，伝え合いを脅かすものを「（理想的な）コミュニケーション」と呼ばないことで，「コミュニケーション」から排除したり抑圧したりすることを可能にするスローガンでもあるのだ。

伝え合いを脅かすものへの恐怖や憎悪には色々あるだろう。例えば，合意に向けた話し合いを拒もうとする頑固な態度への嫌悪，よく理解できない〈声にならない声〉を聞かなくてはならない苛立ち，自閉への見下し，いくら真剣に聞いても意味がつかめない話をする者への不快感，「ノイズ」の除去願望といったものは，対話が共通認識に向かわないときに起こりがちだ。

しかし，何の恐怖心も嫌悪感も生じない駅の売店などでの伝え合いをコミュニケーションの理想として掲げているわけではないだろう。むしろ，そのようにいとも簡単に伝え合えてしまうのなら，それは，気にも留めないものだという意味で，空虚なものである。この空虚感は，伝え合えたことが，伝え合う前からあった了解事項の再確認にすぎないことに起因する。その証拠に，駅の売店などでは双方の発話などよく聞こえなくても物品の売買は成立するのである。

ここで明らかになることが1つある。それは，伝え合えているときだけでなく，伝え合えない厳しい状況にも注目すべき重要な問題が潜んでいる可能性があり，そのような状況も，コミュニケーション学が介入すべきことだという点である。いや，むしろ，伝え合えない関係に起こっている事象や当事者の意識とは別のことがコミュニケートされるプロセスこそがコミュニケーション学の研究対象だといえないだろうか。私たちが必死に使おうとしている外国語で相手とコミュニケートし合えない時，私たちのその必死な姿は，外国語で意思疎通をしたいという心理以上に，「そうすべきだ」という暗黙の命令がコミュニケートされているかもしれないからである。

（板場良久）

▷1 それは，声を奪われた「サバルタン」（自らを語ることのできない者）かもしれないし，声にならない「トラウマの声」かもしれない。ガヤトリ・C・スピヴァク／上村忠男訳(1998)『サバルタンは語ることができるか』みすず書房，および下河辺美知子（2006)『トラウマの声を聞く――共同体の記憶と歴史の未来』みすず書房を参照。

▷2 原初的な近代コミュニケーション理論を提唱したクロード・シャノンとワレン・ウィーバー（Shannon & Weaver）は，効率的な情報送受信を阻害するものとして「ノイズ (noise)」を指定し，可能な限り排除されるべき対象とした。Shannon, Claude E. & Weaver, W. (1963). *Mathematical Theory of Communication.* University of Illinois Press.

## I　コミュニケーションという力

## 4　伝え合えれば，それで良いのか

### 1　伝え合いが生むもの

　話し合えば話し合うほど，互いの敵意がむき出しになり，エスカレートすることがある。個人，集団，国家などの様々な次元で起こることだ。互いに責任転嫁をしはじめることもあるし，知れば知るほど敵対関係に向かう伝え合いもあるだろう。また，二国間交渉が決裂した後で戦争になることさえある。交渉の決裂は，交渉すなわち伝え合いがあったことを意味する。このように，伝え合いによって対立が深まっていくこともある。

　たしかに，「伝え合い」というスローガンは，一方的な情報や意見の流れを双方向的にし，より民主的なコミュニケーション文化を創出するための訴求力をもっているかもしれない。例えば，言われたことをそのまま鵜呑みにするのではなく，良く聞いてしっかりと言い返すことも可能なコミュニケーション文化は，より開かれたイメージをともなうものである。しかし，上述したように，それは対立の可能性を高める覚悟および対等に議論し合う力が前提のコミュニケーションでもある。

　このように「伝え合い」とは，ある意味で対等な関係を前提とし，対立の可能性を常に内包したものである。このため，「伝え合いのコミュニケーション」に参加するには一定の力をすでにもっていることが条件となる。問題は，そもそも，そのような対等な関係かつ対立をも恐れない力をもたない人びとはどうなるのかという問いである。こうした問いについても一考の余地がある。

### 2　伝え合いに参加できる人，できない人

　「継続は力なり」という諺がある。しかし，同時に知らなくてはならないのは，「力のある者が継続できる」という社会現実である。これは「伝え合いのコミュニケーション」についてもいえることだ。「伝え合いのコミュニケーション」に継続的に参加できる者は，そもそも，そのために最低限必要な力（資源）をもっているのである。このような力を齋藤純一は「言説の資源」と呼び，そのような資源に乏しく，自分のニーズを伝えられない人びとが存在している実態について，次のように述べる。

　　自らのニーズを（明瞭な）言語で言い表わせない，話し合いの場に移動する自由あるいは時間がない，心の傷ゆえに語れない，自らの言葉を聞いてく

▷1　理性的に交渉が行なわれれば交渉が決裂するはずがないとは言い切れない。例えば，国家間の交渉は通常，国家を代表する知的エリートたちによって理性的に行なわれるが，理性的であろうとすることに対して情熱を燃やしていることを見逃してはならない。また国民感情を理性的な言葉に置き換えて交渉に臨んでいることもある。したがって，理性と感情は二律背反ではなく，同時に存在することを認識する必要がある。

れる他者が身近にいない，そもそも深刻な境遇に長い間おかれているがゆえに希望をいだくことそれ自体が忌避されている。▷2

ここから，「だからこそ伝え合いのコミュニケーション教育を受ける必要がある」という結論を導くことはできない。そのような言い方は本末転倒である。問題は，自らのニーズを語り伝えるための十分な教育機会がないこと，そして労働以外のことに参加する余力すら奪われている現実なのである。そのような現実からすれば，「伝え合い」など余力のあるエリートや中産階級の綺麗ごとであり，「文化の支配的コードをすでにわがものとしている」▷3人びとのみにアクセス可能な時空に映るかもしれないのだ。

もちろん，ある程度の「言説の資源」をもっていても，人間関係上の力学のなかで発話を抑制されていたり，自ら抑制していたりするために，発言できないこともあるだろう。例えば，内部告発によって不正を公にすることは常にリスクを伴うものだ。それを堂々と告発したりリークしたりすることができそうにない場合，伝えずに我慢している人を無条件に責めることができるだろうか。個々人の伝達行為を促す前に，コミュニケーション環境について考えるべきことがあるのではないだろうか。

### 3 伝え合いの光と影

サッカーのワールド・カップやオリンピックの時期がくると，自国の選手やチーム状況について様々な情報や意見が飛び交う。賛成意見もあれば反対意見もあるが，比較的わかりやすい話題なだけに，とにかく盛り上がる。しかし，そのような盛り上がりの裏で，あまり話題にならないことがあった。サッカーボール生産などに明け暮れる貧しい児童たちの労働である。▷4この問題は現在解決に向かっているようだが，無邪気に盛り上がる「ぷちナショナリスト」▷5たちには気づきにくい問題であった。

また，伝え合いを可能にしている前提や条件に問題が存在していることもある。例えば，ある特定の「人種」について，当事者抜きの意見交換をしながら，その「人種」のあり方を否定的に捉えていくコミュニケーションがあった。ヒトラーらの語りを媒介して普及した「ユダヤ人排斥」の言説である。こうしたコミュニケーションは，政治家と大衆が一定の共通理解によって和合している点で，伝え合いが成立したと言えるだろう。しかし，その効果が何であったかは想像するまでもないことである。

伝え合いに参加できない人びとの存在，そして伝え合いがそのような人びとを生み出している可能性についても，コミュニケーション学が考慮すべきテーマである。コミュニケーションを促進しよう，伝え合おうという号令の下に集まれない人びとも，何らかの日常的コミュニケーションに参加しているのだから問題がないというわけにはいかないのである。

（板場良久）

▷2 齋藤純一（2000）『公共性』岩波書店，64頁。

▷3 齋藤（2000：11）。

▷4 Donnelly, Peter & Petherick, L. (2006). "Worker's Playtime? Child Labour at the Extremes of the Sporting Spectrum." In Richard Giulianotti & D. McArdle (eds.), *Sport, Civil Liberties and Human Rights*. Routledge, pp. 9-29.

▷5 香山リカ（2002）『ぷちナショナリズム症候群——若者たちのニッポン主義』中央公論新社を参照。なお，本項の趣旨に沿えば，問題は若者たちの多くが「ぷちナショナリスト」になることではなく，「ぷちナショナリスト」のような比較的ゆとりのある存在に気を奪われることにより，そのような盛り上がりに参加すらできない人びとの苦境に意識が向かないことであろう。

Ⅰ　コミュニケーションという力

# 5　コミュニケーションを管理する様々な条件

### 1　コミュニケーションの資源

　私たちは，横断歩道の赤信号で立ち止まり，反対側で信号待ちをする知人と目が合ったら手を振ったりお辞儀をしたりし，青信号になり互いに時間があれば，ことばを交わすだろう。会話では，お互いのこと，学校や職場のこと，あるいは休暇中のパック旅行の話などをするかもしれない。こうした一連の何気ない会話は，一見，自主的に行なっているように見える。しかし，じつは，この会話がはじまる前から予め了解されていることや自らの意思から独立した既成事実に基づいて遂行されたコミュニケーションなのである。

　まず，赤信号で立ち止まることについて考えてみよう。たしかに私たちは，この行動を自発的に行なっているが，同時にそれは，学習効果でもある。私たちは，これを守ることによって秩序維持に参加しているが，通常，そのようなことは意識せずに，単に立ち止まる。知人に手を振ったりお辞儀をしたりする場合も，完全に独創的な方法ではなく，相手がわかる方法，他の誰もが行なう方法をごく自然に用いている。休暇中のパック旅行はどうだろうか。そもそも，休暇とは学校への通学や職場への通勤という近代以降の社会生活が前提となって存在するものであり，それは私たちが勝手に作ったものではない。パック旅行も，週末に労働者が怠惰な習慣に陥らないことを目的として英国で開発された余暇の使い方が発展・普及したものである。

　このように，私たちが自発的に行なっているコミュニケーションの資源は，様々な教育や模倣を通じて，私たちの思考や所作に書き込まれている。そして，そのような書き込みによって私たちの諸関係における秩序が管理されている。しかし，私たちは通常，自分の思考や所作に書き込まれたコミュニケーションの資源の歴史性や政治性を意識しない。したがって，コミュニケーション学では，こうした資源による秩序管理のあり方を意識しはじめることも重要な課題となる。

### 2　条件づけられた主体的なコミュニケーション

　コミュニケーションの資源は，コミュニケーションを行なう私たちの知識を構成する。身体動作も，それが文化的なものであれば，知識が書き込まれたものである。逆に，知っていることがなければコミュニケーションは不可能であ

▶ 1　柳治男（2005）『〈学級〉の歴史学——自明視された空間を疑う』講談社，12-18頁。

る。そして、私たちが「知っていること」は歴史的かつ政治的に編成されたものである。

ことばを交わすとき、私たちは、自分や相手が誰であるかを知っている。たとえ初対面でも、見た目や声の調子、話の内容から、どのような人物かをすでに知りはじめている。しかし、自分や相手、あるいは話題の人物が誰であるかに関する知識は、私たちが独創的に決定したものではない。例えば、ある大学生が「最近アルバイトがきつくて授業の予習が不完全で困っている」と述べ、友人から同情してもらったとしよう。この発言には自分に関する知識が2つ含まれている。1つは、「学生」は予習をして授業に出席することが求められるという知識であり、もう1つは、「アルバイト」はお金を稼ぐために時間と労働力を提供しなくてはならないという知識である。こうした知識を双方がすでに共有しているために、この学生の葛藤が理解されるのである。

このような知識は、「～は～（べき）である」「～は～（べき）でない」という形で私たちの思考や身体に書き込まれている。そして、このような書き込まれた知識を「主体（subject）」という。私たちのコミュニケーションが完全に自発的なものであり得ないのは、この「主体」が自分の自発性とは別次元で規定されているためである。したがって、「主体」がどのようなものになっているかが、私たちのコミュニケーションを条件づけているのである。このため、私たちは「学生」「アルバイト」といったことばに縛られてもいるのである。

### 3　主体的に従属する私たち

私たちは主体的に話し合う。しかし、それは自由に話し合うことを意味しない。話し合っている私たちの「主体」という知識は、多くの場合、私たちが生まれる前から編成されているものだ。それは、私たちが生まれる前から存在する言説であり、法であり、文化である。したがって、精神分析家のエリザベス・グロスは次のように述べる。

> 主体はシニフィアンの法に服従することによって言語の中に場所をえ、自分自身は知らないまま社会の法に従う。話すのは主体ではない。むしろ主体はいわば、言説、法、文化によって、話されるものである。

例えば、ある評論家がテレビのワイドショーに出演して、総理大臣のファッションについて酷評したとしよう。この酷評は、総理大臣のファッションに関する何かを明らかにしただけではない。じつは、この評論家自身の主体が露わになったのである。つまり、酷評することにより、酷評の対象であるファッションのセンスのなさのみならず、この発話者がファッションのセンスを判断できる人物であるということが同時に示されたのである。このように、私たちが何かについて語るとき、それは語りの対象以上に私たち自身の主体が何であるかが語られる可能性があるのだ。

（板場良久）

▷2 「知る」は、「領る」とも記すように、ある範囲の隅々まで支配することを意味する。この語の原義は、物をすっかり自分のものにすること、すなわち治めること・統治することであったことをここで理解しておく必要がある。つまり、「知る」とは単に情報を受信するのではなく、広い意味での政治的行為の一種なのである。

▷3 「主体」は「アイデンティティ」とは異なる。キャサリン・ベルジーによると、「主体」を表わすsubjectには「従属する」という意味があるため、私たちが様々な要請に従属して考え行動していることを正面から捉えられるという。また、subjectには「主語」という意味もあるため、諸現象をことばの問題として捉えられるという。さらに、私たちを規定する様々な述語は分節・差異を前提にしているため、同一性を前提にしたアイデンティティでは気づかない境界化の問題に気づけるという。キャサリン・ベルジー／折島正司訳（2003）『ポスト構造主義』岩波書店、79頁。

▷4 エリザベス・ライト編／岡崎宏樹他訳（2002）『フェミニズムと精神分析事典』多賀出版、146頁。なお、この引用文に出てくる「シニフィアン」とは、ソシュール言語学において、意味を表わすための「記号表現」のことで、それによって伝わる意味内容（「シニフィエ」）の対概念である。

# I　コミュニケーションという力

## 6　コミュニケーションを管理する法の力

### 1　守られるべき法と見直されるべき法

　車の運転中に起きた交通事故などで，乗車中の男女が同じような条件で同じ程度の損傷を顔に負い，傷跡が同じように残ったとしよう。自動車損害賠償保障法によると，女の方が男より，多くの保険金額を受け取れることになっている（2010年現在）。この法に書き込まれた「女」や「男」がどのような主体（I-5）であるかは明らかである。そこには，女は男より容姿を気にして生きる（べきだ）という考えが込められているのである。つまりこの法は，女性の価値を容姿で決める社会通念に基づいているのだ。

　容姿の価値に関する男女差を「普通」のこととして保険の適用を受ける手続きを進める場合，ここに込められた価値観もろとも受け入れることになる。しかし，これを男女平等の立場から疑問視し，異議申し立てを行なう場合，容姿の価値に関する男女差を是正するコミュニケーションに参加することになる。実際，2010年5月に，この保障法の基準を「違憲」とした京都地裁判決が下された。

　私たちは，法を守るように教育されているが，それは法治国家の市民として当然のことであろう。しかし同時に，守られるべき法であるかどうかを考えることは教育されてきただろうか。私たちは，法の根拠になっている価値観を疑いもなく容認していないだろうか。そのような価値観を自然な考えとした発話を繰り返していないだろうか。女の方が男より容姿を気にして生きていくのが自然であるかのように感じていないだろうか。明文化された法そして法を根拠づける不文律は，私たちのコミュニケーションを通じて，ときに不均衡な秩序を維持管理する働きをすることにも目を向けるべきである。

### 2　制度とコミュニケーション

　制度は法的な根拠をもつ。私たちの社会生活は，様々な制度によって，その自由が保障されていると同時に，制限もされている。それがすでに私たちの「常識」に染み込んでいるとさえ思われるような現象も起こっている。例えば，高校生のコミュニケーションにおける先輩／後輩および同輩（同級生）意識というものは，「学年度」に関する制度によって，生じるものだ。日本の場合であれば，個々人の誕生日に基づき，同年の3月と4月の間に法的な線が引かれ，そ

▷1　自動車損害賠償保障法によると，例えば「女子」の後遺障害が「容姿に著しい傷跡を残すもの」である場合の保険金額上限が1051万円であるのに対し「男子」は224万円である。また，後遺障害が単に「容姿に傷跡を残すもの」であっても，「女子」の場合の上限が224万円であるのに対し「男子」は75万円である。

▷2　「顔の障害等級で男女差は『違憲』……広がる波紋」『読売新聞』（2010年6月7日付）。

こから先輩と後輩に分け，同級生の意識も形成される。したがって，例えば3月生まれと4月生まれの差の方が，4月生まれと12月生まれの差より小さいにもかかわらず，前者は先輩／後輩としての上下関係が，後者は同級生としての関係が，それぞれ生じる。大学生以上になると，入学や卒業，入社の「年度」というものが基準になることも多い。つまり，このような関係は自然なものではなく，制度が生み出した秩序・政治的効果である。

　私たちは，また，こうした関係や意識が自然（当然）のものであるかのように振る舞うことで，それを維持する政治に知らぬ間に加担している。その手段の1つが，こうした秩序を脅かす行為（者）の排除である。「目下」の人間が「タメ口」で話すことを「馴れ馴れしい」物言いであると非難することで，知らぬ間に，その関係を生じさせている制度自体も容認しているのだ。もちろん，ここで，上下関係によるコミュニケーションを問題視しているのではない。むしろ，コミュニケーションにかかわる諸問題が，自然に生じるものではなく，制度のあり方から生じ得ることを知る必要があるのだ。

　「いじめ」の問題をはじめとするコミュニケーションの閉塞感は，当事者の心理状態を出発点（根本原因の所在地）としてはならない。生徒たちから逃げ場を奪う時空間を形成した学級制度の法的歴史を無視できないからである。現在の学級とは，長期にわたり，嫌でも同じメンバーと顔を突き合わせなくてはならないパックツアーのようなものであると述べた柳治男の指摘が重要なのは，制度とコミュニケーション情況に密接な関係があるからなのだ（Ⅶ-2 参照）。

▷3　柳治男（2005）『〈学級〉の歴史学――自明視された空間を疑う』講談社，17-18頁。

## 3　法を問うこと

　法とコミュニケーションは表裏一体の関係にある。こうした法は，「法律」「法典」「仏法」「法事」「法則」「作法」「方法」「技法」などがかかわる様々なコミュニケーション機会において，私たちの諸関係を管理している。また，法が効力をもつためには，それを破る行為を「逸脱」として知らしめなくてはならない。つまり，法の存続には「違法・無法なるもの」が必要とされるともいえるのである。裏を返せば，法は「違法・無法なるもの」を抹消するためのものであるよりも，そのような存在を常に探し取り締まるものである。したがって，問うべきは，法が遵守されているかどうかだけでなく，法が違反者や無法者を不当に生み出していないかどうかでもあるのだ。

　「誰がどのような行為をどこまでできるのか」といった事柄は，法的に定められている場合が多い。こうしたルールは社会の秩序や健全性を維持するために必要だろう。しかし，維持されるのは秩序や健全性だけではない。違反者たち自身を取り沙汰することによって，違反者たちを生み出す根拠となったルールも維持されるのである。したがって，違反者を眼差し，自分たちの健全性を確認するだけでなく，ルールについても問うべきなのである。　　　（板場良久）

Ⅰ　コミュニケーションという力

## 7　コミュニケーションを管理する言説の力

### 1　〈言われていること〉を問い直すこと

「夫は外で働き，妻は主婦業に専念すべきだ」「母親は育児に専念した方がよい」といった伝統的価値観に賛成する既婚女性の割合が，これまでの低下傾向から一転し，20代を中心に増加していることが31日，厚生労働省の国立社会保障・人口問題研究所の「第4回全国家庭動向調査」で分かった。▶1

これは，『毎日新聞』が2010年5月31日に報じたニュースの一部である。さて，ここで問題にしたいのは，この「低下傾向」でもなければ，この価値観に関する賛否でもない。むしろ，問題は，「夫は外，妻は家」という考えが「伝統的価値観」であるという前提である。たしかに，このような言い回しはよく聞かれるものであり，違和感はないだろう。しかし，〈「～である」と言われていること〉と〈～であること〉とは必ずしも一致しない。そうであるにもかかわらず，しばしば私たちは，〈一般的に言われていること〉に疑問をもたず，それを自明な前提としたコミュニケーションに参加していないだろうか。

私たちのコミュニケーションの前提には，誰が言いはじめたかわからないこうした言い回しが根深く入り込み，私たちの世界認識を管理している。このような言い方を，ミシェル・フーコーは「言説（ディスクール，ディスコース）」と呼び，「知」を形成し維持する源泉であるとした。▶2 つまり，ことばによる記述を待っているような「知」が先にあるのではなく，ことばが編成する言説によって私たちの「知」が生み出されるのである。これに従えば，「夫は外，妻は家」という考えが伝統的だという「知」そのものを問い直すことが可能となる。こうした言説の問い直しは，それ以外の考え方を受容する可能性につながるのだ。▶3

### 2　言説，科学，コミュニケーション

言説は，私たちのコミュニケーションのなかに立ち現われ，反復されることで，その力を維持・強化する。こうした言説の種類は多岐にわたるが，とりわけ私たちの認識の仕方において強大な力を発揮する言説は「生」に関するものであり，社会の諸制度や法とも密接にかかわっている（Ⅲ-8 参照）。

「生」に関する言説は，出生・戸籍に関する登録事項を出発点とし，幼児教育および義務教育を受ける適切な年齢と期間，それ以降の学校教育の標準的段階，成人とみなされる年齢，結婚の適齢期，定年退職の年齢，平均寿命という目安

---

▶1　「特集ワイド：私，専業主婦になりたい」『毎日新聞』（2010年5月31日付）。

▶2　ミシェル・フーコー／中村雄二郎訳（1995）『知の考古学』河出書房新社を参照。

▶3　高橋哲哉によると，これは「思い込み」であり，「大多数の人々は，夫婦共働きが当たり前だった」という。高橋哲哉（2004）『教育と国家』講談社，106-108頁。

など，私たちの人生における「いつ」「なにを」「どのように」「なぜ」といった問いへの「一般的な」答えを教えてくれる。また，同時に，そこからの逸脱について，様々な喜怒哀楽のコミュニケーションを生じさせる。

こうしたライフ・ステージに関する言説が力をもつのは，それが科学的な説明を含んでいるからであるが，同時に，そもそも私たち自身が科学的な響きのある語りを無批判に信頼・受容しがちだからでもある。例えば，適齢期に関する言説は一定の「未婚女性」を焦らせ「婚活」に駆り立てることがあるが，この焦りは単なる感情ではなく理性すなわち出産可能年齢に関する科学的知識にしばしば起因している。したがって，政治的に結びつけられている〈適齢期の言説〉と〈出産〉という関係そのものを問うことなしに，婚活をするか否かという表層的な思考を反復することは，〈結婚～出産〉を標準とする考え方を知らぬ間に支持することを意味する。言い換えれば，そのような考え方が支配的なうちは，〈結婚なき出産〉や〈出産なき結婚〉，あるいはそれ以外の家族形態や生き方を「普通」の外側に位置づけ続けることになる。

### 3 コミュニケーションに関する言説の問題

科学的な衣をまとった言説は，私たちのコミュニケーションも考察し，健全または効果的かどうかの診断をしようとしている。コミュニケーションは生涯参加せざるを得ないものであるため，コミュニケーションに関する言説は，その処方箋的性格が強くなると，人びとを生涯教育のような形で管理するようになる。つまり，科学的な語らいの中で，有能なコミュニケーターとそうでない者が識別され，後者が前者に近づこうとすることが奨励され，やればうまくできそうな人びとは評価されるが，やってもできそうもない人びとは自らを排他の対象とみなす危険性もともなう。こうした二極化現象の陰で，そもそもコミュニケーションの「有能さ」なるものが，どのような社会的価値（政治性）を基準としており，また，どのような人びとの嗜好性や思惑を根拠としているのかを不問にするため，こうした問いにもスポットライトを当てる必要があるのだ。

私たちのコミュニケーションは，科学的な響きのある言説だけでなく，様々な種類の言説を媒介している。その多くは，一般的に「言われていること」「書かれていること」「信じられていること」であり，それらは，私たちの発話に根拠と安心感を与えてくれる。「私が言っていることは，私だけが言っていることではない」という安心感だ。こうした現象が生じるのは，一般的な言説が自明だからではなく，力をもっているからである。しかし私たちは，一般的にいわれている支配的な言説を鵜呑みにし，それを反復するだけでいいのだろうか。もし，既存の言説を無批判に受容し反復するだけでよいのなら，私たちが発話する固有な意味は失われるのではないだろうか。

（板場良久）

▷4 檜垣立哉（2006）『生と権力の哲学』筑摩書房，149-153頁。

▷5 萱野稔人は，このようなコミュニケーション能力によって人びとを価値判断する社会は「冷たい」と主張する。萱野稔人「空気の読み過ぎ——社会を萎縮させる同調圧力」『朝日新聞』（2009年4月10日付）。

# I　コミュニケーションという力

## 8　コミュニケーションを管理する文化の力

### 1　「おもてなし」という日本の精神文化

　NHK「クローズアップ現代」によると，日本の旅館業や宅配業といった接客業が近隣諸国へ進出する際に，接客の基本精神および作法（所作）としての「おもてなし」を導入しつつあるという。また，「おもてなし」の精神が「サービス」精神と異なるのは，それが経済的合理性に基づかず，自他間の垣根を無にすることで互いの心を通わせ合う，心のこもった接客術の根本にある点だが，その精神は「茶の湯」の精神に由来するという。

　さて，近隣諸国に進出した日系企業の「おもてなし」ビジネスが現地で受け入れられるかどうかは，ここでは重要ではない。この事例が重要なのは，その報道や理解の仕方に，「文化」の意味や力についての示唆が隠されていることにある。その示唆とは，この番組を通じて「文化」が語られることで，逆に自他間の垣根を再生産させてしまうという働きである。

### 2　自分たちを管理する「自分たちの文化」の語り

　ある意味で，この番組内容は不思議である。まず，「クローズアップ現代」は，「主／客」の間にある垣根を下げることで相互に心を通わせる「茶の湯」の精神を「おもてなし」の基本として紹介する一方で，「おもてなし」の訓練を苦労しながら受ける従業員の姿のみを描いている。しかし，主客の融和が目的であれば，本来，客も「茶の湯」の精神を学ばなければならないはずである。客が客として客たる態度を固持したままでは，この精神が実践されないからである。そうであるならば，本来この精神文化を知らなくてはならないのは，現地の消費者たちでもあるはずだ。けれども，不思議なことに，この番組は日本の視聴者を対象にしている。つまり，「日本の精神文化」が海外で通用するのかを共通の関心事とし，それに馴染みのない現地の従業員たちが必死に「日本化」する様子を日本から傍観するという「他者への眼差し」を提供しているのだ。

　このように「自分たちの文化」を対象（客観視する話題）として前提に置きながら異文化接触を語ることは，主に日本国民で構成される視聴者に自分たちの国民文化が何であるかを（再）認識させる効果がある。つまり，「茶の湯」に由来するとされる「おもてなし」の精神が異文化移入される様子を話題にしたテレビの語りが，文化集団としての「私たち」を再生産すると同時に，私たち自身

▶1　「"おもてなし"で世界をねらえ」クローズアップ現代，日本放送協会，2010年7月26日放送。

も，それが自分たちの文化であることに疑いの余地のないものとすることによって，また，それを理解し実践するのに特別な努力を要する「自分たち以外の人びと」を傍観することによって，「おもてなし」の精神と所作の「日本らしさ」が構築されるのである。そして，このプロセスこそが，私たちの自他の区別の仕方や語らい方を巧みに管理しているのだ。このように，「私たちの文化」は，私たちの語らいを待っているかのごとく予め存在するのではなく，私たちの語らいがその都度その存在感を立ち上がらせているのである。

しばしばいわれるように，私たちの背景にある文化が私たちのコミュニケーションを規定するのではない。むしろ，文化が私たちのものとして語られ，その語りを私たちが無批判に受容することで，私たちの文化が規定されるのだ。そして，私たちの文化（私たちらしさ）が規定されて初めて，それが私たちの思考や発話，コミュニケーションを管理することになる。したがって，私たちが語る文化が私たちを語りはじめると，私たちは自己管理のサイクルに入り込むことになる。

### ③ 文化の純粋性への問いかけ

そもそも「茶の湯」は純粋な日本文化だったのだろうか。むしろ，後に国民文化としてのお墨付きを得たようだ。元来，「茶の湯」は南蛮屏風の醸し出す異国情緒溢れる時空間だ。そのなかで育まれた所作や精神が日本のものとして理解されるようになったのである。また，上述の番組で国谷裕子キャスターは，「おもてなし」の精神が性質上「ビジネス」と矛盾するのではないかと質問した。これに対して，ゲストの山上徹は，「茶の湯」における「守・破・離の精神」および「主客が互いを敬う心」をあげ，接客の心はビジネスで必要な心構えと親和性が高いと応じた。しかし，そもそも近隣諸国や地域を市場とみなし，本来「ホスト」（主）であるはずの現地に進出し，自らを現地化するのではなく現地を日本化していくプロセスのどこに「茶の湯」の精神，とりわけ「主客が互いを敬う心」が見られるのだろうか。こうしたことに疑問をもつことで，私たちは「私たちの文化」の管理から少しは解放された位置でコミュニケーションできるようになるかもしれない（V-1～10を参照）。

コミュニケーション学は，異文化や自分たちの文化を知り，異文化の人びとと効果的にコミュニケーションすることを学ぶ分野ではない。むしろ，自分たちの帰属文化があると考えたり，それを自国の名前で呼ぶことができると信じたり，自分たちの文化的同質性や純粋性を希求したりすることが，どのような歴史的かつ政治的条件によって生じるようになったのかを探る必要がある。なぜなら，そうした条件づけこそが，私たちのコミュニケーションの現状を生み出しており，現状の分析なくして，コミュニケーションのあり方や方向性を語ることができないからである。

（板場良久）

I　コミュニケーションという力

# 9 隠された了解

## 1 「順位づけ」という了解

　東京・墨田区で建設されている「東京スカイツリー」(完成時の高さ634メートル) が29日午前10時17分, 東京タワー (港区, 1958年完成) の高さ333メートルを超え, 国内で最も高い建築物となった。
　2010年3月29日, 日本のマスコミ各社はこの出来事を報道したが, それはなぜだろうか。建設中の電波塔 (図1-1) に機能的な意味などまだない。それは「日本一」という意味があるからである。また, そもそも「日本一」に高い価値を置けるのは,「一位になろうとすること」や「順位づけ」という判断基準に権威が与えられ, 一般的にすでに了解されているからである。こうした暗黙の了解は至る所に潜んでいる。
　2009年11月に行なわれたスーパーコンピュータ開発予算に関する「事業仕分け」で, 政府・民主党の蓮舫議員は, 担当官僚に「世界一」をめざす動機と熱意ある説明を求め,「2位じゃダメなんでしょうか」と挑発し注目されたが, この発言にも「1位」になることの価値が黙認されている。「1位」あっての「2位」なのだから。このように, 私たちが「目標」を語るコミュニケーションには,「順位づけ」という視点や「順位」という発想, そして「1位になること」の価値が暗黙の了解となっているのだ。

## 2 「じゃんけん」

　手軽に勝敗を決めるための「じゃんけん」は人間の知恵である。私たちは,「じゃんけん」をいとも簡単に行なえるため, それがまるで生得的な技能であるかのように思うかもしれない。しかし, それは訓練の成果である。訓練には, 方法の習得だけでなく, その意味に関する暗黙の了解も含まれる。「グー」は「石」を,「チョキ」は「はさみ」を,「パー」は「紙」をそれぞれ表わすことを教わったはずであるし, たとえこの対応関係に不満があっても, 受け入れざるを得なかったはずである。また,「石」は「はさみ」で切れないが,「はさみ」は「紙」を切ることができ,「紙」は「石」を包み込むことから,「グー」「チョキ」「パー」という「三すくみ」の力関係が成立することを了解したはずだ。私たちは, こうした意味を了解するよう要請され, その要請に従いながら何度も反復することで, 簡単に「じゃんけん」ができるようになったのである。そして,

▷1 「『日本一』スカイツリーに交代, 東京タワー抜く」『読売新聞』(2010年3月29日付)。「東京スカイツリー」は2012年春に開業予定であるが, 自立式の電波塔としては, 中国・広州の「海心塔」(高さ610m) を上回り,「世界一」の高さをめざしていることも報じられた。

▷2　このような事例は他にも多くある。例えば, SMAPの「世界に一つだけの花」(2003) にある「ナンバーワンにならなくてもいい」という癒しの台詞が,「ナンバーワンになること」を否定していないことは,「ならなくてもいい」という表現からわかるだろう。また, 同年に, この曲自体がヒットチャートで1位になったことが非難されなかったことも注目に値する。

「じゃんけん」が難なくできるようになると、その意味は忘れ去られ、「グー」「チョキ」「パー」が何を表わすのかをいちいち思い起こすことなく、差し出された手の形だけを瞬時に見て、自分が勝ったか、負けたか、あいこかを知る。「チョキのような柔らかなハサミではパーのような厚紙は切れない」といった難くせをつけたりしないのは、そのような疑念が入ると「じゃんけん」のプロセスが進まないということ以上に、その意味が忘れ去られるほど行為が反復され自然化されたことに起因する。

### 3 「暗黙の了解」の可視化

以下は、「目の錯覚」を示すための有名な図形である。▷3

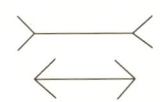

この図形は、中心の線分（横棒）の長さが上下同じ長さであるのに異なって見えるというのが要点である。さて、この図形が用いられる実際のコミュニケーションの場面を想像してみよう。まず、誰かがこの図形を黒板や紙面に定規などを使って描き、それを別の誰かに見せる。すると、同じ長さなのに違って見えるという不思議な気持ちになる。この体験を前提に、図形を描いて見せた人が導き出せる結論はいくつかあるが、1つは人間が誤認し得ることであろう。つまり、周辺情報が、物事の本質を見誤らせたり、事実を誤認させたりするという「もっともらしい」結論である。

しかし、ここにも暗黙の了解がある。それは、そもそも上下2本の線分が同じ長さであるという了解だ。この図形の説明者は、2本の線分を描いた時点で、見る人に向かって、この2本が同じ長さであることを受け入れよと暗に命じ、見る側もそれを黙認しているのであるが、通常、このことに気づかない。しかし、誤差というものがある限り、黒板や紙面に完全に同じ長さの線分を引くことは不可能である。そのような2本の線分など、実在しないのである。このように、私たちは、実在し得ないものを実在していることにしたうえでコミュニケーションを行なうことがよくある。もちろん、暗黙の了解がなければ話がスムーズに進まないこともある。しかし、話が進まないことが不都合なのは誰にとってなのかを問うことも時に必要なのである。

私たちは値切り交渉することがある。これは、設定価格を動かせない自動販売機での売買と異なる。買い手も価格決定に参加できるからである。つまり、〈売り手が価格決定する〉という暗黙の了解を突き崩せるのだ。また、値切り交渉は、互いの事情を探りながら価格を決めていくため、価格設定が必ずしも客観的でないことも明らかにされる。私たちは、交渉術を学ぶだけでなく、暗黙の了解を分析することも視野に入れるべきなのである。

（板場良久）

図I-1 建設中の電波塔「東京スカイツリー」
出所：筆者撮影（2010年5月14日）。

▷3 正式には「ミュラー・リヤー（Müller-Lyer）錯視」という。

# I　コミュニケーションという力

## 10　コミュニケーション学を学ぶことの意義

### 1　「人を動かす」現象を超えて

『人を動かす』という有名な自己啓発書がある。教育実業家のデール・カーネギーが1937年に著したもので[1]、現在でも広く支持を得ている本だ。これによると、ビジネスでの成功は、専門知識以上に、統率力や説得力、対人関係力を含めた自己表現力に起因するという。また、自己表現力を発揮する目的は、相手を自分の考え方に無理なく（例えば、恨まれずに）引き込むことであるという。したがって、相手を自分の目標に向けて変化させていくことが目的であり、そのために自分も変えるのだという論理が土台となっている[2]。

さて、この書物とのかかわり方はいくつかあるが、1つはカーネギーの授ける知恵を信じ、それを実行してみることであろう。しかし、それとは別次元で問いを立てることにより、まったく別の視野をもつこともできる。例えば、『人を動かす』が人を動かしたという点に注目できないだろうか。また、実学書は、通常、買ってから読むのであって、その逆ではない点に注目できるだろう。すると意外なことに気づくはずだ。それは、カーネギーの文章力が人びと（購買者）を動かしたというよりも、人びとが本の題名や噂などに動かされた可能性が高いということだ。「ベストセラー」とは、多数に読まれたというよりも、多数に買われたことを意味しているからである。また、少なくとも発売当時から現在まで、より良い人間関係を築くことで自分が成功したいという欲望が社会的に蔓延していることもわかる。このように、『人を動かす』絡みの現象を、著者個人の力量に還元することで理解してしまうのとは別の視野をもつこともできるのである。

優れた知恵を優れた文章力で表現したカーネギーが人を動かしたという理解の仕方は、一見すると、コミュニケーション学の本質に思えるかもしれないが、そうではない。人が自らを啓発し変化させ巧みに自己表現することで他者を変えていく、他者を自分に引き寄せていくという発想は、近代以降に広まった人間中心主義（ヒューマニズム）である。人間中心主義の問題は、人が人を動かすプロセスに注目するあまりに、そのプロセスや人びとの精神を管理しようとする法・言説・文化といったもの、すなわち個々人が誕生する前からあり、誕生以降の成長の中で取り込んでいくものの権力作用を見逃してしまうことだ[3]。

たしかに私たちはお互いを動かしているし、よりよく動かしたいと思ってい

[1] デール・カーネギー／山口博訳 (1999)『人を動かす』(新装版) 創元社。なお、1937年の初版本の原著タイトルは、*How to Win Friends and Influence People* であるが、win や influence の隠れた主語は、やはり読者個人である。

[2] この論理は明らかに新アリストテレス主義に基づくレトリック論である。コミュニケーション学における新アリストテレス主義の問題と限界については板場良久 (2001)「日本におけるコミュニケーション研究の展望——レトリカル・コミュニケーション研究の領域と手法」『2001年　日本コミュニケーション研究者会議 Proceedings』12号、39-62頁を参照。

[3] 現代思想は人間中心主義（ヒューマニズム）の次の段階に移行しつつある。人間中心主義を思想史の1段階として説明したものとして、エリザベス・グロス／樫村愛子訳 (2002)「主体」エリザベス・ライト編『フェミニズムと精神分析事典』多賀出版、145-146頁を参照。

るだろう。しかし，私たちは動かされてもいる。それは，私たちがことばなどの記号を使っていると同時に，記号に使われてもいることと同じである（Ⅵ-1〜10参照）。つまり，人が動かされている際のコミュニケーション管理のシステムにおける権力作用にも注目する必要があるのだ。現代コミュニケーション学は，まさにこうした次元にある課題に取り組んでいる。

ここで，啓蒙活動の成功などによって研究所を設立し寄付活動まで行なえるほど稼ぎ，それによってさらに人びとがついてくるようになったカーネギー個人を批判しているのではない。カーネギーの個人技に彼の成功の秘訣を置くのとは別の理解の仕方があり，それがコミュニケーション学の主要課題の1つであるということなのだ。

▷ 4 現代コミュニケーション学が人間中心主義以降の問題を扱っていく意義と研究事例を示したものとして，池田理知子編（2006）『現代コミュニケーション学』有斐閣がある。

## ❷ コミュニケーションを基礎づけるものの解明

コミュニケーション学がめざすのは，個人技の上達でも対人関係の向上でもなければ，集団内の人間関係や集団間の交渉方法の確立でもない。また，こうしたことを個人の立身出世や集団の利益向上の手段と暗にみなすこともコミュニケーション学の中心的理念ではない。そうではなく，様々な関係を基礎づけている言説・法・文化がどのようにコミュニケーションを基礎づけていて，そこに人びとがどのようにかかわっているのかを探っていくことが最重要課題であるといっても過言ではないだろう。

しばしば「円滑なコミュニケーションを促進しよう」という台詞を耳にする。しかし，円滑にコミュニケーションが促進されれば問題ないのだろうか。「円滑な」コミュニケーションが促進されている時，そこにはいくつもの了解事項が存在している。たしかに，深く考えたらコミュニケーションの「円滑さ」に支障をきたすようなものも多いだろう。そしてその多くは深く考えなくてもよいものかもしれない。しかし，人間同士の融和的な相互理解に根ざした「円滑な」コミュニケーションの陰で了解され，了解されたことすら忘れ去られた理解の仕方や物事の意味に問題がないと言いきれるだろうか。一度立ち止まって，「円滑な」コミュニケーションを動かす力の根源にある問題について考えてみる必要があるのではないだろうか。

私たちがコミュニケーション学を通じて学ぶべきことは，人を動かす術ではない。批評理論家のロイス・タイソンによると，私たちがテレビなどのメディアを通じて楽しいと感じたり，何かを教わったと思ったりする時，じつは私たちの思考がいとも簡単に影響あるいは操作されたことを意味する。楽しませたり情報を提供したりするのは発信側の身振りであって，実際は，私たちを操作しようとしていることに気づかなければならないというのだ。このことからも，相手を楽しませ，的確に情報を伝え，人を動かすためのコミュニケーション術を学ぶだけでいいはずがないことがわかるだろう。

（板場良久）

▷ 5 Tyson, Lois (2001). *Learning for a Diverse World: Using Critical Theory to Read and Write about Literature*. Routledge, p. 246.

# コラム 1

# 「当たり前」を見直す

## 1 「常識」を疑うこと

 立花隆が著した『サル学の現在』という本のなかに，私たちがコミュニケーション学を学んでいくうえで興味深いエピソードが収められている。それは，次のようなものである。

 ボスザルがいて，ある意味ヒエラルキーな共同体を形成しているのがサルの社会であるというのが，それまでのサル学の世界での常識であった。ところが，伊沢紘生が観察をはじめた野生のサルの群では，いつまでたってもボスザルの存在が確認できない。毎日毎日，朝から晩まで観察を続けてもボスザルは見つからない。それでも彼は，自分の観察力が足りないからだと思い，しつように観察を続けたのである。

 ところが，いくら観察してもいわゆるサル社会が見つけられない。ある日，これはもしかしたら野生のサルの群れにはボスザルなどいないのではないか，という思いにようやく至ったのであった。野生のサルと餌付けされたサルとでは，群れの成り立ちが違っていたのに，あまりにもボスザルがいるサルの社会が当たり前とされていたので，見えるものも見えてこなかったのである。

 このエピソードは，定説となっていることに疑問を呈することの難しさと同時に，そこに疑問の目を向けることの重要性を教えてくれる。通常，思考の出発点と考えられている「定義」そのものに疑問の目を向けなければ，何も見えてこない場合があるのだ。さらに，「定義」そのものがおかしければ，そのあとどんなに研究を重ねたとしても，間違った方向に進んでいかざるを得なくなってしまうのである。

## 2 自然的態度から反省的態度へ

 かくいう私もなかなか「常識」から抜け出せずに見えるべきものが見えてこなくて，苦労したことがある。「多様化する社会と高齢者問題」というテーマで研究を進めていたときのことである。

 この問題に取り組むべく「東京トラジ会」という主に在日コリアン高齢者を対象としたデイケア・センターに通っていたのだが，今になって思えば，約3年ほど月1回のペースで通ったそのほとんどが，いったい何をしていたのだと自分でもあきれてしまうようなものだった。「高齢者問題」として研究をはじめたことがそもそもの原因だったことに長い間気づかなかったのだ。

 フィールド・ワークをはじめて3年近くたった頃，ようやくそのことがわかってきた。ボランティアとそこに通ってくる人たちの関係が，介護する側とされる側という関係ではとうてい説明しきれないことや，これまでの研究で生活困窮者として描かれていた在日コリアン高齢者とは異なる人びとが通ってきていることなどに，ようやく気づいたのだった。つまり，「問題」とされている「高齢者」という「常識」を括弧に入れることで，はじめてそうした姿が見えてきたのである。

 エドムンド・フッサールのことばを借りると，「高齢者問題」という一般的にいわれていることを何の疑いもなく受け入れているのが「自然的態度」であって，

そこから一歩踏み出さなくてはあらたな認識は得られないのである。つまり，既存の枠組みから抜け出すためには，「反省的態度」が求められるのである。[3]

## 3　コミュニケーション学を学ぶこと

しかし，「自然的態度」から「反省的態度」への転換と口で言うのはたやすいが，それを実践するのはなかなか難しい。既存の枠組みというのは，あまりにも当たり前すぎて，そうした枠組みがあること自体，普段は気づくことがない。いったいどうやったらそれが見えてくるのだろうか。

1つには，これまでに経験したことのないものに出会ったときの驚きやショックによって，それは可能になるのかもしれない。イタリアの詩人でルネサンス人文主義の先駆者とされるペトラルカは，ある日，アビニョン近郊のバントゥー山の頂に登り，そのとき目にした空間の広がりが，彼を驚かすと同時に不安にさせたという。これは，「ヒューマニズム（人間主義）の父」とうたわれているペトラルカが，その後多くの優れた作品を残すきっかけともなった出来事だった。今まで自分が経験したこともない空間が，目の前に広がっている，そのなんともいえない不安が，彼を新たな意識の目覚めへと導いたのだ。[4]

ペトラルカの不安は，異なる「世界」へ足を踏み入れたときの私たちの戸惑いに通じるものがある。中国や北米といった大陸の広大な景色を前にして，自身の存在の小ささを思い知ったり，「田舎」から「都会」に移り住んで——あるいはその逆も同じだが——時の流れの違いに困惑する者も多い。

また，私たちの日常においても，これまでとは異なる経験をすることで，「当たり前」がそうではなかったことに気づくことがある。キャンプに行って飯ごうでお米を炊くことによって，炊飯器なしでもおいしいご飯が食べられることを発見するのも，その一例である。

それは，それまで平面的に見ていたものを，立体的に見ていくことによって，今まで見えていなかった関係性が見えてくる，ということでもある。例えば，x軸とy軸からなる統計結果があったとしよう。そこにz軸という新たな見方を加えたとたんに，違った関係性が見えてくる，ということもあり得るだろう。xとyの関係では近いと思っていたのに，z軸を入れることによってむしろ離れていることがわかるかもしれないのだ。

このように，世界を通常と異なった角度からみようと意識的に試みることで，これまで気づかなかった関係性に気づき，自らの地平が広がるかもしれない。コミュニケーション学を学ぶこととは，こういった経験の繰り返しなのではないだろうか。　　（池田理知子）

▷1　立花隆（1996）『サル学の現在　下』文芸春秋。
▷2　池田理知子（2005）「多様化する社会における高齢者問題——在日コリアン高齢者のためのデイケア・センター『東京トラジ会』を通して考える」『異文化コミュニケーション』8号，87-104頁，および池田理知子（2008）「『共生』を考える視座と，そこから見える風景」奥田孝晴＆藤巻光浩＆山脇千賀子編著『新編　グローバリゼーション・スタディーズ——国際学の視座』創成社，179-192頁を参照。
▷3　エドムンド・フッサール／渡辺二郎訳（1979）『イデーンI——純粋現象学と現象学的哲学のための諸構想』みすず書房。
▷4　Gebser, Jean (1985). *The Ever-present Origin* (N. Barstad & A. Mickunas, trans.). Ohio University Press. (Original work published 1949).

## Ⅱ　メディア

# 1　コミュニケーションの場としてのメディア

### 1　私たちと世界を結ぶもの

「メディア」とは何かと尋ねられたとしよう。新聞やテレビ，写真，ケータイといったモノをまず思い浮かべる人が多いのではないだろうか。では，そういった「メディア」は私たちに何をしてくれるのか，つまりその機能とは何かと問われれば，おそらく多くの人が媒介作用をあげるのではないだろうか。例えば小説は，私たちに作者のメッセージを伝えてくれるメディアである，といった具合である。しかし，ここでいう媒介作用とはじつは広義の意味をもっており，メディアは単なる伝達の手段ではない。

　エドガー・ドガの『エトワール，または舞台の踊り子』[1]の絵を例にとってみよう。誰もが一度は目にしたことのある有名な絵であるが，それはいったい何を私たちに伝えているのだろうか。芸術の香り漂うパリで，当時のバレリーナが作り出す華やかな舞台の世界だろうか。いや，この絵が伝えているのはそれだけではない。この踊り子が描かれている視点は，舞台斜め上方の桟敷席からであり，だからこそ1階の観客席からは見えない舞台の袖や奥の様子がうかがえる。なぜそのような構図になったのだろうか。なぜ夜会服を着た男と出番を待つ踊り子の姿が書割の陰に描かれているのだろうか。そうした疑問の目を向けることで，当時のバレリーナが置かれていた状況や社会の矛盾に思いが至る可能性が開ける。男は舞台中央で踊る踊り子のパトロンだと推察される。当時のバレリーナは労働者階級出身の女性たちがほとんどで，少しでもいい暮らしを望もうとすれば，有力なパトロンを得ることが必要であった。逆に富裕な「紳士」である男性は桟敷席から女性たちを品定めしていたのである。ドガの視点は「紳士」たちと同じである。舞台の袖に立つパトロンの存在を当たり前のものとして描き，踊り子たちが置かれた境遇に興味を示すこともなかったのだ。[2]

　この絵は，いわばそこに描かれている世界と私たちとを結んでくれる。両者が関係を結ぶことによって様々な意味が構築されるが，その場を作り出しているのがここでは絵というメディアなのである。つまり，他者との関係性によって意味が構築されるプロセスそのものがコミュニケーションであり，それを可能にする場がメディアなのだ。

▷1

図Ⅱ-1　ドガの『エトワール，または舞台の踊り子』

出所：http://meiga.shop-pro.jp/?pid = 7312936

▷2　中野京子（2007）『怖い絵』朝日出版社。

## 2 マス・メディアだけではないメディア

　メディアとは何かという最初の問いに戻ろう。じつは，メディアとは新聞やテレビ，写真といったいわゆるマス・メディアだけを指すものではない。例えば多くの人がうごめく「都市」も，様々な関係を(不)可能とするメディアである。

　都市には，網の目のように張り巡らされた地下鉄がある。その複雑な路線は，そのシステムを使いこなせる者にとっては便利なものだが，そうでない者にとっては排除される場となり得る。例えば自動券売機しか設置されていない駅では，すぐには行き方を確かめることもできない。このように，都市の風景を形作る地下鉄は，その複雑さと機械化・無人化により，誰がその場に参加し得るかというコミュニケーションを規定する場＝メディアとして機能している。「時計」もある特定の関係性を成立させ得るメディアである。始業時刻に遅れないように先を急ぐサラリーマンは，分刻みのスケジュールに拘束されているといえる。たとえ誰かが倒れていようとも気にかける余裕はないのかもしれない。辺見庸が小説『ゆで卵』で描いた地下鉄サリン事件で，倒れている人をまたいででも会社に遅れまいとするサラリーマンの姿を思い起こさせる。

▶3　辺見庸（1995）『ゆで卵』角川書店。

## 3 メディアと私たちのかかわり

　メディアが常に特定の関係性を強いるものである以上，マス・メディアも例外ではない。例えば，スポンサーが付くことで制作可能となるテレビ番組は，スポンサーの意に反した内容を含むことはほぼ不可能となる。また，スポンサーが想定した消費者に照準を合わせた番組内容にならざるを得ない。読者層を絞って作られる雑誌やケータイ・コンテンツも同様である。マス・メディアは，不特定多数に向けてメッセージを発するものと考えられがちだが，市場原理主義が前提となっている以上，特定の相手を想定したものにならざるを得ない。

　さらにマス・メディアは，「言表行為そのものの統制」を行なうことにより，「合意」された場を作り出す。9.11以降，「テロとの戦い」に異論を挟むことが許されない状況が作り出され，アルカイダが悪の象徴となったのもその一例である。テロ未遂事件はアルカイダによるものと報道されれば，その真偽に疑問を抱くことなく納得してしまう。ドガの絵のように，誰かの視点によって切り取られた「現実」であるにもかかわらず，何も考えずに同意してしまうのだ。

　しかし，マス・メディアが生み出す「合意」の場は，私たちの関与無しには成立し得ないことも確かである。だとすると，「合意」しないという選択肢や異なる関与の仕方もあり得るはずだ。どのような他者とどういった関係を結ぼうとしているのかを意識することで，メディアと私たちのかかわりが変わってくるし，私たちの関与によってメディア＝場も違ったものになるに違いない。

（池田理知子）

▶4　伊藤守（2002）「メディア研究の新たなステージへ」伊藤守編『メディア文化の権力作用』せりか書房，10頁。

## II　メディア

## 2　メディエーションの意味

### 1　気象予報やニュースが伝えるもの

　朝のニュース番組で気象予報をやらないものはない。天気を予測して，傘を携帯したほうがいいのかとか，洗濯日和かどうかといった1日の生活の目安を私たちに与えている。過去の膨大なデータに基づき，現在の指標から未来を読み解いていく，そしてそれを私たちに解説してくれるのが気象予報なのである。
　テレビなどで伝えられる予報は，科学的，客観的なデータに基づいた「事実」として私たちは受け止めがちである。たしかに，現在の気象予報は，各地から送られてくる気象データを気象庁がスーパーコンピュータを軸としたシステムによって解析して，気象状態の予測を行ない，それらを国内外の気象や報道，防災機関に流している。しかし，科学的データと呼ばれるものは，気象に限らずその値の意味が読み解かれなければならない。最終的には，経験則や状況判断といった人の知恵を駆使して数値を解釈していくのである。しかもその解釈という作業は幾重にもわたって行なわれる。気象庁の複数の予報官が解釈したものが，こんどはそれぞれの機関の気象予報士の手で情報の受け手のニーズに合わせて「加工」されるのだ。民放テレビでウェザーキャスターを務めている真壁京子は，自らが出す予報は「気象庁からのデータと予報に，他人の考え，自分の考え，すべてをまとめて，最終的に自分の判断を下す」のだと言う。気象予報とは複数の人たちの解釈が混じったものだということが，このことばからも察せられる。
　マス・メディアが流す情報は，一見「事実」を伝えているかのように思えるが，客観的であると思われていた気象予報以上に，複数の解釈の結果なのである。吉見俊哉が説くように，「日常のさまざまなメディアにおいて実現しているのは，一方の送り手から他方の受け手への意味の伝達というよりも，そのメディアに関わるさまざまな主体の間での連鎖的な語り直しや調整のプロセス」である。つまり，メディアが行なっていることは単純な媒介行為ではなく，むしろメディエーション＝意味が調停されていく過程であると捉える必要があるのだ。

### 2　メディエーションと解釈

　ところで，英語の mediation の語義として最初に出てくるのは，「敵対する者のあいだに入る」，つまり仲介・調停という意味である。仲介・調停という行為

▶1　法学書院編集部編(2002)『気象予報士の仕事がわかる本』法学書院，151頁。

▶2　吉見俊哉(2004)『メディア文化論』有斐閣，8頁。

▶3　レイモンド・ウィリアムズ／椎名美智他訳(2002)『完訳キーワード・辞典』平凡社，204頁。

は，第三者として中立的な立場にある者が行なうものというイメージが強いが，必ずしもそうとは限らない。例えば，中立な立場であるとされる裁判官であっても，個人的な志向や信条に判断が左右されないとは限らないし，意識せずとも何が正しいとされているのかといった社会情勢に少なからず影響を受けているだろう。ある言語から別の言語へと置き換えるだけだと思われている翻訳や通訳が，誰がその行為を行なうかによって表現やニュアンスが異なってくるように，mediationとは複雑な行為なのである。そこにはある事象をどう解釈していくのかという問題が必ず絡んでくる。したがって，仲介・調停という文脈においても，メディエーションとは意味が調停されていく過程であるといえる。

## ③ プロダクツとしてみる報道

では，その意味とはどのように調整され，最終的にどういう意味が作り出されていくというのだろうか。気象予報の話に戻ると，テレビなどで放送されるのは，私たちが見たいと思っているもの，知りたいと思う予報である。私たちは，「晴れないとは言い切れないし，一日中曇りとも言いがたい。まして雨が降らないとは言い切れない」といった予報は聞きたくないはずだ。もっと確実な予報，あるいはあいまいであったとしてもせめて「曇りのち晴れ」とか「曇り時々雨」といった予報をして欲しいのである。だからこそ，予報官や気象予報士の解釈，そしてそれぞれの解釈＝意味が調停される過程で，そうした私たちの明確さを求める意識が反映されているのだ。

きれいに整えられたストーリーや，善と悪，本物と偽者といった二項対立の図式や私たちのステレオタイプをうまく利用した物語，「落ち」のあるストーリー。身のまわりには，そういったマス・メディアが流すものであふれている。そして，そこから抜け落ちてしまうものに，私たちは目もくれようとしない。なるべくわかりやすいものを求める私たちの意識が，メディアの報道に反映されているのである。

しかしメディアの報道が，メディエーション＝意味が調停される過程の結果であるならば，最終的なプロダクツに至るまでのあいだには，いくつものチェックポイントが本来はあるはずだ。なぜその企画が今取り上げられなければならないのか，誰を取材し，誰が取材されなかったのか，対立する二者の片方だけが映る時間が長いのはなぜなのだろうか。そうしたチェックポイントを想像することで，意味調整の過程に関与した複数の行為主体(エイジェンシー)の姿が見えてくるかもしれない。自分たちが何を望んでいるのかを意識すれば，メディエーションの過程で，どういう場が作り出されようとしているのかが，少なからずわかってくるはずだ。

（池田理知子）

## Ⅱ　メディア

# 3　ことばと支配

### 1　メディアが編成する日常

　ある大学の教室に並べて掲示されていた2枚の張り紙。1枚は2009年4月27日に出されたもので、もう1枚はその4日後のものだった。前者が「豚」インフルエンザ、後者が「新型」インフルエンザに関するもので、その2枚の位置関係からして、関連する知らせであることは疑いようがない（図Ⅱ-2参照）。2枚目の見出しの「新型」インフルエンザの直後には括弧付きで豚インフルエンザと但し書きがついていることも、両者の関連が確かなものであることを物語っている。本務校とは異なる大学で教えるために入ったその教室の張り紙に違和感を覚えた筆者は、早速学生たちにそれを見て何かおかしいと感じないか聞いてみた。数分後、ようやく1人の学生が1つのインフルエンザに対し2つの呼び名があることの不思議さを指摘した。

　同じ事象に対して異なる呼称が並べられていてもなかなかその不自然さに気づかないのに、マシテテレビや新聞の報道が変わったとしてもそのまま見過ごしてしまう人が多いのは当然かもしれない。しかも、突如いっせいに変わったとすればなおさらだろう。このように、前日のニュースの内容ですら忘れてしまう私たちの日常とはいったい何なのだろうか。これでは、「大多数が共有する価値や見解を『常識』として押し付ける強力な圧力を形成するメディア、日々の経験を自明なものに編成し、しかもその自明性を、変化をともないながら組み替える強力なパワーをもったメディア」の意のままに私たちの日常は再編されてしまいかねない。

### 2　ことばが隠すもの

　2009年4月には毎日のように使われていた「豚」インフルエンザということばは、今ではまるで忘れ去られたかのようだ。豚肉を調理する際の注意点など、過剰とも思えるほどテレビでも流していたのに、5月に入って耳にすることがなくなった。そこにどのような政治的な意図があったのかは定かではないが、ことばが変わったことによって私たちの日常に変化が現われたことは確かだ。豚肉への警戒心はいつしか薄れ、以前と変わることなく消費するようになったはずだ。

　同じように、いつのまにか呼び名が変わっていたという例は後を絶たない。

▷1

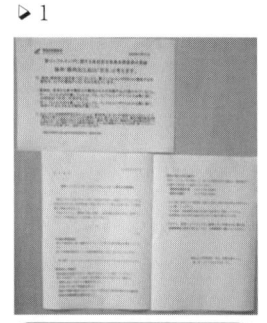

図Ⅱ-2　教室に張られた2枚のお知らせ
出所：筆者撮影。

▷2　伊藤守（2005）『記憶・暴力・システム——メディア文化の政治学』法政大学出版局、ⅶ頁。

今では当たり前のように使われている「ホームレス」ということばも、90年代になって「浮浪者」ということばからいつのまにか置き換えられたものだった。戦後すぐの時期には、新聞などでも当たり前のように「狂人」ということばが使われていたが、そのうちに「精神病者」となり、最近では「精神障害者」が一般的に使用されている。「精神分裂症」が「統合失調症」へ、「痴呆症」が「認知症」へと変わったのもそうした流れの一環だろう。偏見を感じさせないものへと変えていく努力のあとがこうしたことばの変遷に表われているように一見思える。しかし、それは偏見がなくなったからことばが変わったのではなく、森達也が言うように、「偏見を持つがゆえにうっすらと生じる後ろめたさ」を覆い隠すためになされたのかもしれない。

## ③ 日常の中の支配的言語

私たちは後ろめたさを覆い隠すために、都合のよい情報を取捨選択している可能性が高い。例えば、大量の電気を消費し二酸化炭素を排出し続ける「先進国」の住人である私たちにとって、二酸化炭素排出量削減につながるといわれれば原子力発電は魅力的に映る。そのレトリックを信じ、他の意見に耳を貸さない限り、後ろめたさを感じなくてすむのだ。したがって、「発電時には二酸化炭素を排出しません」という但し書きを見逃してしまう。発電の原料となるウラン鉱石の採掘から、電気が私たちのもとに送られてくるまでのプロセスにおいてどうなのか、その後のプロセスに問題はないのか、ということを考えなければならないはずなのに、そこに注意を向けることはない。

「二酸化炭素排出量削減」というスローガンが支配的イデオロギーとなり、そのことばさえ唱えればすべてが許される雰囲気が作られると、結局それは私たちを抑圧することばへと転化しかねない。バイオエタノールがもてはやされたことによって、とうもろこしを主食としていたアフリカや中南米の人びとの食が脅かされたことなどを考えると、常に「現実」と照らし合わせ矛盾が生じていないか意識して使わなければ、たちまち「本来性」をもつと思われることばも「隠語」と化してしまうのだ。「隠語」とは、「仲間内で自明のものとして秘教的に共有され、部外者には理解困難、あるいは不可能であるような特殊な言語」であって、テオドール・アドルノは内向きのことばとして否定的に使っている。

いつのまにか変更されたことばや、スローガンといった省略されたことばが日常の会話に入り込むことによって、そうしたことばが指示する「現実」が当たり前のものとなっていく。例えば、オバマ米国大統領の"We can do it."や"Change!"の心地よい響きに惑わされると、イラクやアフガニスタンで今でも起こっていることを見過ごしてしまう。こうした同調を求める雰囲気を作り出すことばをそのまま受け止めてしまう私たちの日常こそが、見直されなければならないのだ。

(池田理知子)

▷3 Ikeda, Richiko & Kramer, E. (1999). "Japanese *Furoosha* (Bums) and *Hoomuresu* (Homeless): Living in the Shadow of Wealth." In Eungjun Min (ed.), *Reading the Homeless: The Media's Image of Homeless Culture*. Greenwood, pp. 197-215.
▷4 森達也 (2006)『東京番外地』新潮社, 97頁。
▷5 2002年, 日本精神神経学会が病名変更を決めた。
▷6 厚生労働省「『痴呆』に替わる用語に関する検討会」は, 2004年12月24日付で正式に認知症への名称変更を勧告した。以後,「認知症」という言葉が広まったと思われる。
▷7 森 (2006:98)。

▷8 例えば, http://www.tepco.co.jp/eco/co2/index-j.html 参照。

▷9 テオドール・アドルノ／笠原賢介訳 (1992)『本来性という隠語――ドイツ的イデオロギーについて』未来社。アドルノは,「本来性」という言葉も否定的に使っている。
▷10 笠原賢介 (1992)「訳者解説」テオドール・アドルノ／笠原賢介訳『本来性という隠語――ドイツ的イデオロギーについて』未来社, 212頁。

## II　メディア

# 4　歴史の継承と身体

### 1　消されたトロツキー

図Ⅱ-3の2枚の写真は写真のトリックの一例を示すものとして有名である。比べてみると，2枚目から複数の人物が消されていることがわかる。そのなかの1人は，レフ・トロツキーである。ウラジミール・レーニンと共に赤の広場でロシア革命2周年を祝っている姿が1枚目の写真には写されているのに，失脚と共に消し去られてしまった。

私たちは，目から入ってきた情報は確かなものだと受け止める傾向がある。つまり，「百聞は一見にしかず」のごとく，自分の目で確かめたものは正しいと信じてしまうのである。だからこそ当時のソビエトの人たちの多くが，消された部分の不自然さに目がいかず，消されたことに気づかなかったのだろうし，私たちも同様に修正された映像をそのまま信じてしまう可能性が高いのだ。

そうはいっても，オリジナルと修整後のプリントの比較さえできれば，写真のトリックは簡単に見破ることができる。つまり，トリックの意図は比較によって明らかになり得るのだ。差異によって意味が生み出されるとするフェルディナン・ド・ソシュールの言語に対する考え方のように（Ⅵ-2），時代の変化による記号の意味の違いから見えてくるものは少なくない。いわゆる歴史から学ぶということである。ところが，私たちの日常を振り返ると，必ずしもそうした比較によってこれまで気づかなかった意味を見出せているとは言いがたい。

### 2　報道内容の差異

土本典昭監督の『原発切抜帖』を観ると，いかに私たちが比較するという作業を怠っているのかに気づかされる。1982年に作られたこのドキュメンタリー・フィルムは，新聞の切抜きを時系列に並べ，その変遷を追うことだけで構成されている。広島と長崎に原子爆弾が落とされた1945年から始まり，この映画ができた年までの核や原子力発電所に関する新聞記事を比較しているのだが，記事が伝える内容が数日でまったく変わっている事例がいかに多いのかに驚かされる。例えば，原発事故が起きた直後の報道では，事故はたいしたことはないという内容だったのに，その次の日には住民の慌てふためく様子が伝えられていたり，専門家の意見も日に日に変化していく。私たちは，このよ

▶1

図Ⅱ-3　トロツキーが消された写真

出所：http://wiredivision.jp/news/200807/2008071121.html

▶2　フェルディナン・ド・ソシュール／小林英夫訳（1972）『一般言語学講義』岩波書店。

▶3　土本典昭は新聞の切り抜きを日課としており，それが彼の映画作りを支えていたという（2010年2月10日に国際基督教大学で行なわれた東京国立近代美術館フィルムセンター主任研究員である岡田秀則の話より）。

図Ⅱ-4　土本典昭の新聞の切抜帖

出所：http://www.cine.co.jp/php/detail.php?siglo_info_seq=24

にたった数日で変わってしまう報道の内容に対し，疑問の目を向けているのだろうか。

例えば，2010年2月3日付の『読売新聞』には「3原発配管にミス30か所　東電に厳重注意　放射性物質放水も／保安院」という記事が載っており，柏崎刈羽原発でも4カ所の配管ミスがあったと報じている。その約1週間前の1月26日にも，柏崎刈羽原発6号機で誤信号があったことを報じている。しかし，2月5日には「柏崎刈羽1号機　12日に系統試験終了」，2月9日には「核燃料税4800万円増額へ　原発営業運転で刈羽村」といったあたかも何も問題がなかったかのように記事を載せている。度重なる事故と直後の運転再開の記事，この矛盾を見過ごしてしまっている私たちとはいったい何なのだろうか。

▷4　3原発のうち柏崎刈羽以外は，福島第2原発と福島第1原発。前者で21カ所，後者で5カ所見つかった。

▷5　いずれも，『読売新聞』（東京朝刊）の記事。

## 3　歴史的身体としてのメディア

『原発切抜帖』は，数日間のうちに変わる報道の内容だけではなく，40年足らずの間にいかに同じ過ちが繰り返されているのかも同時に見せつける。核実験や原発事故後の対応の矛盾やそれに対する言い訳など，私たちが過去の過ちから何も学んでいないことがわかる。しかも，映画が作られてから30年近く経った現在ですら，映画に描かれていることと同じような報道が繰り返されているのだ。先の柏崎刈羽原発の事故や，青森県六ヶ所村にある核燃料再処理工場での事故や人為的ミスなど，例をあげればきりがない。この映画は，まるで私たちの進歩のなさをあざ笑っているかのようにも思える。

核や原発の記事を読んでもすぐに忘れ，同じことが数年後に起こり，似たような報道を目にしたとしても違和感を覚えないのはなぜだろうか。「歴史は繰り返される」とよく言われるが，まったく同じことが起こることなど実際にはあり得ない。繰り返されるのは同じような間違いであって，過去に学ばない者はそうした間違いを犯す，というのがこのことばの真の意味であろう。現在と過去を比べることによって，現在がどういった意味をもち得るのかが見えてくるはずなのに，私たちは比較することさえ忘れてしまっている。毎日流される膨大な情報の渦に巻き込まれ，目の前のものを追いかけるだけで手一杯なのだろうか。

現在は過去の積み重ねであり，それは未来へと投影される。現在を生きる私たちは，歴史的な存在なのである。しかし，歴史的な存在であるということは，膨大な時間の流れのなかにおいては単に「新参者」にすぎないということでもある。「新参者」が生きていくためにはこれまでの出来事から学び，それを生かせるように考えなくてはならないはずなのに，私たち「新参者」はその謙虚さを忘れてしまっている。過去，そして未来との対話，ひいては自分自身との対話がなければ，その時々のマス・メディアの報道に流され，結局過ちは繰り返されるのではないか。歴史的存在である私たち自身がメディアとなって過去と現在，現在と未来をつないでいかなければならない。

（池田理知子）

## II　メディア

# 5　メディアとしての空間

## 1　画一的な空間

　子どもたちは，ちょっとした空き地や隙間を見つけて遊ぶのがうまい。また出来合いのおもちゃがなかったとしてもその辺にあるものを使って遊びはじめる。そのような姿を見ると，公園やおもちゃというのは，大人の目線で作られたものではないかと思ってしまう。

　私たちのまわりには，そうした目線で作られた，きれいに整えられてはいるが，面白みのないものであふれている。郊外に立ち並ぶ同じようなつくりの住宅や，都市に乱立するビルやマンション群。駅前に並ぶコンビニや居酒屋のチェーン店，郊外の大型スーパーやショッピングモール。モダンで衛生的ではあるが，どこか味気ない。駅前や郊外という「商品」の価値を高めるために，きれいに「パッケージ化」されているだけにすぎないのかもしれない。そうした人工的・画一的で「きれい」な空間のなかで，私たちはどういったコミュニケーションを強いられているのだろうか。

## 2　空間が強いるもの

　私たちは自分に合った品物を求めて莫大な時間を費やす。例えば，より快適な住まいとなり得る空間を求めて，アパートなどの賃貸物件に足を運ぶ。部屋の間取りや近隣の環境など，細かいところまでチェックする。しかし，私たちのそうした選ぶという行為も，単に構築されたシステム内のものでしかないことに私たちは鈍感だ。ジャン・ボードリヤールが言うように，社会的に構造化された差異化のシステムに則って記号を消費しているだけにすぎないのが私たちなのである（図Ⅵ-7）。消費者は，他者とは違う選択をした，つまり自らが望んだものを自由に選んだつもりになっているが，こうした行為が差異化の強制やある種のコードへの服従だとは気づいていない。差異化は個人を超えたところで構造化されているのである。しかも，そうした〈構造化=システム〉は誰かから与えられたものというより，私たち自身が望んだからこそ作られたのだが，そのなかに組み込まれているとそれすらも見えなくなってしまう。

　こうして私たちの欲望が生み出したきれいに整えられた空間は，そこに「相応しい者」を再生産すると同時に，「相応しくない者」を排除する。例えば，北京オリンピックの前に中国は「国」をあげて空間を組み替えた。古い建物に住

▷1　都市や郊外の風景については，毛利嘉孝 (1999)「『快適さ』と『孤独』——ポストモダン都市としてのキャナルシティの考察」納富信留&溝口孝司編『空間へのパースペクティヴ』九州大学出版会，145-165頁や，若林幹夫 (2007)『郊外の社会学——現代を生きる形』筑摩書房が参考になる。

▷2　ジャン・ボードリヤール／今村仁司&塚原史訳 (1979)『消費社会の神話と構造』紀伊國屋書店。

む住民を半強制的に退去させ新しいビルに建て替えたり，建て替えが間に合わない地域はまわりを壁で囲って見えないようにしたりと，世界に誇る「クリーン」な街づくりを行なったのだ。さらに，北京オリンピック組織委員会が発行した外国人向け「手引」のなかには「ハンセン病患者は入国できない」という項目が含まれており，北京オリンピックを見に来る人たちへの制限すら設けられていたという[3]。近代的で「清潔」な空間の中では，そこに「相応しい者」は迎えられ，そうでない者は足を踏み入れることすらできないということをこの事例は教えてくれている。

しかし，中国の事例は特殊なものではない。1964年の東京オリンピックでも，それを境に街の景観が急激に変わったことはよく知られている。それ以降，急速に進んだ都市化の中で，私たちはファッションや生活スタイル，生き方といったものをその空間に合わせ，そこに「相応しい者」として振る舞ってきたという側面があることを否定できないのではないか。

## 3 「裂け目」からのぞく風景

都市という空間は，そのきれいに整えられた装いに「相応しくないもの」はなるべく隠そうとする。多くの人が暮す都市だからこそ大量のごみや排泄物が出るはずなのに，それらがどこでどう処理されているのか，私たちはよく知らない。同様に，デパートやスーパーの食品売り場にきれいに並べられたパッケージの中の肉がどこから来たのか，どこで処理されているのか知る人は少ない。

例えば，東京都内で売られている肉の多くは，品川区にある「東京都中央卸売市場食肉市場・芝浦と場」で食肉に加工されている。図Ⅱ-5のような近代的なビルの中で，牛や豚が処理され食肉が生産されるのである。ところが，品川駅前に位置するこのビルは，付近の高層マンションの住人から移転要求が出されているらしい[5]。「肉を作っているのはわかるけど，すぐ隣で動物が殺されているのは嫌」，こぎれいなもの以外まわりにあることを許さない，そうした意識がそこには働いているのではないか，と世界各地の「と場」を見てきたルポライターの内澤旬子は言う[6]。「と場」は，「ふだん忘れられがちだけど，人間の基本的な営みのひとつだ。人間が肉体の存在すら忘れそうな，究極に都市化した空間と隣り合わせに屠畜場があることで，大事な感覚を思い出させてくれると思う」とする彼女のことばは重要だ[8]。「と場」は，私たちが見なければならない都市の「裂け目」なのではないだろうか[9]。

私たちもかつては空き地や隙間を見つけて遊ぶ子どもだった。その楽しみを思い出せたとしたら，表面上の整えられた姿に惑わされることなく，「裂け目」から垣間見える風景や，かすかに聞こえる他者の叫びに立ち止まることができるはずだ。空間というメディアと私たちがどうかかわっていくのかが試されているのだ。

（池田理知子）

▷3 入江秀子（2008）「この命，今果てるとも——ハンセン病『最後の闘い』に挑んだ90歳」『週刊金曜日』723号，71頁。

▷4

図Ⅱ-5 東京都中央卸売市場食肉市場・芝浦と場

出所：http://www.shijou.metro.tokyo.jp/syokuniku/syokuniku_top.html

▷5 内澤旬子（2007）『世界屠畜紀行』解放出版社，187頁。
▷6 内澤（2007：187-188）。
▷7 現在では，「と場」が一般的に使われている。「屠殺場」から「屠畜場」や「と場」へとことばが変わっていった背景には，差別の問題がある。詳しくは森達也（2006）『東京番外地』新潮社を参照。
▷8 内澤（2007：188）。
▷9 屠畜と部落差別の歴史を見ていく必要がある。「芝浦と場」では，差別や偏見をなくすための啓発活動をホームページ上でも行なっている。
http://www.shijou.metro.tokyo.jp/syokuniku/rekisi_keihatu.html

## II　メディア

# 6　記録と身体[1]

▷1　科研費（21530553）の助成を受けた研究内容を含む。

▷2　池田光穂（2005）「水俣が私に出会ったとき——社会的関与と視覚表象」丸山定巳＆田口宏昭＆田中雄次編『水俣からの想像力——問いつづける水俣病』熊本出版文化会館，139頁。

▷3　クリス・マルケル（監督）（1996）『レベル5』アルゴス・フィルム。

▷4　彼女は撮影の6年後に死亡した。

▷5

図II-6　掲載された写真集『水俣MINAMATA』

出所：http://www.nishinippon.co.jp/nnp/book/kyushu100/2007/09/post.85.shtml

▷6　もう1人の写真家W・ユージン・スミスはそのときにはすでに亡くなっていた。

## 1　写すという行為

　私たちは，写真やビデオを撮るときに，その行為によってどのような関係が築かれるのか考えたことがあるだろうか。例えば，観光旅行でそこに暮らす人たちの姿をカメラに収めようとするとき，撮影する側とされる側の「入れ替え不可能な関係性」にまで思い至ることがあるだろうか[2]。仮に撮ってきた写真をブログにアップしたとしよう。彼（女）らの姿は，不特定多数の目に晒される可能性がある。逆に自分が日本を訪れた観光客の被写体となり，同じことが行なわれたとするとどうだろうか。写真を撮るという何気ない行ないが，他者の身体の一部を切り取るという行為にもなり得るのだ。

　ドキュメンタリー・フィルム『レベル5』[3]のなかに挟みこまれたワンシーンは，撮るという行為の暴力性を私たちに見せつける。太平洋戦争中，テニアン島で米軍に追い詰められた島の人たちが次々と自決していく場面のなかに，1人の女性がカメラの方をじっと見て，その直後に岸壁から飛び降りる姿が映されている。世界に対して恥ずかしくない「日本人」としての行動をとらせたのは，つまり，ためらい，踏みとどまることなく彼女に死を選択させたのは，カメラがそこにあったからかもしれないといったナレーションがそのシーンには被せられていたはずだ。カメラというメディアが作り出す場は，こうした想像もつかないことを引き起こしてしまうほどの暴力性を帯びたものとなることもあるのだ。

## 2　断片化される身体

　1人の胎児性水俣病患者とその母親が入浴しているシーンを撮影した2人の写真家の1人[4]，アイリーン・M・スミスは[5]，撮影から約30年たった1998年，その写真の使用に関する決定権を撮影された家族に返すことにした[6]。通常，写真は写した側が著作権を有し，その使用に関する権利をもつのだが，今後は被写体となった母親とその夫が使用に関する決定権をもつことにしたのである。「被害を伝えたい」という撮る側と撮られる側の両者の思いから生まれたこの写真は，国内のみならず海外の雑誌にも多数掲載され，水俣病を象徴するものとして知れわたることとなったが，時間が経つにつれ別の意味をもつようになった。写真が有名になり多くの複製が出回れば出回るほど，写された生身の

34

母娘の姿は、多くの水俣病被害者のサンプルの1つとなってしまったのだ。だからこそ、両親は写されたわが子をもっと大事に扱って欲しい、もう娘を休ませてあげたいと願うようになり、ようやく「写真」＝「娘」が家族のもとに戻ってきたのだった。[7]

しかし、その写真は2010年1月現在、インターネット上で出まわっている。被写体の家族がネット上での公開を許可したのかどうかは定かではないが、不特定多数の目に晒される場で、この母娘が生身の人間として大事に扱われているとはとても思えない。ネット上で個人が提供するデータとは常に断片的なものであり[8]、そこから生身の人間の姿が見えてくることはほとんどない可能性の方が高いのだ。[9]

### ③ 消費される／されない身体

映像を記録するということは、身体の断片化を免れ得ないし、その断片化された身体を観るという行為は、それを単に消費することにつながりかねない。今でも水俣病関連のニュースのなかで使われるのが、NHKのテレビドキュメンタリー『奇病のかげに』（1959年制作）に出てくる急性劇症型の水俣病患者の姿である。水俣病の存在を知らなかった当時の人たちに映像によって知らしめるという告発力を発揮したこの作品も、断片的な映像が繰り返し使われることにより「もっぱら過去にあった出来事として、水俣病の悲惨さを表象する」ものへと変わってしまったのだ。[10] 断片化された身体を晒す患者の映像は、急性劇症型患者がほとんどいなくなった今となっては、水俣病はすでに終わったという言説を強固なものにするだけかもしれない。また、時間の経過と共に多様な症状が現われつつある水俣病の実態を隠す役目を果たす、という皮肉な結果をもたらしているのかもしれない。

では、記録された映像のなかで、消費されない身体映像とはどういうものだろうか。写真であれ映画であれ、映像は「現実の風景」の一片を切り取ったものにすぎない。シャッターを押すチャンスは無限に存在するし、どこにでもカメラを向ける可能性は開かれている。私たちが目にするのは、写された多くの写真のたった一枚、膨大な量の映像の一部にすぎないのだ。しかし、その偶然の産物たる映像は、逆に「現実」を映し出すこともある。2008年夏のテレビニュースで再び使われた急性劇症型患者の映像から[11]、「過去形の水俣病」として見るのか、あるいは過去の映像と現在の問題とのギャップに疑問を抱くのかは、私たち見る側にゆだねられている。身体を単なる記号として消費するのか、あるいは生身の身体としてそこに何らかのつながりを見出すのかによって、「現実」はいかようにも変わり得るし、それは私たち自身が現在を生きることへの問いかけでもあるのだ。

（池田理知子）

▷7 『熊本日日新聞』（2000年2月28日付朝刊）。池田（2005）を参照。

▷8 ネット上では、例えばクレジットカード利用の記録がデータとして蓄積され、そのデータが瞬時にある意図のもとに並べ替えられ、必要な情報だけが抽出され、何らかの目的の下に使用される。

▷9 デイヴィッド・ライアン／河村一郎訳（2002）『監視社会』青土社。

▷10 小林直毅（2007）「テレビドキュメンタリーと『水俣の経験』」小林直毅編『「水俣」の言説と表象』藤原書店、368-369頁。

▷11 2009年夏、水俣病特別措置法をめぐる報道の際にも筆者が見た複数のテレビニュースで使われていた。

## Ⅱ　メディア

# 7 「語り部」というメディア[1]

▶1　科研費（21530553）の助成を受けた研究内容を含む。

## 1 被害者認定とステレオタイプ

　負傷した人や，家族や家を失い憔悴しきった人びとの姿を映し出すテレビ映像。2010年1月12日にハイチで起きた大地震を伝えるテレビニュースでも，こうした映像が流されていた。私たちは，事件や災害報道を目にするたびに，被災者とはこういうものであるという姿を見せつけられているのかもしれない。ステレオタイプが強固なものとなるメカニズムがここにも見て取れる。[2]
　「本物」とそうでないものの区分にも，このステレオタイプが作用する。一見して広島や長崎の被爆者や水俣病患者だとわかる人たちが「本物」で，それ以外の被害者は「本物」からの「距離」で測られ，「本物」に近い／遠いと判断されるか，外見からはとても「本物」とは見えない人たちは「偽者」とみなされがちである。原爆や水俣病の被害を伝えるメディアとしての「語り部」にも，こういった基準が適応される。いったい「本物」とそうでない者を分ける基準などあるのだろうか。

▶2　ウォルター・リップマンが言うように，私たちはたいていの場合，物事を見てから定義しないで，定義してから見る傾向があるのかもしれない。ウォルター・リップマン／掛川トミ子訳（1987）『世論』岩波書店。

## 2 「本物」を求める意識

　長崎の被爆者のなかには，「悲惨さ」という指標が機能しており，それによって「第一級の人」「第二級の人」という区分けがなされているという。ある調査によると，被爆者同士の間にそうした区分けが存在することを原爆の体験を語る「語り部」の1人が指摘していた。[3] より悲惨な経験をしたと思われる人，つまりケロイドがあったりと，一見して被爆者であることがわかる人が「第一級の人」とみなされるのだという。
　こうした指標は，私たちオーディエンスのなかにもあるはずだ。いや，むしろ私たち自身が強固にもっているからこそ，語る側の意識にそれが反映されているのだ。オーディエンスである私たちが，〈本物＝当事者〉とはこうあるべきで，彼（女）らの語りこそが「重み」をもつはずだと思っているのであり，語る側もそれを意識せざるを得ないのである。つまり彼（女）らは，「重み」を担保する「当事者」としての明白さや語りの正確さが期待される存在なのだ。
　「資料館」という公的な場で語る「語り部」には，特にそれが強く求められているといえる。「正確な資料」を保存・展示することを目的とする場であれば，「語り部」の「正当性」と「語り」の正確さを求めるのは当然のこととみなされる。

▶3　高山真（2008）「原爆の記憶を継承する――長崎における『語り部』運動から」桜井厚＆山田富秋＆藤井泰編『過去を忘れない――語り継ぐ経験の社会学』せりか書房，35-52頁。

だが,「正当性」や「正確さ」とはどうやって決められるのだろうか。

　例えば,水俣市立水俣病資料館には,講話を行なう「語り部」が13人おり,その13人とは別に「語り部補」として2人が登録されている。水俣病とのかかわりはいずれも深い。違いは,水俣病患者ではないことと,水俣市民となったのが数十年前とはいえ,よそから水俣に入ってきたことなどである。だからといって,「語り部」としての「正当性」や,語りの「正確さ」が劣るのだといえるだろうか。「語り部補」が制度として導入されたときに資料館の館長であった吉本哲郎は,この2人を「語り部」として登録しようとしたのだが,市役所で反対されたという。そこで妥協の産物として生まれたのが,「語り部補」というカテゴリーである。ここには患者でもない,まして「よそ者」には水俣病被害の〈重み〉を語れるはずがないという思い込みが反映されているように思える。

▷4　筆者が2009年11月26日に行なったインタビューより。

### 3 「当事者」と「当事者性」

　〈語り部／語り部補〉というカテゴリーは,「当事者」とは誰かという問題を提起する。このカテゴリーは,原爆や水俣病被害の「記憶」を語れる「当事者」を限定的に捉える方向へと作用する。したがって,カテゴリー自体への異議申し立てがなされない限り,いずれは「当事者」がいなくなり,原爆や水俣病の様々な「記憶」を伝えることが困難となり,その教訓を生かせなくなってしまうのではないか。

▷5　「語り部」の高齢化の問題は深刻である。

　「語り部」とは,「体験者」や「生き証人」といった狭義の「当事者」でなければならないという枠をはずせば,語る者と語られる者の関係性のなかから自ずと誰が何を語れるのかが決まってくる。地元の人間でなければわからないとか,当時を知る人間でなければ語れないという思い込みを捨て,かかわりの深さによってその人でなければ語れないものがあると考えるのである。

　「記憶」を繋いでいくためには,狭義の「当事者」にこだわるのではなく,「当事者性」を中心に考えなければならないはずだ。つまり,大事なのは「まず問題と出会い,その問題を自分の問題として捉え,その問題解決のために考え,行為するという一連の過程」であり,語り／語られることによって「当事者性」を深めていくことである。

▷6　津田英二 (2008)「当事者性を育てる」6頁。www2.kobe-u.ac.jp/~zda/07sympo/1-12.pdf

　「記憶」の継承は,「語り部」によって一方的になされるものではないし,そうした思い込みが継承を困難なものとする。語ることの「重さ」を「語り部」のみに引き受けさせるのではなく,それはオーディエンスである私たちと共有すべきものだ。したがって,語りの場とは双方の「当事者性が深まっていく過程」であり,そのように捉えることで,戦争や公害の被害を矮小化しようとする政治的な動きやマス・メディアのプロパガンダに抵抗する力が生まれ得る。〈語り部＝メディア〉は,既存のものに変わる新しい視点を提示してくれる**オルタナティブ・メディア**となる可能性を秘めているのだ。
　　　　　　　　　　　　　　　　　　　　　　　　　　　　(池田理知子)

▷7　オルタナティブ・メディア　既存のメディアにはない代替となる視点,つまりオルタナティブな視点を提示してくれるメディア。

## II メディア

# 8 「貨幣」というメディア

## 1 相互依存関係の表現・手段

「『お金』とは何か？ 人は『お金』を使っているのか？はたまたお金に使われているのか？ 『お金』の使い方が品性や人間性を表出し，人間としての生き方が問われる」[1]。これは，2009年に劇場公開した映画『わたし出すわ』[2]のオフィシャルサイトに載せられた一文である。この映画は，主人公の麻耶が高校時代の友人にお金を提供することにより，相手が幸せになったり不幸になったりするという人とお金とのかかわり方を問うストーリーである。

現在私たちが使っている「貨幣」は，交換される，あるいは交換可能であることが担保されているからこそ価値をもつ。つまり貨幣は，「『私』とだれかが所有する〈モノ〉やだれかが提供してくれる〈サービス〉とを媒介する手段」なのだ[3]。したがって，ゲオルク・ジンメルが言うように，貨幣は人と人との相互依存関係の表現であり，かつその手段ということになる[4]。〈媒介物＝メディア〉である貨幣が何をつなぐのか，何と関係性をもつのか，使う人自身のまわりとのかかわり方がそこに表われる。

## 2 抽象化される関係性

田舎に住む親から1人では手に余るほどの食べ物が送られてきたので，隣人に分けてあげたところ，思わぬ好物を頂いたとしよう。いわゆる物々交換である。この行為においては，もともとお返しを期待したわけではないし，まして何か特定のものを手に入れるためにあげたわけではない。このように，物々交換では予測不可能な要素が多分にある。

だが，貨幣はその予測不可能性を可能なものに変える。自らが欲するものに対し，その代価を貨幣で支払うことによって入手できるということは，「自分が味わおうとする喜びのすべてが〈予測可能〉であるということを意味する」[5]。そこでは，物々交換に付随する不確定要素への期待や驚き，意外性は失われてしまう。私たちは，確実なもの，予測可能なものを求め，それを手に入れる手段としての貨幣をそこに積極的に介在させようとしているのである。

さらに，貨幣が介入することで，相手への感謝や気遣いが形骸化してしまい，またその中身もいつのまにか平準化してしまったという側面もある。例えば，結婚式の祝儀は親戚ならこの程度，友人ならこれくらいが相場であるとマニュ

▷1 http://watashi-dasuwa.com/movie.html
▷2 森田芳光監督作品。

▷3 菅野仁（2003）『ジンメル・つながりの哲学』日本放送出版協会，196頁。
▷4 ゲオルク・ジンメル／居安正訳（1999）『貨幣の哲学（新訳版）』白水社。

▷5 菅野（2003：209）。

アル本が指南してくれる。結婚披露宴に招かれた人たちがそれぞれ酒や肴を持ち寄って祝った習慣の名残が祝儀であり、元々は婚儀にまつわる一連の費用を一部負担するという相互扶助の意味合いがあったはずだが、それが形骸化されてしまったのだ。お正月になれば当然のごとくやり取りされるお年玉の相場もネットで検索すれば、だいたいわかる。餅を分け合ったことがお年玉のはじまりだという説もあるし、お金である必然性はないのだが、贈る方も贈られる方も当然のようにお金を受け渡す。お互いの関係自体が距離を置いたもの、つまり抽象化されたものになってしまい、それがこうした貨幣のやり取りという形に表われているのだ。

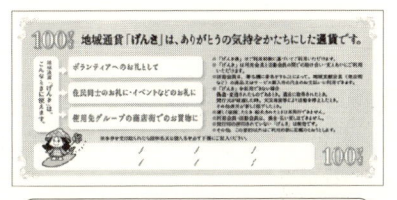

図Ⅱ-8 地域通貨「げんき」の裏面
出所：http://www.tiikituukaneyagawa.org/design/design.html

### ③ 関係性を映し出す鏡としての貨幣

ただし、相手と距離を置くことが必ずしも否定されるべきものではないことは言うまでもない。むしろ、「距離」のとり方によっては、相手と心地よい関係が保たれることがある。例えば、物々交換で成り立っていた相互扶助の関係は、その関係から外れることを許さない、時として息苦しい関係となる。適度な「距離」をもつことの方がお互いに良好な関係が保てるかもしれず、貨幣はその「距離」をとるための1つの手段になり得る。

地域通貨は、その一例といえる。限定的な地域でのみ流通する地域通貨は、その地域住民の自発的な取り組みによってのみ交換手段としての価値を生み出す。私たちが普段使っている円（国が発行したお金）に併用される補助的な通貨としての地域通貨は、貯めても増やすことができないため使われる。使われるからこそ、人やモノの流れを活発にしてくれる。例えば、寝屋川市にあるNPO法人地域通貨ねやがわが発行している「げんき」（図Ⅱ-8）は、会員である住民同士の交流を活性化する。人の助けが必要なときでも無償の奉仕を他者に求めるには勇気がいるし、またその奉仕に対するお返しを考えると面倒になる。適度な「距離」を保ちつつも人との交流を欲する気持ちが、「げんき」のような「ありがとうの気持をかたちにした」地域通貨を生み出したのだ。

また、土地や建物などの担保がなくても融資を受けられる「市民バンク」は、これまで起業とは無縁だった人びとに力を与える手段となる。そのさきがけともいえるバングラデシュのグラミン銀行では、「マイクロクレジット」、つまり貧しい人びとに無担保でお金を貸し出すことによって、彼（女）らが経済的に自立していく手助けを行なっている。

「人は一人で生きられない、世界はみんなでつながっている、いつか自分に還ってくる」という考えが、映画『わたし出すわ』を生み出したという。抽象的な関係に甘んじるのか、有機的なつながりを求めて積極的に介入するのか、メディアである貨幣は私たちの意識を映し出す鏡となる。

（池田理知子）

▷6 貨幣は適度な距離を保つための手段になり得ると、ジンメルはむしろ肯定的に捉えている。ジンメル（1999）。
▷7 地域通貨の歴史は古く、17世紀末の英国ブリストルですでに使われていたという。
http://grsj.org/colum/colum/rekishi.html
▷8 2009年11月4日現在、全国に653の地域通貨があるという。
http://www.cc-pr.net/list/
▷9 1983年にムハマド・ユヌスがはじめた。

▷10 http://watashi-dasuwa.com/manifesto.html

## II メディア

# 9 規範と権力[1]

### 1 「リダクト」された映画

イラクで起きた実際の事件を題材に作られた映画である『リダクテッド 真実の価値』(2007年制作) は, 皮肉な作品である。イラクで何が起きているのかを伝えない, つまり都合の悪い情報を修正・編集 (リダクト = redact) するマス・メディアを批判するために, あえてドキュメンタリー風にアレンジしたフィクション映画で, マス・メディアの「虚偽」を告発しようとしたブライアン・デ・パルマ監督だったが, 結局はこの映画自体も「リダクト」されてしまった。米国メディアには登場することのないイラクの一般の人びとの写真を映画の最後に出して, つまり「リダクト」していないものを提示することによって, 観る者にそのことの意味を考えさせようとしたにもかかわらず, 訴訟を恐れた映画会社が彼 (女) らの目の部分を黒く塗りつぶすことを監督に強要したのだといわれている[3]。

いったい映画会社は何を恐れたのだろうか。誰が訴訟を起こすと思ったのだろうか。米国内のイラク戦争を支持する人びとやその団体だろうか。あるいは世界にこの映画が配給された時に, 思わぬところから訴えられることを恐れたのだろうか。起こり得る漠然とした何がしかのトラブルを未然に防ぐために, 自主的に規制したのだとしたら, 安易にモザイクをかけて責任を回避しようとするテレビ報道やテレビドキュメンタリーと同じ発想である。

### 2 権力の主体

私たちが日々目にするものは, 多かれ少なかれ「リダクト」されている。テレビニュースで死体を見ることはほとんどないはずだし, 過激なコメントは削除される。そこには流す側の「自主規制」が働いているのだが, じつはその力を作動させているのは私たち自身でもある。森達也がテレビドキュメンタリー『放送禁止歌』で, 放送禁止歌など共同幻想でしかないことを明らかにしたように[4], タブーをそれとして成り立たせているのは, お互いの思い込みなのかもしれない。そうした思い込みが規範となって私たちの日常を縛っているのだ。このように, 上から命令されたわけでもないのに何となく従ってしまう力, 私たちの日常を取り巻く力, それが近代的な権力の姿なのである[5]。そして, そうした権力を発動させるのに具体的な力を発揮しているのが規範なのだ。

▷ 1 科研費 (21530553) の助成を受けた研究内容を含む。

▷ 2 2007年のヴェネチア国際映画祭で銀獅子賞を受賞した。「アメリカにとってあまりにも衝撃的な内容に, FOXニュースが上映禁止を呼びかけるなど賛否両論が巻き起こった」映画でもある。

図II-9 映画『リダクテッド』のDVDカバー
出所: http://www.moviecollection.jp/movie/detail.html?p=188 参照。

▷ 3 http://www.cinemacafe.net/official/redacted/

▷ 4 1999年にフジテレビ系列で放送された。森達也 (2000)『放送禁止歌』解放出版社, 森達也 (2005)『ドキュメンタリーは嘘をつく』草思社を参照。

▷ 5 藤巻光浩&柿田秀樹&池田理知子 (2006)「コミュニケーションと権力」池田理知子編『現代コミュニケーション学』有斐閣, 1-17頁を参照。

規範とは日常のなかで身につけていくルールであり，意識することなく習得していく場合が多い。例えば，人を傷つけるような言動は避けるべきである，といった行動規範は社会のなかで育っていくうちに自然と身に付く。ところが，その規範が強固なものとして作用し続けると，時として私たちを不自由な存在へと追い込む。規範から外れた言動が取れなくなってしまうのだ。だからこそ，汚いものや訳のわからないものは見たくない，避けたいとする意識と相まって，〈思い込み＝規範〉はいっそう強固なものとして作用する。デ・パルマ監督にイラクの人たちの目を黒く塗りつぶすことを強要したのは，彼（女）らを見つめる私たち自身だった，と考えられないだろうか。

## ３　私たちが変わるということ

　「人様は変えられん。自分が変わらんと」。ひどい差別を経験したある水俣病患者のこのことばを受け，再生を果たそうとしている熊本県水俣市は，私たちに多くのことを教えてくれる。

　「水俣病の水俣」という強固なイメージは，患者やその家族だけでなく水俣市民にも苦痛を与え続けてきた。一旦出来上がったイメージは，規範から外れた言動がなかなか受け入れられないのと同じように，そう簡単に変えることはできない。そうしたイメージは，今でもまだ水俣の人びとを苦しめているのだ。例えば，「『お国はどこですか』と聞かれて説明するために，『水俣病の水俣です』と答えるときの，引き裂かれるような苦痛は，水俣に育ったものでなければ，とうてい分からない」という民俗学者の谷川健一のことばからもうかがえる。しかし，そうではない水俣も少しずつだが伝えられはじめている。環境で痛めつけられた水俣だからこそ，環境で立ち直り変わっていかなければならないと動きはじめた人たちの成果が，徐々にではあるが，上がってきているのだ。

　2010年3月5日に東京で行なわれた第18回地球環境映像祭で上映されたテレビドキュメンタリー『水俣からの伝言――海と山と町の言葉』は，再生を目指す水俣の魅力を伝えている。「工場は排水を垂れ流し，あんたらはニュースを垂れ流して水俣の環境を破壊した」という水俣市民のことばがこの作品を生み出したと監督の園田文彰は語っているが，水俣自身が変わらなかったらこの作品も生まれなかった。24種類のごみの分別（2011年4月1日現在）を当たり前のように行なっている水俣は，訪れる人びとを驚かせる。また，市が認定する「環境マイスター」が作った様々な物もその質の高さで人びとを感心させる。

　マス・メディアは肝心なことは何も伝えないと批判するのはたやすい。しかし，メディアを変えるためには，水俣が再生しようとしている，私たち自身が変わる必要があるのかもしれない。私たち自身が変わらなければ，何も変わらないのだ。

（池田理知子）

▷6　吉本哲郎（2008）『地元学をはじめよう』岩波書店を参照。

▷7　谷川健一（2006）『水俣再生への道――谷川健一講演録』熊本日日新聞社，19頁。

▷8　2010年2月21日（日）午後2時，熊本のテレビ局（日本テレビ系列）で放映されたもの。今回の映像祭では，17の国と地域から146作品の応募があり，入賞したのはこの作品を含め9本だった。
▷9　第18回地球環境映像祭のパンフレットより。
▷10　http://www.city.minamata.lg.jp/180.htm

## Ⅱ　メディア

# 10　グローバル化とメディア

## 1　「グローバル・スタンダード」という基準

　最近,「グローバル・スタンダード」ということばをよく耳にする。字義通りの意味としては,世界中で通用する何らかの基準・標準ということだろうが,そもそもそうした基準・標準などあるのだろうか。例えば,私たちが距離を測る基準としているメートル法は,多くの人が地球の子午線の1000万分の1を基準とした長さを標準とすることに同意したから,つまりそれを世界共通の物差しとして認めたからそうなっているだけで,何か超越的な基準としてあるわけではない。米国では今でもヤード法を使っているし,日本でも尺貫法の方がしっくりくるという人がおり,例外も多数存在するのだ。

　ここで問題となるのは,恣意的なものであるにもかかわらず,誰がそれを「グローバル・スタンダード」と認めているのか,誰のための基準かということだ。もともとなぜ「スタンダード」が必要とされたかというと,お互いの交渉や交易をやりやすくするためで,だからこそ日本も明治になってそれまでの基準を列強諸国が採用していたものへと変えたのだった。貿易上の不都合をなくすために,暦法をこれまでの**太陰太陽暦**▶1から現在私たちが使っている**太陽暦**▶2へと変更したのも,その一例である。当時の一般大衆にとって,この変更は迷惑なだけだったのに,それを必要としていた人たちがいたからこそ変更されたのだった▶3。こうした明治の例からもわかるように,「グローバル・スタンダード」を必要としているのは,列強諸国のように力をもつ人びとであり,彼(女)らの利益のためになくてはならないのである。「スタンダード」とはいっても,恣意的なものにすぎないことがわかる。「グローバル・スタンダード」というメディアによって,そうした人たちがどういう世界を作り出そうとしているのかを見極める必要がある。

## 2　国際法という基準

　「グローバル・スタンダード」が叫ばれる一方で,その1つであるはずの国際法を無視した行為が少なからずある。例えば,難民条約締結国のなかで日本は難民認定件数が他国と比べて極端に少ない。1万人以上の難民を受け入れている米国やスウェーデン,フランス,イタリア,英国と比べると,2007年の日本政府の難民認定数は129件▶4,2008年は40件▶5となっている。難民認定基準の見

▶1　**太陰太陽暦**　月と太陽の動きを基準とする暦法。月の満ち欠けの周期（朔望月）に基づき,1年を12カ月（30日の大月と29日の小月）に区分するが,1太陽年は12朔望月ごとに0.36827の端数を生じるため,その誤差を調整するために2, 3年に一度閏月を加えて調整を行なったもの。

▶2　**太陽暦**　太陽の動きを基本として日を数える暦法。

▶3　詳しくは,池田理知子&鄭偉（2006）『中国と日本における時間──異文化を流れる「時差」』国際基督教大学社会科学研究所を参照。

▶4　移住労働者と連帯する全国ネットワーク編（2009）『多民族・多文化共生社会のこれから──NGOからの政策提言〈2009年改訂版〉』現代人文社・大学図書,129頁。

▶5　2009年12月10日「アムネスティ日本支部声明：人権に基づく難民認定行政の確立を」より。http://ameblo.jp/amnesty-refugee-osaka/entry-10407998602.html

直しが一部では強く求められているのに，状況は一向に変わらない。

　そうしたなか，2009年10月29日，難民不認定処分取消訴訟準備中であったビルマ（ミャンマー）人難民認定申請者が，成田国際空港から強制送還された。これは，庇護希望者の裁判を受ける権利を侵害するものであり，また難民条約第33条違反にも当たる。第33条では，「庇護希望者を生命または自由が危機にさらされるおそれのある国に送還してはならない」（ノン・ルフルマンの原則）と規定しており，軍事政権下のビルマ（ミャンマー）に戻すことは明らかな違反である。国際法も恣意的な基準の1つであり，それを遵守するかどうかは各国にまかされてはいるものの，「グローバル・スタンダード」とこれほど言われているなかで，世界の「常識」から外れた行為を日本政府が行なうということはどういうことなのだろうか。

## 3　グローバル化と「対話」

　国内メディアは，こうした世界の「常識」から外れた日本政府の行為を積極的に報じることはない。世界の「常識」とのギャップは，海外メディアの報道によって知らされる場合が少なくない。例えば，20年以上も前の1989年のことになるが，当時の宇野宗佑首相が「女性問題」で辞任に追い込まれたとき，その火付け役となったのが海外のメディアだった。それまで，「芸者を囲う」ことは男の甲斐性だと思われていた行為が，一国の首相を辞任に追い込むほど世界の「常識」とはかけ離れていることを見せつけられた事件であった。このように，私たちがこれまで当たり前だと思い，気にも留めなかったことが，様々な背景をもつ人たちと「対話」することによってそうではないのだということに気づかされる。グローバル化のプラスの側面は，こうしたところにあるのではないだろうか。

　マーシャル・マクルーハンの「地球村」という考え方は，「村」という比喩と現実とのギャップが大きく，これまで多くの人の批判の対象とされてきたが，インターネットの例を出すまでもなく，テクノロジーの発達によって思いもよらぬ関係性が生み出されるようになったという意味では的を射ていたといえよう。グローバルなつながりが，様々な「対話」を生み出すのである。

　こうあるべきだとか，そうした行動は慎むべきだといった予め決められたものに縛られていては，新たな意味づけの可能性は生まれない。ましてそうした規範を強化するようなマス・メディアの報道だけに晒されていては，規範自体に疑問の目を向けることはできない。海外メディアによって世界の「常識」を知ることができたように，オルタナティブなメディアにアクセスすること（Ⅱ-7）や，積極的に他者とかかわることによって，既存のものにとらわれない新たな意味づけが可能となるはずだ。

（池田理知子）

▷6　詳しくは，http://ameblo.jp/amnesty-refugee-osaka/entry-10407998602.htmlを参照。
▷7　第75代内閣総理大臣。1989年6月3日に就任し，同年8月10日に辞任。
▷8　最初に報道したのは『サンデー毎日』だったが，国内の他のメディアはこれを当初は無視した。ところが，外国通信社がこの情報を海外に流したほか，米国や英国，韓国，オーストラリアなど各国の新聞，テレビ，雑誌も伝えたことで，国内メディアでもそうした記事が引用される形で報道された。『朝日新聞』社説「宇野首相と『女性問題』」（1989年6月13日付，朝刊）を参照。
▷9　地球村　メディア・テクノロジーの発達により，地球全体のコミュニケーションが促進されるというもの。マーシャル・B・マクルーハン＆B・R・パワーズ／浅見克彦訳（2003）『グローバル・ヴィレッジ——21世紀の生とメディアの転換』青弓社。
▷10　例えば，エリック・M・クレーマー／吉武正樹他訳（2008）「『地球都市』の出現とコミュニケーション」伊佐雅子監修『改訂新版　多文化社会と異文化コミュニケーション』三修社，95-116頁。
▷11　主流メディアであっても，海外メディアのようにオルタナティブな視点を示してくれた場合は，それはオルタナティブなメディアだということができる。

# コラム2

# 現場に立つことの意味

## 1 イメージに縛られるとき

　田口ランディの小説『イワガミ』には、自分にしか書けない「広島」を書くためにその地を訪れた作家羽島よう子が、いったい自分に広島の何が書けるのかがわからなくなってしまった苛立ちが描かれている。「『原爆が落ちたときはどんなふうでしたか？』『街はどういう状態だったのでしょうか？』『なにが見えましたか？』『そのときなにを感じましたか？』」といった質問を被爆体験者に投げかけるのだが、次第に「だんだんと気が重くなって」きて、「自分がなにをしているのか、取材の意味がわからなくなって」しまい、「どうにも踏み越えられない壁のようなもの」を感じてしまうのだった。彼女にとっては、単に語り部の講話を聞いて平和式典に出席するだけでは広島を書くことはできなかったし、そこで暮らしている人たちの姿が見えてこなかったのである。

　ところが、あきらめていったん広島を引き上げようとした時、新聞社の資料室の書架で眠っていた小説『磐神』と出会う。そこには、「三世を見通すイワガミが五千年もの長い時間、同じ場所に動かずに」広島を見続けていたことが描かれていた。

　小説『磐神』のモデルとなった二葉山にある巨岩を訪れた羽島は、自分が見ていた広島がほんの一部にしかすぎず、それも原爆が落とされた街というハイライトされた出来事との関連のみで見ていたことをそこで知る。原爆が落とされる前にも広島という街はあったし、しかも「遠く奥出雲から瀬戸内海までひと続きの土地として存在している」ことに、それまで思いも及ばなかったのだ。

　私たちは、繰り返し語られる物語によって、しかもそれはマス・メディアを通してなされる場合が多いのだが、ある一定のイメージを植えつけられる。そういったイメージをもったまま現場を訪れると、そのイメージに合致するものだけしか目に入らないことが多いのだ。

## 2 関係性のなかで浮かび上がるもの

　広島での取材を続けるうちに、羽島は世界的にその名を知られた「ヒロシマ」に自分が振り回されていることに気づく。そして、それだけではない広島、語られていない広島の姿を探ろうとしはじめるのだった。

　以前、被爆のことについて話を聞いた語り部の松田さんに、今度は昔の広島を教えて欲しいと羽島はお願

**写真1　水俣市の親水護岸のお地蔵さん**
出所：筆者撮影。

いする。すると，彼女は次から次へと昔の思い出を語りはじめるのだった。「……本通のすずらん灯は関西一と言われていて，広島の自慢じゃった，昔はそりゃあ洒落ていてね，娘のころあそこを歩くだけでうれしかったけんね」と，ことばも広島弁が交じりだす。「被爆体験を話して青い顔で戻ってきた松田さん」の顔が輝きを取り戻し，録音のための「90分テープが切れてもまだ話は尽き」ないほどだった。

「戦争前のことを話す機会は，あまりありませんか？」と羽島は松田さんに尋ねる。彼女は，「そんなこと，誰も聞きたがらないですもの」と答えるのだった。

小説『イワガミ』は，フィールド・ワークを中心に研究を進めていく者にとって，様々なことを考えさせる。例えば，水俣病を語り継ぐことの意味を語り部の講話の場で考察するという研究を進めるうえで私が感じているジレンマは，羽島が経験した苛立ちと似ている。新潟を訪れたとき，「新潟県立環境と人間のふれあい館——新潟水俣病資料館」で語り部をしているK・Sさんが，講話が終わって館長と方言でくつろいだ話をしている姿を見て，彼女の講話を何回も聞いているにもかかわらず，また講話のあと個人的に話をしているにもかかわらず，私はまだオフィシャルなK・Sさんしか知らないのだと思い知らされたのだった。

彼女が資料館の講話の場で語ることばは，いわばハレの舞台のものであり，その地で暮らす彼女の日常の姿が私にはまだ見えていないのではないだろうか，という思いが強い。私は彼女が話したいことを聞いてきたのだろうか，むしろ自分が聞きたいことだけを聞こうとしてきたのではないかと思ったのだった。

研究に限らず，何かを知ろうとする場合，現場に行けば本やインターネットだけでは伝わってこない何かが得られることは確かである。しかし，パック旅行の多くが単に名所・旧跡を見たという経験だけで終わってしまうように，現場に立つだけでは十分ではないのかもしれない。そこで自身がまわりとどういう関係を結べるのか，つまり現場に立つことの中身が問われなければならないのだ。

## 3　関係性を結ぶこと

熊本県水俣市の埋立地に整備された親水護岸の散歩道は，風光明媚な場所へと生まれ変わった。きれいに整えられた慰霊碑や鐘が並び立ち，さらには目の前に浮かぶ恋路島の伝説を利用してあらたな名所を作り出そうと，「恋人たちの聖地」というモニュメントまで作られた。しかし，その地に埋められた魚をはじめとした多くの生き物や水銀に汚染されたヘドロは，私たちの目に触れないだけで，いまだにそこにある。

それらのモニュメントからすこし離れたところに，海を見守るかのように数十体の手彫りのお地蔵さんが据えられている（写真1）。なぜそこにお地蔵さんがあるのかを考えれば，その地の意味がおぼろげながらわかってくるはずだ。まるで過去を覆い隠すかのようなその地の不自然さや，居心地の悪さに気づくに違いない。

現場に立つということは，その場にかかわるさまざまな人びととの対話を通して，「記憶」することである。現在は過去の積み重ねによって成り立っており，また過去と現在は未来に投影されるのであって，「記憶」することとはその3つをつなぐことに他ならない。すでに亡くなった人たちや，これから生まれてくるであろう人たちも含む「他者」の声を聞き，関係を結ぶことで，その地が自分にとって特別な場所となっていくのである。ひいては自分にしか書けない現場の描写が可能となるのではないだろうか。　　　　（池田理知子）

▶1　田口ランディ（2009）『イワガミ』文芸春秋（文庫版『被爆のマリア』のなかに収録されている）。
▶2　田口（2009：101）。
▶3　田口（2009：151）。
▶4　田口（2009：121）。
▶5　田口（2009：129）。
▶6　田口（2009：130）。

## III　個人・家族

# 1　自己と他者

## 1　昔の私，今の私

　タイムカプセルを埋めたことはあるだろうか。小さい頃の自分が箱につめた宝物のおもちゃや，未来の自分への手紙を，何年もたってから改めて見てみると，不思議な気持ちになる。昔タイムカプセルを埋めたときと変わらない「私」がここにいる。その一方で，昔の「私」とは違って，様々な知識を得て，経験を経た今の「私」もここにいる。

　これは，ラルフ・リントンが整理した自己の2つの側面に置き換えることもできるだろう。民族や家柄，性別などの生まれつきもつ特徴のことを生得型という。例えば，「日本人」「○○家の長女」「女性」などの特徴は，時間がたっても変わらない個人の側面である。一方で，職業や資格のように，個人が自らの努力や意思で得ていくような特質は，獲得型という。例えば，「小学生」はいずれ「大学生」や「会社員」になるなど，個人の役割には変化していく側面もある。前者が固定的であるのに対し，後者は流動的に変化していく。

　1つの自己は，簡単には変わらない部分と，時とともに変化していく部分が相互に関係し合って形作られる。また，自己は単独で存在するものではなく，社会的な関係性のなかにこそ位置づけられるものである。「女性である私」や「大学生である私」は，「私」のまわりにある人びとや環境との関係性を欠いては存在できず，意味をなさないものなのである。

## 2　近代社会と「他者」

　絵本『ミッフィー』シリーズのなかで，ミッフィーが外国のペンフレンドであるメラニーと出会い，その茶色いおなかをうらやましがるシーンがある。この一冊は，小さな子どもたちが幼稚園や学校で「他者」と出会うときを想定して描かれたもので，作者ディック・ブルーナからの異文化理解へのやさしいヒントとして評価されているようだ。

　私たちも，しばしばこれと同じような経験をする。例えば，海外を旅行してみて，自分とは違う肌や髪の色，自分とは違うことばを話す人びとと出会うことで，改めて「自分」とは何なのか，考えることがある。それまで当然だと思っていた文化や価値観も，相手や環境が変われば共有することができなくなる。自分とは違う「他者」と出会い，お互いの差異に気づくことで，「自己」につい

▷1　ラルフ・リントン／犬養康彦＆清水幾太郎訳（1952）『文化人類学入門』東京創元社。

▷2　ディック・ブルーナ／角野栄子訳（2005）『ミッフィーとメラニー』講談社。

ても新たな発見があるのだ。

　異質な他者との出会いや交流の機会は、近代社会の形成とともに増えてきた。交通手段や工業の発展により、各地に「都市」が現われる。農業を中心としたムラ社会においては、人びとは家業を継ぎ、規範や価値観を共有する限られたコミュニティのなかで行動していれば事足りた。ところが、都市では仕事場と家庭は分離し、様々な土地から集まってきた「見知らぬ人たち」との交流も不可避になる。異なる文化をもつ「他者」と、新しい関係を築きあげ、公私の切り替えが要求されるなかで、人びとは自分の多面性に気づき、「自己」とは何かを考えるようになっていく。

　一方で、「国民国家 (nation-state)」の概念を基盤に発展してきた近代社会において、「国民」とは異なる「他者」は排除されてきた。例えば、ヨーロッパの各国では、定住の地をもたないロマ民族（ジプシー）を、伝染病や治安悪化の原因として扱ってきた歴史がある。アメリカでは長い間「黒人」の市民権が認められず、「白人」との間で生活空間や政治的な分離があった。今でも差別はなくなったとは言いがたい。日本でも、「単一民族」の言説が、アイヌや沖縄、在日外国人の存在を覆い隠してきた。

　近代国民国家のなかの「他者」は、犯罪者や知能の低い者としてレッテルを貼られ、政治的・経済的な不利益を被ったり、言語や生活習慣の教育を通して「国民」に矯正されたりしてきた。「他者」を発見することが、「国民」の同質性を担保し、人びとに「国民」としての自己を確立させる手段だったのだ。

### 3　差異から見える多様な「自己」

　「自己」を認識するには、自分とは異なる「他者」の存在が必要である。私たちは、差異にこそ、意味を見出していくからである。例えば、「日本人」としての自己は、「中国人」「アメリカ人」「イギリス人」とは異なるから成り立つものだといえる。他者とのかかわり合いのなかで、私たちは「自己」に対して自分とは誰か、繰り返し問いかけていく。

　「他者」との出会いの場では、複雑な力関係も生じてくる。互いを分け隔てる差異は、時に優劣として意味づけられるためである。「職場で重役につくのは男性が多い」とか、「外国人の犯罪が多い」という状況は、ある属性の特徴を裏づけるかのように語られることがあるが、なぜそういった状況が起こるのか、なぜその部分だけが注目されるのかを考えてみることが重要である。

　また、いろいろな「他者」と出会うなかで、自分が属する社会的なカテゴリーとその意味づけが、いくつもあることに気づくだろう。自己に対する意味づけをアイデンティティ（Ⅲ-2 参照）という。多様な他者とのかかわりのなかで、複数のアイデンティティを築き、「自己」に付与される意味の重層性を受け入れていくことが、異質な「他者」の理解にもつながっていくだろう。（伊藤夏湖）

▷3　リチャード・セネット／北山克彦＆高階悟訳 (1991)『公共性の喪失』晶文社。

▷4　「単一民族国家」という言説をめぐる考察は、小熊英二 (1995)『単一民族神話の起源——日本人の自画像の系譜』新曜社などに詳しい。

▷5　例えば戦時下の植民地でとられた皇民化政策や、沖縄や東北地方で行なわれた標準語教育なども、他者を「国民」に同化する方法であった。

## Ⅲ 個人・家族

# 2 コミュニケーションとアイデンティティ

### 1 いくつものアイデンティティ

　昨今の就職活動で，学生たちを最初に苦悶させるのは「自己分析」ではないだろうか。自分はどんな人間か。自分自身が一番よく知っているようでいて，改めて問われると考えてしまうものだ。選択式の自己分析本やウェブテストから，はたして「自分」の姿は見えてくるのだろうか。

　普段の生活を振り返ってみると，実際には「自分」のあり方はじつに多様であることが見えてくる。例えば，昼と夜では行動範囲や話し相手も変わってくるし，ケータイやネット上での思考や話し方は，対面のそれとは異なるものであろう。家や学校，アルバイト先など，いずれの場面でも少しずつ異なる「自分」がいるのではないだろうか。アーヴィング・ゴッフマンが指摘したように，私たちは場面や相手に応じて適切な役割を「演技」しているのである。[1]

　他者が自分に期待する役割を，アイデンティティ（identity）とよぶこともできる。あなたは，家族のなかでは「娘」や「息子」，「姉」や「弟」であるかもしれないし，大学の先生から見れば「生徒」であり，サークルの仲間にとっては「キャプテン」や「友人」であるかもしれない。他者から自分はどう見られていて，どんな役割を付与されているかによって，私たちは自分自身のイメージをつくり，日々のことば遣いや振る舞いに反映させていく。[2] 自己分析シートの上で，単純に「はい」「いいえ」や「a」「b」「c」の選択項目を選びとるよりも，もっとダイナミックな関係性が日々構築されているのである。

### 2 メディアとアイデンティティ

　私たちは「役割」についての情報を，様々なメディアから得る。テレビのアニメやドラマに登場するお母さんが，エプロンをして家族のために食事を作っていれば，「お母さんとはこういうものだ」というイメージを抱くだろう。本で「日本は四季が美しい国だ」と読めば，春の桜や秋の紅葉を楽しむことに「日本人らしさ」を感じるかもしれない。そうして得た情報から，自分自身の「母」や「日本人」としての言動も影響されていく。

　ここでさらに，メディア＝媒体を，コミュニケーションを媒介するものとして，もう少し広く捉えてみよう。例えば，「服装」もメディアと言える。制服は，ある高校の生徒やある会社の社員であることを示したり，スカートならば女性

▷1　ゴッフマンは，社会的相互行為を「劇場のパフォーマンス」にたとえて説明した。アーヴィング・ゴッフマン／石黒毅訳（1974）『行為と演技』誠信書房。

▷2　ジョージ・H・ミードはこれを「役割取得」とした。ジョージ・H・ミード／川村望訳（1995）『精神・自我・社会』人間の科学新社。

であることを意味したりする。靴ひもやネームカードの色が、学年や部署、役職などに関する情報を与える場合もある。パンクやモッズにとっては、ファッションは自分たちのライフスタイルや考え方を表現する重要な要素でもあった。また、「声」も身体的なメディアの1つである。例えば、高い声ならば女性らしさを、低い声は男性らしさを表わすだろう。語尾やイントネーションも、ジェンダーや出身地域、年齢や社会的地位を示す指標となり得る。

つまり、私たちは、マス・メディアや周囲の環境、身体や服飾品などのメディアを介して、ある特定の「役割」に関する情報を得ると同時に、自分の「役割」に関するメッセージを発し続けているといえる。そのなかで、自らの社会的な位置づけを見出したり、自分に求められている役割や規範にそって行動したりする。例えば、「大阪の人はおもしろい」というイメージが繰り返しマス・メディアで伝えられ、人びとも大阪出身者に対してそのように期待し、大阪出身者自身もまた、大げさな方言やコミカルな言動でそれに応えるなかで、「大阪」というアイデンティティは強化されていく。重層的なコミュニケーションのなかで、アイデンティティは形作られていくのである。

### 3 アイデンティティの「承認」

アイデンティティは、他者のまなざしを介して作られていくので、自分が描く自己像とは必ずしも一致しない。自分では「女」だと思っていても、まわりから男性の服装やことば遣いを求められると、アイデンティティ・クライシスに陥ってしまう。アイデンティティには、他者の「承認」が必要なのだ。

まわりの人や環境と取り結ぶ関係性によって、アイデンティティは変化する。だからこそ、「承認」をめぐって交渉することも可能である。実際、ジェンダーやセクシュアリティ、人種、民族、サブカルチャーなど、過去数十年の間に、アイデンティティをめぐる議論はどんどん多様化してきた。こうした議論は、「国民国家」や「性別役割分業」など、近代が生んだ強固な規範に対する異議申し立てであったともいえる。

例えば、1968年、メキシコシティオリンピックで男子200メートルの表彰台に上がったアフリカン・アメリカンのトミー・スミスとジョン・カルロスの例を見てみよう。彼らは、USAのユニフォームを着ながらも、黒い靴下やスカーフを身にまとい、国歌が流れる間中、うつむいたまま黒いグローブをはめた拳を高く掲げ、黒人差別に抗議した。こうしたパフォーマンスは、新たなアイデンティティの「承認」への契機となり得る。

冒頭で述べたように、私たちは相手や場面によって様々に変わるアイデンティティをもつ。さらに、創造的なコミュニケーションによって、アイデンティティの意味づけを交渉し、変えていくことも不可能ではない。アイデンティティは、多面的かつ可変的なものであるといえるだろう。　　　（伊藤夏湖）

▷3　ディック・ヘブディジ／山口淑子訳 (1979)『サブカルチャー——スタイルの意味するもの』未来社。

▷4　黒田勇 (2002)「内なる他者〈OSAKA〉を読む」伊藤守編『メディア文化の権力作用』せりか書房, 198-221頁。

▷5　チャールズ・テイラー他／佐々木毅他訳 (1996)『マルチカルチュラリズム』岩波書店。

▷6　山本敦久 (2004)「レボルト'68——黒人アスリートたちの闘争とアウターナショナルなスポーツ公共圏」清水諭編著『オリンピック・スタディーズ——複数の経験・複数の政治』せりか書房, 218-233頁。

## Ⅲ 個人・家族

# 3 アイデンティティと「出自」

### 1 求人広告と戸籍証明書

　日本が高度経済成長のまっただ中にあった昭和40年代。当時の新聞の求人広告欄を見てみると，違和感を覚える点がある。提出書類として，履歴書や成績証明書，卒業見込み証明書などとともに，「戸籍謄本」が明示されているものが多々あるのだ。これは一体なぜだろうか。

　戸籍謄本には，本籍地や両親の国籍などが示されている。こうした情報をもとに，被差別部落出身者や在日韓国・朝鮮人を採用しないという差別がなされていたのだ。例えば，1970年（昭和45），在日韓国人の朴鐘碩（パク・チョンソク）さんが，国籍を偽ったとして採用を取り消された日立就職差別事件のように，社会的に問題化された事例もある。結婚や就職の際に，出自を理由にした差別が生じることは，今も完全になくなったわけではない。

　出自とは，生まれ，出身，血のつながりのある祖先のことを指し示す。生まれたときからすでに決まっているものであり，多くの人にとって「自分は誰か」を意味づける大きな要素となる。

### 2 「出自」が決める「私」

#### ○血統とアイデンティティ

　「私にはフランス人の血が流れている」と言えば，家族や先祖にフランス人がいると考えるだろう。こうした言い回しは聞き慣れたものだが，ここに含まれた「血」という概念について改めて考えてみたい。「血筋」や「血統」ということばがあるように，出自を示す時に重要視されるのが血縁関係である。つまり，生物学的な意味での祖先のことである。

　日本では，血縁関係は「家」を通して制度化されてきた。「家」の特性は，家業と家産を維持すること，直系親族か嫡子によって一子相続されること，系譜的な連続性をもつことという3点があげられる。血縁関係に基づいた家族や親族は，日常生活や文化の基盤として見なされてきた一方で，差別を再生産するシステムでもある。例えば，被差別部落の問題は，16世紀末から17世紀初頭の階級制度までさかのぼる。その時「賤民」として位置づけられた人びとにはじまり，穢れた職業と見なされていた革製品の加工などの家業を継いだり，親と同じ家に住んだりする中で，差別は連鎖していく。たとえ引越をしても，血

▷1　大手企業を相手取った裁判は，当時話題になったようだ。74年，朴さんは全面勝訴している。『朝日新聞』（1971年1月13日付朝刊）「在日朝鮮人青年の訴訟きょう口頭弁論　われら就職差別を背負って」など。

▷2　平井晶子（2008）『日本の家族とライフコース──「家」生成の歴史社会学』ミネルヴァ書房，3-6頁。

▷3　磯村英一＆一番ヶ瀬康子＆原田伴彦編著（1984）『講座　差別と人権　第1巻　部落Ⅰ』雄山閣出版。

縁関係や本籍地から「部落出身者」と見なされることになる。

　また，先の例のように，「血」はあたかも国や民族で共有されているかのように語られることもある。「日本人の血」「フランス人の血」といったことばは，それぞれに色や成分まで異なっているかのようだ。鄭（2003）は，「混血」という語りが，本来あるはずのない「純血」を前提にしていることを指摘している。「〇〇人に流れる血」という言い回しは，民族のアイデンティティに訴えかけ，「想像の共同体」を強化するために利用されてきたといえるだろう。

○ 土地とアイデンティティ

　さらに，住んでいる土地や出身地域もまた，その人に向けられるまなざしを規定する。前述の被差別部落問題でも同様のことがいえるが，差別はしばしば居住地や生活空間を区別することで，強化される。歴史をひもとくと，アフリカでのアパルトヘイトや，ユダヤ人のゲットーなど，地理的・物理的な境界線で「他者」は排除されてきた。出自が地理的空間を通して可視化され，「他者」や「弱者」としてのアイデンティティが強要されるのである。

　また，出身地域がパーソナリティに直結して語られることもある。「ドイツ人はきまじめ」「オーストラリア人は陽気で明るい」などのステレオタイプはよく聞く。もう少し身近な例でいえば，「沖縄の人はおおらか」とか「東北の人は田舎くさい」など，日本の各地域に付与されたイメージは，自己像やふるまいにも影響を与えるものだ。

## 3 「私」の立ち位置を問う

　私たちは，国籍や出身地域，民族などによって，他者をカテゴリー化している。そのカテゴリーが，他者に対して「自分は誰か」を位置づける枠組みとなるのである。同じカテゴリーのなかで，つまり，同じ背景をもつ人同士で連携し，協力することは，エンパワーメントになることもある。音楽や美術，生活の知恵など，クリエイティブな文化が創造される基盤になる場合も多い。

　しかし，カテゴリー化はステレオタイプや差別，偏見として暴力的に働いてしまうこともある。異質な「他者」と位置づけられた人びとは，ある枠組みの中に押し込められ，限られた特徴だけを押し付けられる。そこから逃れるためには，マジョリティに同化したり，出自を隠したりするしかなくなる。「他者」を特定のカテゴリーに押し込め，アイデンティファイするとき，「他者」に対峙するのは「普遍」である。「私」が誰なのかを問う必要のない主体が，「他者」を創出するのだ。これは例えば「日本人」と「在日」や，「西洋」と「東洋」などに重ね合わせることができる。出自は自分から選びとることはできないし，そこに付与された意味づけも簡単には変えられない。まずは「私」の立ち位置を自明視しないことが，異なる出自をもつ人びととのコミュニケーションの回路を開く第一歩となるのではないだろうか。

（伊藤夏湖）

▷4　被差別部落出身者にとって，自らの出自を明らかにし，過去を語ることはときに非常につらいものである。桜井厚（2005）『境界文化のライフストーリー』せりか書房などに詳しい。

▷5　鄭暎惠（2003）『〈民が代〉斉唱――アイデンティティ・国民国家・ジェンダー』岩波書店。

▷6　ベネディクト・アンダーソン／白石さや＆白石隆訳（1997）『増補　想像の共同体――ナショナリズムの起源と流行』NTT出版。

▷7　特に「沖縄」の表象やアイデンティティに関しては，多数の研究がなされている。多田治，田仲康博，仲里効らの論考に詳しい。

▷8　鄭（2003：18-19）。

## Ⅲ 個人・家族

# 4 「家庭内コミュニケーション」の語られ方

### 1 良い親,良い子ども

　ときどき,電車のなかで熱心に育児や教育に関する本を読む女性を目にする。親としての力を育むテキストや正しいしかり方のマニュアル,かしこい子どもを育てるためのノウハウ本は,ちまたに溢れている。「親ならば誰しも子どもと良い関係を築かなければならない」——そんな声が聞こえてきそうである。

　親子間のコミュニケーション不足は,親が自身の責任を放棄していると見なされる。例えば,ワイドショーの犯罪報道を見てみると,しばしば親子の溝や会話不足が強調され,家庭環境が悪かったから犯罪にはしったのだという語りがなされる。愛情をもって子どもに接し,理解を示すのが「良い親」であり,そうでなければ素直でかしこい「良い子ども」も育たない。私たちはそんな「家庭」像をいつの間にか共有しているのではないだろうか。

### 2 「愛情」溢れる家庭像

#### ◯母親の役割

　家庭で子どもに愛情を与える人物として想定されているのは,多くの場合母親である。例えば,子どもが3歳になる頃までは,母親のもとで育てられた方がよいとする考え方を,「三歳児神話」という。これは,母親には子どもを育て慈しむ「母性」が備わっているという論理に基づいている[1]。また,タルコット・パーソンズは,家庭内において,父親には外で働いて稼ぎをもたらす手段的役割,母親には子どもや夫を愛情をもって世話する表出的役割があるとした[2]。

　こうした考え方は,性別に基づく家庭内の分業を自明視しているとして,主にフェミニズムの立場から多くの批判がなされてきた。女性の社会進出や,ジェンダー・フリーの推進などを通して,少しずつ意識の変化の兆しもある。とはいえ,現状としてはまだ性別役割分業が顕著であることも確かだ。

　本屋で女性向け雑誌のコーナーに立ち寄ってみると,世のお母さんたちに期待されている役割は自ずと見えてくる。幼稚園グッズを簡単に手作りする,愛情をこめたお弁当を15分で作る,短時間で晩ごはんを作るなど,様々な特集記事が目に飛び込んでくる。家事を短い時間でこなす知恵が強調されているのは,「家庭」と「仕事」の両立が母親達に求められているからである。ワークライフバランスの議論でも,しばしば女性が育児と仕事を両立できる職場環境の必要

▷1　エリザベート・バダンテール／鈴木晶訳(1998)『母性という神話』筑摩書房。
▷2　タルコット・パーソンズ＆R・F・ベールズ／橋爪貞雄他訳(1981)『家族』黎明書房。

性が説かれるが，視点を変えれば，女性たちは「家庭」で愛情を与える役割と「仕事」をする稼ぎ手という二重の責任をおっているともいえる。

### ○一家団欒の規範

「家庭」という言葉から，一家そろって食卓を囲み，楽しい会話をしながらお母さんの料理を食べる，そんな団欒の様子を思い浮かべる人は多いのではないだろうか。前述したように，女性は家庭での情愛的な役割が付与されてきた。その愛情を測るものさしとして位置づけられてきたのが，あたたかい食卓であり，手作りの家庭料理である[3]。既製品ばかりの食卓や，孤食が問題化されるのも，一家団欒と母の家庭料理が結びついて語られてきたからであろう。

あるいは，休日に家族そろって遊園地や公園に出かけたり，夏休みにみんなで旅行をしたりする様子を連想する人もいるかもしれない。日本でつかわれる「家族サービス」という言葉には，普段外で稼いでいる父親も，休日には家族のために奉仕するべきだといった意味合いが込められている。

柳美里の小説『家族シネマ』では，一度離散した家族が，映画撮影のためにカメラの前で円満な家庭を演じる様子が描かれている[4]。愛情溢れる一家団欒を「演じる」家族は，奇妙に思える。だが，カメラこそないが，「母の手料理を家族そろって食べる」とか，「夏休みは父の車でキャンプへ行く」など，私たちが近づこうと努力している家庭を巡る規範は，映画の詳細なト書きのようでもある。「一家で団欒しなくてはならない」「家族は仲良くしなくてはならない」という語りは，当然と見なされるがゆえに疑問を感じることも少ない。「理想の家庭」像を，時に義務のように感じ，「父」や「母」，「子」として課された役割を必死で演じてしまうこともあるのではないだろうか。

## 3 「理想の家庭」からの脱却

「両親」と「子ども」がいて，親は子どもを常に理解し，明るい会話の絶えない家庭——こうした単一的な「理想の家庭」像からは，そこから逸脱した家庭像を否定する態度が生まれていく。子どものいない夫婦や，シングル・ペアレントの家庭など，構造的に「理想の家庭」とは違うだけで，「かわいそうだ」「変わっている」といった言葉が投げかけられたり，問題視されたりする。また，強固な「理想の家庭」像は，失敗も許容しない。夫婦や親子の関係に悩んでいても，家庭の問題はなかなか相談しにくい。

家庭とは様々な個人が集まる場である。誰しもが実際に経験しているように，時には衝突したり，交渉したりする場だ。唯一無二の理想像にがんじがらめになっていると，自分を責めたり，テキストやマニュアルに頼って行動したりしてしまいがちだ。だが，どんな家庭にもそれぞれの構成員がいて，それぞれに異なった関係性がある。決まりきった役割にとらわれないことが，「理想の家庭」の縛りを解くヒントになるのではないだろうか。

（伊藤夏湖）

▷3 山尾美香は，明治から平成にかけての料理本や料理番組を分析し，愛情のこもった料理というイデオロギーが構築されてきた過程を描き出している。山尾美香（2004）『きょうも料理——お料理番組と主婦　葛藤の歴史』原書房。

▷4 柳美里（1999）『家族シネマ』講談社。第116回芥川賞受賞作品で，1999年にパク・チョルス監督が同タイトルで映画化している。

## Ⅲ　個人・家族

# 5　家族という規範[1]

▷1　科研費（21530553）の助成を受けた研究内容を含む。

▷2　「これが，わたしの人生」（作詞：坂本しのぶ，作曲：柏木敏治）。2010年3月13日に東京で行なわれた環境省主催のイベント「水俣病の教訓を次世代に伝えるセミナー〜絶望から，ここに生きる希望づくりへ〜」の資料集21頁に収録されている。

▷3　NHK教育テレビで2006年6月15日に放送された「水俣病50年を生きる〜胎児性患者は今〜」を参照。
http://www.nhk.or.jp/heart-net/fnet/arch_new/thu/60615.html

## 1　高齢化社会と家族

みんな長く生きて／私を1人ぽっちにせんで／一緒に手をつないで生きたい／あなたと一緒に

水俣病にならんば　私の人生は／でもこれが私の人生／これからは自分自身で／この道を歩いていきます／この道を歩いていきます[2]

母親の胎内で有機水銀に侵された胎児性水俣病患者の多くは，すでに50歳前後になり，症状も年々悪化してきている。それでも，親の介助があってこれまでなんとかやってこられたのだが，今度は親の高齢化，そしてその親もいずれ亡くなってしまうという問題が出てきている。そうした漠然とした不安が，胎児性患者が作った冒頭の歌詞のフレーズ「私を1人ぽっちにせんで」に表われている。熊本県水俣市では，こうした胎児性患者の今後をどうするのか，どういった形で支えていけるのかが議論されている[3]。

こうした議論を通して見えてくるのは，いずれは私たち自身も同じような問題に直面するのだ，ということである。表Ⅲ-1を見ると，2008年の65歳以上の人口割合は22.1%で，4.8%であった1947年に比べて5倍近く，10.3%の1985年に比べても約2倍に増えており，高齢化及び少子化が進んでいることが確認できる。そうなると，家庭内で高齢者を支えていくことが困難になり，家族の枠を超えて高齢者と共に生きていかなければならないのは明らかである。しかし，家族単位という規範は，いまだに強固なものとして作用し，家族の枠を超えて共生することを困難にしている。

## 2　家族という枠組み

2002年5月に起こった老夫婦の心中事件は，家族という枠をはずすことができていたら起こらなかったかもしれない，そんなことを考えさせるものだった。「痴呆」の妻を介護する夫が，他者の介入を拒んだことが自らを追いつめる結果となったのだ。甲斐甲斐しく妻の身のまわりの世話をする夫の姿は，まわりから「仲睦まじい」夫婦と思われていたという。だからこそ，かえってまわりも手助けを申し出にくかったのかもしれない。しかも，男性が家事や介護を引き受けることは，一見ジェンダー・フリーを実践しているかのように見える。しかしこの夫の行為は，じつは「男性として妻を守る」「男性は弱音を見せてはな

らない」という性別役割分業に根ざしたものであったことを見逃してはならない（Ⅳ-1参照）。つまり，**ヘテロセクシズム（異性愛主義）**に基づく「男らしさ」の言説にとらわれていたことと，家庭内の問題を外に知られることは恥ずかしいし，他人に迷惑をかけてはならないという家族の枠組みに捉われすぎていたことが，他者に頼る，他者と関係を結ぶことをためらわせたのである。

介護は嫁の役割だとか，家庭に他人を入れるのは嫌だといった声をいまだによく耳にする。介護保険制度や，ヘルパーと介護施設の供給が需要に追いつかないといった問題，その質の問題など高齢者介護を取り巻く社会的状況が整っていないことも確かだが，介護を受け入れる側の意識がいまだに変わらないことも，さらにその状況を悪化させているのではないだろうか。家族の手による介護が家族のつながりを象徴するのだ，といった考えが，先の事件のような悲劇を生み出すのである。

### 3 「家」と呼ばれるもの

2006年6月15日にNHK教育テレビで放送された『水俣病50年を生きる〜胎児性患者は今〜』の中で，患者の1人が「家が欲しい。お母さんが生きとるうちに」という発言をしている。ここで彼が言っている「家」とは，母親と住んでいる家とは別のものを指している。それは，彼が通っている小規模通所授産施設「ほっとはうす」の施設長である加藤タケ子の次のような解説からうかがえる。「施設への入所経験もある彼が，これからどう生きたいのかを考えた時に，彼は『地域の中で生きたい』と。その気持の象徴だと思います。心配しているお母さんを安心させるためにも，今のうちに地域の中で自立した生活ができる社会のサポートシステムが欲しいということを彼は訴えているのだと思います」。

地域のなかで生きる仕組みが欲しい，それが「家」という象徴的なことばで表わされていることの意味は大きい。それは，私たちが「家」というのは「家族」として社会が認めた者同士，戸籍上縁戚関係がある者同士が住むものだという思い込みをもっていることに気づかせてくれるからだ。そうした思い込みを括弧に入れると，もっと多様なつながりができるかもしれないし，お互いに助け合える関係性が広がるのではないだろうか。そうした他者同士が住むところを「家」と呼んでもおかしくないはずだ。少子高齢化社会を生きざるを得ない私たちにとっては，こうした意識変革が求められているに違いない。

（池田理知子）

表Ⅲ-1　戦後の年齢別人口割合の変化

| 年次 | 人口割合（％） | | |
|---|---|---|---|
| | 0〜14歳 | 15〜64歳 | 65歳以上 |
| 1947 | 35.3 | 59.9 | 4.8 |
| 1950 | 35.4 | 59.7 | 4.9 |
| 1955 | 33.4 | 61.3 | 5.3 |
| 1960 | 30.0 | 64.2 | 5.7 |
| 1965 | 25.6 | 68.1 | 6.3 |
| 1970 | 23.9 | 69.0 | 7.1 |
| 1975 | 24.3 | 67.7 | 7.9 |
| 1980 | 23.5 | 67.4 | 9.1 |
| 1985 | 21.5 | 68.2 | 10.3 |
| 1990 | 18.2 | 69.7 | 12.1 |
| 1995 | 16.0 | 69.5 | 14.6 |
| 2000 | 14.6 | 68.1 | 17.4 |
| 2005 | 13.8 | 66.1 | 20.2 |
| 2006 | 13.6 | 65.5 | 20.8 |
| 2007 | 13.5 | 65.0 | 21.5 |
| 2008 | 13.5 | 64.5 | 22.1 |

出所：国立社会保障・人口問題研究所のデータベースをもとに作成。

▶4 **ヘテロセクシズム（異性愛主義）** 男性と女性のペアが当たり前であるとする考え方。つまり，異性愛以外は認めようとしない社会的圧力であり，一定の夫婦のあり方を強制する力のことを指す（Ⅳ-6 3参照）。

▶5 天田城介（2002）「老夫婦心中論(1)——高齢夫婦介護をめぐるアイデンティティの政治学」『立教大学社会福祉研究』22号, 1-17頁。

▶6 http://www.nhk.or.jp/heart-net/fnet/arch_new/thu/60615.html

## Ⅲ　個人・家族

# 6　国家と家族◁1

▷1　科研費（21530553）の助成を受けた研究内容を含む。

## 1　ハンセン病と隔離政策

　日本が近代化する過程で，隔離され，排除されてきたのがハンセン病の患者たちであった。その政策のつけが，患者とその家族に大きくのしかかっている。療養所に入るときに家族から切り離された患者たちの多くは，二度と元の場所に戻ることができなかったのだ。1955年ごろから強制収容に対する規制が徐々に緩和されても，また1996年に隔離政策の根拠となっていた「らい予防法」が廃止されても，「療養所に入所したときに，家族に迷惑が及ぶことを心配して本名や戸籍を捨てた人もいるため，現在も故郷に帰ることなく，肉親との再会が果たせない人」がいるのだという。「ハンセン病問題は，決して特別な問題じゃない。それは，私たちの姿を映し出す鏡だと思う」とハンセン病の理解を促す目的で作られたパンフレットに書かれてあるように，「異質な者」を必死で隠そうとする力が家族とそれを取り巻く共同体の中には歴然とある。しかし，なぜ「異質な者」は排除されなければならないのだろうか。

▷2　特効薬「プロミン」が1946年に登場したことによって，適切な治療が施されればハンセン病は完治する病になっていたにもかかわらず，その後50年もの長きにわたり患者の強制収容が続けられていた。

▷3　2009年9月に厚生労働省が発行したパンフレット「ハンセン病の向こう側」4頁。

▷4　「ハンセン病の向こう側」（2009：表紙）。

## 2　「異質な者」を排除する力

　「異質な者」を隠そうとする力が働く1つの要因として考えられるのが，「血筋」である。つまり，「血」を汚してはならない，汚されてはいけないとする考え方が家族のなかにあるからこそ，その「血」を守るために異質性を排除しようとする力が作用するのである。例えば，精神病者がいるとそれを他人に知られないようにしようとする家が少なくないし，結婚の際に家系が問題になることも多い。「血」を守ろうとする力がいまだに強固に働いていることが，こうした例からもわかる。

　「血統」を守るというこのような考え方は，国家の政策とも関連している。戦前の国民優生法（1940年に成立）では，「悪質なる遺伝性疾患の素質を有する者の増加を防遏すると共に健全なる素質を有する者の増加を図り以て国民素質の向上を期することを目的とす」とし，「悪質な遺伝性疾患」に限られてはいたが断種が容認されていた。また，1948年に公布され，1996年まで施行されていた優生保護法では，断種対象が非遺伝性疾患にまで拡大され，強制的に断種を行なえるという条項も確保されていた。そのため，1996年に優生思想に基づく部分を削除する改正が行なわれるまで，ハンセン病患者や障がい者に対する不妊

▷5　法律名も母体保護法（1996年9月施行）に改められた。

（優生）手術が合法的に行なわれてきたのだった。

　しかし，法律が改正されたからといって，「純血」を守るための不妊手術や中絶が行なわれなくなったとは必ずしもいえない。例えば，新潟水俣病資料館の館長塚田眞弘の話によると，新潟で毎年行なわれている新潟水俣病共闘会議主催の新潟水俣病の現地調査に参加した折，ある女性患者が「実は私には4人目の子どもがいたが，中絶させられた」と語ったという。これまで水俣病患者や水俣病多発地域の女性に対し，妊娠規制は行なわれたが，中絶命令が出されたことはない。しかし，仮にこの女性が水俣市の胎児性水俣病患者の情報を医者から聞いて中絶を決意したとしたら，「強制」だったとこの女性の記憶に刻まれていたとしても不思議ではない。新潟水俣病のこの出来事は，「純血」を守ろうとする「国」の姿勢が，「指導」といった形で行なわれている可能性を否定できないこと，そしてそれが身近な「家族」のあり方に影響を与えずにはいられないことを教えてくれる。

## 3　「血」という言説を生み出すもの

　子どもを生む，生まないという個人的な選択にまで国家は介入する。例えば，優生保護法は，戦後，大量に帰還した引揚者や出征兵士の結婚・出産により人口が急増したため，中絶を合法化して人口抑制を行なおうというもくろみのもとに成立した法律でもあった。その法律は改正され，人口抑制の必要はなくなったものの，こんどは子ども手当ての支給といった別の側面から少子化対策，つまり人口調整が行なわれようとしている。少子化が問題なのであれば，増え続ける人口に悩まされている地域の子どもとの養子縁組という選択肢もあるはずなのに，そうはならない。家族であれば「血」のつながった子どもがいて当たり前という意識が根強くあることが，ここからも見えてくる。

　では，「血」のつながりとはいったい何なのだろうか。本橋哲也が言うように，DNA鑑定では血液の生物学的特性はわかるが，人とのつながりを作り出すとされる「血の絆」などわからない。「血筋とは，まったく想像の結果に過ぎ」ず，「このような家族の血のつながりが，親戚の，同族の，地域の，民族の，国民のそれへといったふうに，次第に私たちの想像のなかで範囲を拡大されて，国民国家ができあがっているのである」。様々な装置によって「国民国家」というあたかも1つのまとまりがあると私たちが思わされているように（「想像の共同体」），家族も「血筋」といった何らかの言説によってつながっていると思わされているだけなのかもしれない。まして，法律などによって「与えられるもの」ではない。これまでの言説にとらわれることなく，様々な関係を私たち自身で構築していくことによって，新たな関係性のなかから「家族」のありようを模索していくことが大事なのではないだろうか。

（池田理知子）

▷6　正式名称は，「新潟県立環境と人間のふれあい館〜新潟水俣病資料館」。

▷7　2009年6月26日に資料館で行なったインタビューの際に語ってくれた。

▷8　実際，医者からの「指導」がこの地域では行なわれており，そのことを裏づける裁判の速記録も残されている。1971年4月6日に行なわれた裁判の第42回口頭弁論で，医者から胎児性水俣病の子どものスライドを見せられ，中絶を決意したと女性が語っている。結局，7カ月になっていたため，中絶はできなかったが，一度は中絶をする選択をしたことが記されている。

▷9　本橋哲也（2006）『映画で入門　カルチュラル・スタディーズ』大修館書店，47頁。

▷10　本橋（2006：47）。

▷11　ベネディクト・アンダーソン／白石さや＆白石隆訳（1997）『増補　想像の共同体──ナショナリズムの起源と流行』NTT出版。

## Ⅲ　個人・家族

# 7　「家族」という個性

## 1　2つの文化を生きる「コーダ」

　息子は生後3か月のときに私の肩をたたいて呼ぶようになった。普通赤ちゃんは泣いて呼ぶけれど，息子は，添い寝をしていると，先にトントンとたたいて，親が見ると泣きはじめるようになった。▷1

　これは，聴者の息子がまだ小さかった時のことをろう者の母親が綴った文章である。聞こえない母親とどうやったらコミュニケーションがとれるのかを，生後3カ月の子がすでに習得している様子が描かれている。聞こえない親と聞こえる子どもたちは，このように自分たちなりの工夫を凝らしたやり方でコミュニケーションを図っているのだ。

　聞こえない親をもつ聞こえる子どもたちは，「コーダ」と呼ばれている。これは，「Children Of Deaf Adults」の頭文字をとって作られた造語で，1980年代に米国で使われだしたのがはじまりらしい。『コーダの世界』を書いた澁谷智子によると，「コーダは，聞こえない親に育てられることを通して，聞こえない人の文化である『ろう文化 Deaf Culture』を受け継いでいる」▷2という。ここでは，「ろう文化」と「聴文化」の2つを生きているコーダの姿から，私たちが当たり前のように思っている「家族」の姿を見つめ直していく。

## 2　ろう文化と聴文化

　「ろう文化」という考え方が広まっていくきっかけとなったのが，木村晴美と市田泰弘が『現代思想』1995年3月号に発表した「ろう文化宣言――言語的少数者としてのろう者」▷3であった。「ろう文化宣言」は，「『ろう者とは，日本手話という，日本語と異なる言語を話す，言語的少数者である』――これが，私たちの『ろう者』の定義である」という文章ではじまり，ろう文化が**日本手話**▷4を話すろう者の文化であることを宣言している。それまで，ろう者が日本手話という少数言語を話す1つの文化集団であるという考え方がなかった日本社会において，衝撃をもってこの論文は迎えられたのだった。

　ろう文化に限らず，ある集団を「○○文化」と名づける行為は，集団内部の多様性を見えなくしてしまう恐れと紙一重で，「ろう文化宣言」に対してもそうした批判の声があがったことは確かである。▷5 しかし，ろう文化というカテゴリーが社会的認知を得たことで，圧倒的多数が属す文化を「聴文化」とし，そのなか

---

▷1

図Ⅲ-1　『コーダの世界』の表紙

出所：http://www.ac.auone-net.jp/
~ganka/ehagaki_100.htm

澁谷智子（2009）『コーダの世界――手話の文化と声の文化』医学書院，70頁。

▷2　澁谷（2009：3）。

▷3　現代思想編集部編（2000）『ろう文化』現代思想社に収録されている。

▷4　**日本手話**　日本語とはまったく異なる文法体系をもつ言語で，テレビのニュースなどで目にする日本語対応手話（日本語に則して手話単語を用いる方法の総称）とは異なるもの。

▷5　現代思想編集部編（2000）を参照。

の構成員が「聴者」であると名指されたことの意味は大きい。つまり，自分たちが属していると思っているものが単に1つのカテゴリーにすぎないことを知らされるということは，自分たちが必ずしも「普通」ではないことに気づかされることを意味するからだ。普通であるとか，普通ではないといったことは，単に相対的な関係にすぎないのである。

### ❸ コーダが教えてくれる関係

　ろう文化と聴文化が混在する家族の日常は，当たり前だと思われていた家族関係の再考を促す。例えば，冒頭のエピソードにあるコーダと聞こえない親とのやり取りは，子どもが泣くということの意味を考えさせる。私たちは，子どもはお腹が空いたとか，痛いとか，生理的な原因があるから泣くものだと思い込んでいたのではないだろうか。もちろんそれも泣く理由の1つかもしれないが，その前にそうした状態にある自分に気づいて欲しいから泣くのだ，ということがこのコーダのコミュニケーション・スタイルから見えてくる。

　また，子どもは親が面倒をみるものだという見方も，コーダの多くが小さいときから聞こえない親と聴者との世界をつなぐ橋渡しの役を担わされていることを考えると，一面的すぎると思わざるを得ない。多くのコーダが親の代わりに電話をかけたり，買い物のときや学校の先生とのやり取りといった日常の場面で通訳をすることが多く，親も子を小さいときから頼りにしていることがうかがわれる。

▷6　澁谷（2009：79-90）。

　コーダは，聞こえない親をもって大変だと思われていることへの違和感をよく口にする。これも，聴者の見方の押し付けなのかもしれない。「聞こえる／聞こえないの違いは，1つの現実的な条件として，その家族のあり方を形作っている。しかしそれは，親が聞こえないことを，すぐ『苦労』とか『大変』と結びつける世間の見方ともずれている。コーダや親が，親子の愛情や葛藤やさまざまな思いを込めて家族の話をするとき，そこに子どもが聞こえて親が聞こえないという背景がさまざまに織り込まれてくるといったほうが，しっくりくると思う」という澁谷のことばは重要である。聴文化を生きている聴者からみた当たり前をひとまず脇において，彼（女）らの家族関係を見てみると，これまで気づかなかったことが見えてくるかもしれない。例えば，子どもは親が常に保護すべき対象であるといった考え方や，障がい者をもつ家族は大変だという見方がいかに勝手な捉え方なのかがわかってくるのではないだろうか。「標準」とか「一般的」な家族などどこにもいない。どういう家族であれ，それぞれがおかれた独自の環境のなかで生きているはずであり，そこにはそれぞれの家族関係が存在している。コーダとその家族の姿はそうした当たり前のことに気づかせてくれるのだ。

▷7　澁谷（2009：5）。

（池田理知子）

## Ⅲ 個人・家族

# 8 「生命」を巡るコミュニケーション

### ① アナログな生命とデジタルな人生

　人間個人の誕生日は，その生命の誕生日ではない。生命はアナログ的に連綿と続いている自然のプロセスであり，それが単体として独立することは生命の連続性のなかで生じる1つの出来事である。人間は，この出来事に「誕生日」という人生の門出を表わす文化的・制度的な意味を与えた。誕生日は母体からの独立記念日であるが，独立以前にその生命がなかったわけではない。受精が生命の出発点でもない。それ以前から生命は，変化しながらも，途絶えることなく連続している。このように，自然としての生命は連続性をともなったものである。

　けれども私たちは，連続的である自然の動きや状態を，言語などの記号を用いて非連続的に区分することで理解しようとする。「理解する」とは「分かる」ということだが，「分かる」ために「分ける」つまり分類して把握するのである。ジョン・フィスクによれば，一般的に自然はアナログ的に構成されているが，私たちはそれをデジタル的に分類して分かろうとすることが多い。アナログ的な自然にデジタル的な差異を押しつけることで自然を理解するのだ。しかし，やはり自然はアナログ的連続であり，整然と区分されたカテゴリーではない。それは，自然界における「明暗」というものが区分可能な二項対立現象ではなく連続するものであることからも明らかだという。

### ② 生命政治における線引き論争

　生命についても同じことがいえる。私たちは，自己や他者の生命の起源をデジタル的に設けることで，独立した生命とそうでない段階を区分しようとする。そこから様々な社会的事象や問題が生じてくる。例えば，現在，妊娠中絶が可能な時期は「通常妊娠満22週未満」とされ，22週目以降の中絶は禁じられているが，その線引きの根拠は「胎児が，母体外において生命を保続することのできない時期」が22週未満であるというものだ。つまり，未熟児である胎児が母体から独立して生存できるかどうかが線引きの根拠となっている。胎児が母体に属さなければ生きられないのかどうか，すなわち母親の身体の一部であるのはいつまでなのか，という判断がそこにはある。こうした判断自体が「区分」を前提としているため，中絶論争は「区分」を巡る複雑なコミュニケーション

▷1　誕生日は自然なものではないことは，それがカレンダーに依存するということのみならず，人口管理の政策と結び付いていることからも明らかである。戦後日本における個人の誕生日（出生）制度の普及政策に関しては，Itaba, Yoshihisa (2008). "Why Should Birthdays Be Happy?" In Richiko Ikeda (ed.), *Japan Studies: The Frontier*. ICU Japan Studies Program, 23-37 を参照せよ。

▷2　Fiske, John (1990). *Introduction to Communication Studies* (2nd ed.) Routledge, pp. 65 & 117.

▷3　これは，母体保護法に規定されているものではなく，その理念に従って，厚生事務次官が1990年に通知（厚生省発健医第55号）し，翌年3月より施行されたものである。生殖医療技術の進歩にともない，未熟児を保育できる医療水準などが向上しており，それまでの「通常満24週未満」が「通常満22週未満」に改定された。

上の問題である。山根純佳は次のように問う。

> ひとつの身体にふたつの生命が存在する妊娠とは、「自己」と「他者」との境界がもっとも確定しにくい現象である。どこからが「自己」または「自己の利益」で、どこからが「他者」なのか。どこからが「私の身体」で、どこからが「私の身体」ではないものなのか。[4]

人間はアナログ的な生命活動にデジタル的な区分を適用し社会的意味を作り出してきた。一方、区分のあり方や区分を設けること自体を問題化する言説は、現在の制度と行動規範が妥当または自然なものであるという認識を拒絶する。このように、この論争は諸言説の力関係が作用する場である。それは妊婦や胎児の生命についての動きであり、生命の動きそのものではない。しかしだからといって、生命不在の生命論争であってよいことにはならない。どこまで生命そのものに迫れるかが私たちに問われているのだ。ことばの世界で繰り広げられる思考が生命に同化することは不可能だろう。自覚症状がないのに重病であることを告げられた時の信じられない思いやことばにならないショックが示すように、生命の動きは思考の動きと別次元で起こっている。けれども、生命を脅かされた当事者の感覚、そして生命の声にならない声に、当事者の声を通じて、限りなく接近しようとすることはできる。

### 3 生命の声を聞く想像力

私たちは生きているが、生かされてもいる。私たちを生かしておくのは、自然環境だけでなく、社会環境でもある。社会が命を賭けろと命じることも、命を脅かしたり奪ったりすることもある。私たちの生命は、高い技術で保護されながら、かつてないほどの社会的リスクも抱え込むようになった。また、生殖や延命の技術は発展を続けているが、それによって幸福な人が増えているというわけでもない。むしろ、生かされている人間も増えている。[5]しかし、生命のあげる声や悲鳴は聞こえてこない。生命は語るよりも語られるものだからだ。このような状況におけるコミュニケーションに求められる態度とは、生命を脅かされた当事者や生存者の声に耳を傾け、想像でかまわないので、生命に語らせることなのかもしれない。[6]

私たちは、「〜として生きる」という言い方をする。自分が「〜として生きる」ことを願うだけでなく、他者に対しても「〜として生きる」よう求めることもある。しかし、この「〜として生きる」という考えは、社会的な生き方・役割を示すものでしかない。生命には、もう1つの側面がある。それは、「動物的な生」である。私たちは、現在、生命を語る際に「社会的な生」、すなわち「〜として生きる」かを問うことに専心していないだろうか。一旦、「〜として」を削除し、「生きる命」というものを出発点としたコミュニケーションも展開する時期にきているのではないだろうか。

（板場良久）

[4] 山根純佳（2004）『産む産まないは女の権利か——フェミニズムとリベラリズム』勁草書房、6頁。

[5] 例えば、中村桂子は次のように指摘している。「医学が進歩したための新しい問題として生と死の境界のような状態にいる人が増え、そのような状態をどうとらえていくかが難しい課題となって我々の前に登場した」。中村桂子（1996）『生命科学』講談社、274頁。

[6] 例えば、吉岡忍（1989）『墜落の夏——日航123便事故全記録』新潮社は、1985年に起きた日航機墜落事故の生存者へのインタビューも試み、会社側の弁明とは別の被災者側の声を拾い上げ、生死をさまよう体験を伝えようとした好例だろう。

## III 個人・家族

# 9 「死」を巡るコミュニケーション

### 1 死への移行

「私のお墓の前で泣かないでください。そこに私はいません，死んでなんかいません」[1]。これは秋川雅史が熱唱して大ヒットした「千の風になって」の歌詞の一部だが，大衆を現実逃避させる詩的空想というわけでもない。実際，生と死は連続しており，医者に臨終を告げられたあとも，文化的には直ぐ死後の世界に入るわけではなく，通常，宗教儀式を通じて「旅立っていく」ことになっている。細胞学的には死亡診断後も細胞の一部が生きており，毛髪が多少のびることも知られている。また，近代医学が定着するまでは，生から死への移行は現在よりもゆっくりとしたものであったようだ。例えば，鎌倉時代から描かれてきたとされる「九相図」[2]は，人は死ぬまでに9つの姿を経ると考えられてきたことを示している。

　精密な心電図などを用いて死亡判定をくだせる現代においては，まるでデジタルのように生から死へ切り替わるかのように思われる。しかし，医療技術革新に固有の問題も生じるようになった。例えば，脳機能の有無が技術的に観察可能になった現在，脳死判定の確実性も高まった。同時に，臓器移植技術の向上は，脳死をもって死亡とする言説に力を与え，臓器提供の意思を巡る家族内コミュニケーションや制度に関する議論の重要性を高めている。こうした状況のなかで明らかになってきたことは，生と死が二律背反の関係にあるのではないということだろう。その1つは，脳（自己の中心）は死んでもまだ生きている臓器（自己の部分）は存続の可能性があることを私たちに教えたことである。また，その臓器を必要とする他者の生命存続に献じたいという本人や家族の願いが現実味を帯びてきたことがあげられる。その結果，制度の整備も進みつつある[3]。したがって，死を巡るコミュニケーションは，家族という私的空間だけでなく，制度や専門知識の公共化という点で，今後ますます公的な性質をもつであろう。

### 2 私的ではない死の諸相

　孤独に死ぬよりも家族に看取られながら死ぬ方が幸せであるという考えは，差別的というよりも短絡的である。孤独死が望ましくないという考えは，人間を他の動物から切り離す尊厳や他者の死を悼む哀悼の念と関係している。しか

▷1　秋川雅史（2006）「千の風になって」原詩作詞：不詳，日本語詞・作曲：新井満，編曲：EDISON（テイチクエンタテインメント）。引用は歌詞の2番からである。

▷2　明治期に描かれた河鍋暁斎による「九相図」が有名。

▷3　最近では，臓器移植に関する法律の一部が2段階で改正された。まず，2010年1月17日から，臓器提供の意思表示にあわせて，親族に対し臓器を優先的に提供する意思を書面表示できることとなった。そして，2010年7月17日から，本人の臓器提供意思が不明な場合でも，家族の承諾があれば臓器提供ができるようになった。これにより，15歳未満の脳死者からの臓器提供が可能となった。『官報』5115号（2009年7月17日），1-3頁。

し，家族やホームヘルパー，老人ホームの仲間と過ごす老後が耐え難いものであったらどうだろう。こうしたことは介護労働の問題とも複雑に絡み合っている。つまり，1人で死ななければいいという単純な話でもないのである。

また，たとえ愛する家族に看取られたからといって，その死が納得できるものでない場合も多く，とりわけ高齢者になる前の病死や事故死がそうである。日本の平均寿命は世界でもトップクラスだが，50歳を下回る国も複数あり，また，日本を含め，早死にすることと貧困とが相関することも知られている。こうした死は，劣悪かつ危険な労働環境や経済状況と関係があるため，高齢者の不幸な死と同様に，単なる私的な臨終ではすまされない出来事である。

### 3 死を巡る映画

死因は必ずしも私的なものではなく，社会的な要因がかかわっている。一方，死は，「生老病死」すなわち四苦の最後の苦しみであり，近親者以外には見せたくないもの，私的なものと理解されている。このため，死へのプロセスに十分なスポットライトをあてた公的なコミュニケーションを展開することは難しい。しかし，私的な死角に隠れてしまいがちな死へのプロセスを鮮明に想像させてくれる媒体がある。それが，死を巡る文学作品であり，映画である。

映画『おくりびと』は，大往生であれ自殺であれ，様々な原因による死者の「旅立ち」を若い納棺師のひたむきな仕事を通してコミカルで美しく描いた作品だ。これが日本でもヒットしたのは，日本人の失った文化がノスタルジックに再現されたからではない。そのような日本古来の伝統などなかった。むしろ，すべての遺体が敬意をもって清められ，化粧で死に顔に生気を取り戻させ，遺族に在りし日を思い起こさせながら魂が見送られるという，一見すると古風で懐かしい感じがするが，非常に稀な儀式が連続するからである。また，孤独死をした父親を見つけた主人公が自らの手で納棺の儀を執り行なうことで親子の絆が回復するカタルシスも心に響く。

これが私たちを惹きつける時，私たちは，その気づきにくい効果がどのようなものであるかについても考えてみる必要がある。その気づきにくい効果とは，このストーリーのなかで，死を招いた様々な要因が，儀式の美しさや演技の滑稽さの裏側に隠れてしまうことである。つまり，死の社会的要因を考えることを瞬時に諦めさせるかのように，次から次へと話が展開していくのである。独居老人の孤独死，同性愛者の自殺，過労死，不良少女の交通事故死といった諸原因による遺体の登場とその美しい処理にスポットライトがあてられる一方，こうした死がどのような社会構造の変化や経済的要因から起こるのかを問う問題意識は発信されてこない。むしろ，そのような問いは無関係と言わんばかりの構成である。しかし，そのような問いにつなげていく問題意識こそが死を巡る映画の観方として必要ではないだろうか。

（板場良久）

▷4 現在の介護労働を根源的に分析・問題化しようとしたものに，渋谷望（2003）『魂の労働——ネオリベラリズムの権力論』青土社の第1章「魂の労働」（21-43頁）がある。

▷5 United Nations Development Programme (2009). *Human Development Report 2009*. Oxford University Press. なお，平均寿命は戸籍上の年齢を国家ベースで計算したものであり，死亡後も戸籍届が提出されず行政も放置してきた現状からすると，実態とは必ずしも一致しないものである。

▷6 第81回（2009年）アカデミー賞外国語映画賞を受賞した滝田洋二郎監督の映画作品である。その他にも，モントリオール世界映画祭グランプリ（2008年）や日本アカデミー賞最優秀作品賞（2009年）など数多くの賞を受賞した。

▷7 納棺業は日本古来の伝統とはいえないようだ。まず，日本という意味空間に拡大できる根拠がないが，そもそも1954年に起きた洞爺丸の遭難事故で七重浜に漂着したおびただしい数の遺体の処理がその発祥とされている。「遺族の心和らげる納棺師——洞爺丸事故がきっかけに」『東京新聞』（2009年2月24日付）を参照せよ。

▷8 むしろ，この映画が醸し出す懐かしさは「虚構ノスタルジア」であろう。こうした映画をフレデリック・ジェイムソンは「ノスタルジア映画」と呼び，「歴史映画」と区別している。Jameson, Frederick (1984). "Postmodernism, or the Cultural Logic of Late Capitalism." *New Left Review I*, 146, 67.

## III　個人・家族

# 10　多様化する関係

### 1　標準モデルとしての「4人家族」

「一姫二太郎」という表現がある。これが理想かどうかを問う前に，子どもの数が2人である点に注目すると，近代日本の標準モデル世帯が両親と子ども2人の4人家族であることが浮かび上がってくる。こうした核家族の構造が明治期に定着・普及を図った「家」制度によって支えられた結果，現代の理想的な世帯とは両親が離婚せず2人前後の「子宝」に恵まれた家族であると考えられるようになった。

しかし，女性の社会進出や地位の向上などにともない，家族4人という標準モデルとは異なる形態の世帯が増えてきた。こうした状況のなか，日本の伝統的家族形態なるものが，あたかも史実であるかのように創造された。例えば，女性の社会進出の動きに水を差すかのように，「夫は外で働き，妻は家事をする」ことが日本古来の伝統的価値観であると言わんばかりの常套句が流通したが，同時に，農耕主体の近代以前は夫婦共働きが多かったことや核家族の構造が一家の誰か（つまり妻）に育児を任せざるを得なかったという事情が忘却された。

また，理想の核家族とは異なる世帯が増えると，大家族のような複合世帯を古き良き伝統として想像する政治家も登場した。参議院議員の岡田広は，「日本の家庭は昔はサザエさん型」であったと述べたが，麻生太郎外務大臣（当時）は，妻の両親と同居している「サザエさん」のような家庭は非伝統的な「理想」であると述べた。しかし，どちらも理想的な家族というものを構想しており，多様化を奨励する方向で理念を練り直そうとはしなかった。

### 2　家族形態の規格化と多様化

理想の家族モデルが模索される動きとは裏腹に，生のあり方は多様化の一途をたどっている。一生結婚しない男女，結婚しても子どもを持たない夫婦，シングル・ペアレント，異性愛とは別の友愛関係を前提としたパートナーシップなど多様である。また，シングル・ペアレントになる要因も，未婚出産・死別・離婚など，多様化している。このように多様化する状況に不安を感じる政治家もいるが，そのような場合に，あたかも史実であるかのように想像（創造）されるのが「安定していた昔」という過去像である。例えば，衆議院議員の松浪健太は，「今，離婚率がどんどん上がっているわけでありまして，離婚が多くなる

▷1　社会保障制度の前提にもなっている〈夫はサラリーマンで妻は無職の専業主婦，子どもは2人〉という家族形態を指す「標準モデル世帯」という表現は『平成17年版　国民生活白書』（内閣府）からの引用である。

▷2　高橋哲哉『教育と国家』講談社，106-108頁。

▷3　「参議院内閣委員会会議録2号」2008年11月20日，26頁。文脈的に判断すると，岡田が意味する「サザエさん型」とは「三世代同居」のことであるが，そうであるとしても，このような画一的な形態を「昔」という大海原に一般化できるのかという問題がある。

▷4　これは，麻生太郎が2006年の自民党総裁選挙へ向けた持論展開のなかで表明した見解である。「安倍長官——稲刈りのパフォーマンスを披露」日テレNews24（2006年9月2日）を参照。（アクセス：2010年8月1日）http://www.news24.jp/articles/2006/09/02/0466074.html

と母子家庭もふえる。（中略）昔と相対的に離婚率が上がってくる」と発言しているが、この現状の是非を議論することにより、その前提の事実確認が必要であることが無視される。しかし、縄田康光は「昔の低離婚率」が想像にすぎないことを指摘する。

> 江戸時代の離婚率については、前記の陸奥国下守屋村と仁井田村を例にとると、その平均普通離婚率は4.8に達している。これは現代の米国を上回る高水準である。また、武家の離婚率も高かったと推測される。また江戸時代は、配偶者との死別に伴う再婚も多かった。夫婦が一生寄り添うという家族のイメージは、離婚率が低下し、平均寿命が延びた明治以降に形成されたものと言えよう。

つまり、これは、「離婚率の低かった古き良き昔」が想像（創造）されることで母子家庭の否定的イメージが再生産されてきたこと、このような史実が知られていないこと、そして、家族形態の多様性が普通であるという認識とは逆の方向に進んでいることを示している。しかし、家族のステレオタイプ的言説に対し、実態は抵抗している。

### 3 多様な生き方とコミュニケーション

私たちがこの世に生を授かる場所は、多くの場合、家族とりわけ血縁関係である。生後、成長するにしたがって社会常識を身につけ、やがて「社会人」として巣だっていく。このような過程を経るため、家族とは生得的で自然なもの、あるいは社会と対峙するものだと感じる人も多いのではないだろうか。

しかし、家族という関係は私的でありながら社会的でもある。それは、自主的に構築するものでありながら、国家の人口管理の手段ともなっている。このような家族の形態は、行政の都合上、規格化されて構想され一定の固定観念を生み続けてきたが、実際には常に多様であり続けてきた。そして、この多様性は、様々な技術革新によって、今後ますます増大するものと思われる（Ⅳ-4参照）。もし様々な社会的制約のなかで自由な生き方が保障されるべきだという前提に立つのであれば、私たちは次の2つのことを実践しなくてはならない。

1つは、家族に関する固定観念を学び捨てることである。その際、必要なことは、昔の家族がこうであったとか、それが現在の理想でもあるとか、今後の家族はこうあるべきだとか、そうした考えがステレオタイプであり得ることに私たち自らが気づくことであろう。もう1つは、家族の理想形態を模索するこれまでの議論の前提そのものを議論の対象にするようなコミュニケーションを起こすことである。それは、私たちに新たな気づきをもたらし、これまでの関係を変えていくだろう。そのとき初めて私たちは、理想と違うからといって嘆いてばかりいる思考から脱することができるのだ。

（板場良久）

▷5 「青少年問題に関する特別委員会議録第5号」2010年5月20日、4頁。

▷6 縄田康光（2006）「歴史的に見た日本の人口と家族」『立法と調査』No.260（2006.10）、94頁。

▷7 例えば、2010年8月、野田聖子衆議院議員が海外で第三者の卵子と交際相手の精子との受精卵を自分の胎内に着床させ帰国したことが報じられた。これは従来の血縁に基づく親子関係とは異種のものになるが、生殖医療技術の発達などがもたらした事例である。今後もこうした新たな試みが家族に関する固定観念を抱く人びとを驚かせるだろうが、私たちはその驚きと固定観念、技術革新の光と影の両面について議論していかなければならない。

# コラム3

# 社会参加と／のコミュニケーション

## 1 「都市のなかのムラ」

　社会の高齢化と共に増え続ける高齢者の「孤独死」。都内では65歳以上の単身世帯が年々増えるなか、年間約5000人もの独居老人が孤独死しているという。[1] 加えて近年は孤独死の「若年化」傾向も見受けられる。例えば千葉県松戸市の調査では、孤独死全体の3割以上が60歳代前半未満の「若年層」によるものであったそうだ。[2]

　自分の帰属する集団「外」との交流が少ない「希薄な人間関係」。一歩その集団を離れると誰も助けてくれる人がいない「都市の中のムラ」。最近の国際調査でも、日本は諸外国と比べて「社会的孤立度」の高い[3] 国であることがわかっている。ここでの社会的孤立度とは、家族や同居人以外の者との交流・つながりがどのくらいあるかということだが、2005年のOECD報告では「友人・同僚またその他の人々」との交流を「全くない」あるいは「ほとんどない」とした人の割合が約15％にのぼり、これはOECD加盟（先進・主要）国20カ国の中で最も高い数値であるという。[4]

## 2 コミュニケーションとコミュニティ

　このような状況のなか、住民の交流促進・連携強化、また地域の再生・活性化といった旗印の下、対話・会話・声がけ・挨拶といった日常コミュニケーションの必要性が唱えられている。例えば、現代の「希薄な人間関係」を憂い、親密な近所付き合いや井戸端会議といった「三丁目の夕日」的な状況を懐かしむ巷の言説は枚挙にいとまがない。

　その一方、古き良き時代へのノスタルジーから脱却し、より近代／ヨーロッパ的な「対話型社会」のゆるやかで流動的な人間関係にむしろその活路を見出すべしとする識者の発言も見受けられる。[5] さらには、行政に頼ることのない、町内会・自治会活動といった「自助努力」（特に防災・防犯面）や地域住民の「リーダーシップ」養成の必要性を説く報告・提言も発表されている。[6]

　コミュニケーション（communication）とコミュニティ（community）は、語源的に「com (m) = 共に」という意味合いのラテン語の接頭辞を共有していることは周知のとおりだ。コミュニケーションは単独行動でなく常に誰かと共に、あるいは誰かに対して行なうものであり、さらにはコミュニケートする人びとの間に何らかの共感・共通感覚・同一性を生み出す生産的な活動でもある。つまり、上にあげた言説に共通するのは、私たちの自発的なコミュニケーションが、結果として人びとのつながりやきずなを強化し、またさらなる共通項を生むといったコミュニケーション／コミュニティの「com (m)」をポジティブに捉えた考え方である。

## 3 社会的排除

　幸か不幸か私たちは一人で生きることはできないし、好むと好まざるとにかかわらず、他者との何らかのかかわり合いや共生は社会生活を営むうえで不可避である。冒頭で触れた孤独死のみならず、例えば大規模な自然災害（1995年の阪神淡路大震災等）の現場で、「社

会的孤立」がもたらした悲劇を目の当たりにしてきた私たちが、コミュニティ／コミュニケーションの力に期待するのはきわめて自然だ。と同時に、私たちは、コミュニティ／コミュニケーションへのこういった過度な期待に対し、冷静さを保つ必要もあるだろう。というのも、「都市の中のムラ」現象は、単にコミュニケーションの「量」や「頻度」、あるいはコミュニティの「(親)密度」の問題では必ずしもないのだ。

誰とでも分け隔てなくコミュニケーションをし、つながりやきずなをもちたいと考える人は恐らくいないだろうし、仮にいたとしてもかなりの少数派だろう。私たちは「付き合いたい」相手を互いに選択し合い、選択された者同士は密にコミュニケーションを取り、きずなやつながりはますます深まる。他方、「付き合いを望まない」人に対しては自発的にコミュニケーションを試みることはしないし、もちろん相互関係も築かれない。要するに、人間関係は基本的に「選択的」なのだ。例えば、「人間関係の希薄化」は、単に関係性の欠如と捉えるべき問題ではない。むしろ、私たちをとりまくコミュニケーション環境の変化により人間関係の選択性が進み、親密な人びととの関係がさらに密になる一方で、それ以外の人びととのつながりの密度が相対的に低下している状態と考えたほうが妥当なのだ。[7]

コミュニケーションによって築かれるつながり・きずなは「閉じた回路」になり得る。そして、コミュニケーション／コミュニティの「com（m）」を過度に追い求めることは、選択されなかった人びとの存在を否認、つまり私たち以外＝「他者」を「そもそもいないもの」としてしまう可能性をも孕んでいる。「われわれはしばしば、失業して家に閉じこもりがちな単身者、その家さえ危うくなった人々、離婚して生活保護受給に至った女性などへ胡散臭い視線を投げかける。そうしたまなざしの先で、それらの人々の参加の機会はさらに狭められることになろう」。[8]「つながり・きずなを築くに相応しい人物である」と他の誰かによって選ばれない限り、私たちはコミュニティ／コミュニケーションの参加者になることはできない。コミュニケーション／コミュニティがもつ、こういった排除の力に対する批判的な視座も私たちはもつべきなのだ。

## 4 閉じたコミュニティ・開かれたコミュニケーション

人びとのつながりやきずな、そしてコミュニティ形成を担うコミュニケーションのポジティブな可能性。他方、「都市のなかのムラ」化を助長し、他者を排除する閉じた回路としてのコミュニケーション。これらは表裏一体の関係にあり、社会生活において私たちが直面する現実の一部だ。こういったコミュニケーション／コミュニティの「閉じよう」とする力・「開こう」とする力、つまり「com（m）」の作用・反作用のせめぎ合いについて、考察を進めていく必要がある。

（青沼　智）

▷1 「遺品整理業者が見るニッポンの「孤独死」」『読売ウィークリー』2008年10月5日号（WEB版），http://www.yomiuri.co.jp/atmoney/yw/yw08100501.htm2
▷2 千葉県松戸市・常盤平団地自治会／常盤平団地地区社会福祉協議会「団地ぐるみで取り組む『孤独死ゼロ作戦』」http://www.ashita.or.jp/publish/mm/mm88/mm88-2-6.htm3
▷3 広井良典（2009）『コミュニティを問いなおす——つながり・都市・日本社会の未来』筑摩書房，16-17頁。
▷4 みずほ情報総研「生活時間からみた単身世帯の『社会的孤立』の状況」http://www.mizuho-ir.co.jp/publication/contribution/social/2009/kyousai0910_03.html5
▷5 例えば、北川達夫&平田オリザ（2008）『ニッポンには対話がない——学びとコミュニケーションの再生』三省堂などを参照。
▷6 例えば、国土交通省「大都市圏におけるコミュニティの再生・創出に関する調査結果について」http://www.mlit.go.jp/kisha/kisha05/02/020801_.html
通商産業省『「社会人基礎力」とは』http://www.meti.go.jp/policy/kisoryoku/kisoryoku_image.pdf などを参照。
▷7 例えば、岩田孝他編（2006）『若者たちのコミュニケーションサバイバル——親密さのゆくえ』恒星社厚生閣を参照。
▷8 岩田正美（2008）『社会的排除——参加の欠如・不確かな帰属』有斐閣，11頁。

Ⅳ　ジェンダー・セクシュアリティ

# 1　ジェンダーとコミュニケーション

## 1　女らしさ／男らしさの言説

「毎年，妻の誕生日には，洗濯機の大掃除をしてあげる」。これはある洗剤メーカーのCMで流れるセリフである。年に1回の洗濯機の大掃除を誕生日のプレゼントにしているらしいこの男性が，妻への感謝のことばを最後に述べてこのCMは終わるのだが，普段の洗濯は妻にまかせっきりで，それをこの男性は当たり前だと思っているらしい，ということがそこから推察される。

このCMに限らず，男女の性別役割分業のステレオタイプを用いたCMは多い。しかもそうしたCMのほとんどが問題視すらされていないところを見ると，こうした性別役割分業が多くの人にとっても当たり前のものとみなされていることがわかる。しかし，それが普遍的なものではないこと，じつは社会的につくられたものだということに気づかせてくれるのが，ジェンダー概念である。

ジェンダーとは，社会的に構築された性別や性差についての考え方である。つまり，私たちが思い込んでいる女や男といった性は，社会のなかで人為的に作られたものにすぎないということなのだ。ところが，「女の子はそんな乱暴な振る舞いをしてはいけない」とか，「男の子だったらその程度のことですぐ泣くな」といったことを言われ続けて育ってきた私たちは，それをごく「普通」のこととして受け止めてしまっており，性差がつくられたものであるということを認識するのが難しくなってしまっている。当たり前だと思われていること，つまり女らしさ／男らしさの言説が必ずしもそうではないのだ，ということにまず気づく必要があり，そのためには性をコミュニケーションの問題として考えてみる必要がある。▷1

## 2　「常識」が常識でなくなるとき

コミュニケーション学の課題の1つは，どのようにして意味が生み出されていったのか，そのプロセスを記述することである。これをジェンダーの文脈で考えると，いかにして社会的役割が生み出されていったのかが明らかになる。ここでは，具体例として日本におけるセクシュアル・ハラスメント（セクハラ）概念の定着のプロセスを追っていくことで，性をコミュニケーションの問題として捉えることの重要性を確認していく。▷2

日本にセクハラということばと概念が米国から輸入されたのは，男女雇用機▷3

▷1　ジェンダー研究とコミュニケーション学の接点を論じたものに，藤巻光浩（2006）「ジェンダーとコミュニケーション」池田理知子編『現代コミュニケーション学』有斐閣，131-148頁がある。
▷2　池田理知子（2000）「日本におけるセクシュアル・ハラスメントの意味——女性と権力の考察を通じて」『ヒューマン・コミュニケーション研究』28号，1-14頁を参照。
▷3　1986年に「働くことと性差別を考える三多摩の会」が米国のセクハラ緊急対策手引書を翻訳・刊行したことと，東京都が毎年発行している労働相談事例集の1987年度版でセクハラ問題が取り上げられたことがはじまりだとされている。詳しくは，池田（2000）を参照。

会均等法（1986年に施行）をめぐる議論が引き金となって，性差別や女性の労働問題に対する関心が高まってきた1980年代後半のことであった。このことばの輸入以前にも当然セクハラに当たる行為はあったはずだが，セクハラという概念が導入されたことで，相手の意に反して性的な行為を強要することは，犯罪行為になり得ることが確認されたのである。

　さらに，それにともない，職場のなかで何が許されて，何が許されないのかといったことが見直されるようにもなった。例えば，お茶を入れたり，タバコを買いに行ったりという業務以外のことを女性にさせるのはおかしいと言われはじめたのもその1つであり，女性に向かって「まだ結婚しないのか」といった言動は慎むべきだという風潮が徐々に広がっていったのも同様である。男だったらこれくらいの言動は大目に見られるだろうとか，女だったらそれくらいは我慢して当たり前だと思われていたことや，これまで見過ごされてきたことが，そうではなくなったのである。つまり，セクハラ概念の導入によって，これまでの男らしさ／女らしさの「常識」が通用しなくなったのだ。

### ❸ 新たな意味の創造

　セクハラという現象をコミュニケーションの問題として捉えたことで，新しいことば／概念の導入が男らしさ／女らしさの内容に変化を生じさせるきっかけとなったこと，そして男らしさ／女らしさが社会的構築物にすぎないことが再確認できたということの意味は大きい。このように，ジェンダーとコミュニケーションを交差させて考えることは，これまで見過ごしてきたことばや概念の意味を明らかにすることへとつながるのである。

　男女の役割分担の境界線は，常に揺らいでいる。そして，コミュニケーションを通して，その揺らぎは可視化され得る。例えば，2010年3月11日，東京都文京区の成沢広修区長が第1子誕生を受け，約2週間の「育児休暇」を取ることを区議会などに報告していたことがわかった，とメディアがいっせいに報じた。区長は，自らが率先して休暇を取得することで，「男性の育児」への理解を求めたいというコメントを発表した。男性の育児休暇という制度が社会的認知を得ているにもかかわらず，いまだに休暇を取れるような環境にないこと，取ろうとも思わない人が圧倒的に多いこと，そうしたことをこの事例は私たちに教えてくれたはずだ。

　何がニュースになって，何がならないのかを考えるだけでも様々なことが見えてくる。つまり，コミュニケーションの問題を通して，ジェンダーの課題がより鮮明な形で私たちの前に現われるのだ。「コミュニケーションは，支配のためのしかけでもあり，変革のためのしかけでもあり，2つの方向性のヘゲモニー争いの場でもある」とするジェンダー研究者の加藤春恵子のことばの意味を真剣に考えてみる必要があるのではないか。

　　　　　　　　　　　　　　　　　　　　　　　　　（池田理知子）

▶4 『毎日新聞』（2010年3月11日付，朝刊）記事より。

▶5 加藤春恵子（1996）「コミュニケーションとジェンダー」『マス・コミュニケーション研究』49号，39-40頁。

Ⅳ　ジェンダー・セクシュアリティ

# 2 性暴力とコミュニケーション

## 1 「女性専用車両」

　2000年以降，首都圏・関西の鉄道や地下鉄で，女性を痴漢の被害から守るためとして「女性専用車両」が次々と登場した。図Ⅳ-1のようなサインで指定された車両は，定められた時間帯（一部では終日行なわれている）に男性は乗らないよう注意を促している。

　すべての女性がそこに乗れるわけではないとか，同じ料金を払っているのに男性だけが乗ることを控えなければならない車両があるのは逆差別であるとか，様々な意見があるものの，この制度は概ね受け入れられているようだ。しかし，「女性専用車両」とはそれほど歓迎すべきものなのだろうか。むしろ，性暴力がなぜ起こるのか，といった根源的な問いを覆い隠すことに加担してしまっているのが，この制度なのかもしれない。

## 2 性暴力被害との接点

　日本が植民地支配した朝鮮や台湾，そして第二次世界大戦中に軍事侵攻し，占領したアジア諸国には，図Ⅳ-2のような日本軍が建設・接収した多くの「慰安所」の建物が残っているという。この中で，多数の「慰安婦」たちが日本軍兵士の性奴隷として働かされていたのだった。「慰安」の意味を問うために，ここではあえて「慰安所」・「慰安婦」という表現を使ったが，この表現には明らかに男性からの視点が表われている。「慰安」を求めたのは男性兵士たちであって，そこで働かされていた女性たちは彼らに性的な暴力を振るわれたのである。したがって，彼女たちを指すのに一般的に使われている「従軍慰安婦」ということばは，「戦時性暴力被害者」と替えられるべきなのだが，いまだにこの呼び方は定着していない。

　「従軍慰安婦」という表現が容認されていることと，「女性専用車両」が社会的に受け入れられていることとは根底でつながっている。それは，どちらも「男性とは性欲を抑えられない存在である」ということを認めている表現だからである。したがって，日本軍が戦時中に引き起こした性暴力はあってはならないこととして糾弾する一方で，「女性専用車両」は必要なものとして受け入れるのは，矛盾した態度であるといえよう。

　「女性専用車両」について筆者のクラスで話し合ったとき，ある男子学生が次

▷1

この車両は
**女性専用車両**
です。
早朝をのぞく
（平日ダイヤの終日）

図Ⅳ-1　女性専用車両であることを示すサイン

出所：http://www.shintetsu.co.jp/tetsudou/syaryo/jyosei_senyou/index.html

▷2

図Ⅳ-2　羅南に残る「慰安所」だった建物

出所：http://www.jca.apc.org/~earth/sub2f.html

▷3　http://www.jca.apc.org/~earth/sub2f.html には，他の「慰安所」だった建物の写真が収録されている。

▷4　詳しくは，藤巻光浩（2006）「ジェンダーとコミュニケーション」池田理知子編『現代コミュニケーション学』有斐閣，131-148頁を参照。

のようなコメントをしてくれた。「もし自分に子どもがいて、その子に『パパ、あれ（「女性専用車両」）ってなあに』と聞かれたとしたら、何と答えてよいのかわからない」と言うのだ。つまり彼が言いたかったことは、「男というのは危険な『人種』だから、ああいった車両が必要なんだよ」と子どもに言わなければならない、そうなると自分もその危険な「人種」の1人になってしまう、ということである。「女性専用車両」の存在というのは、男性に対する「侮辱」となり得ることをこの学生は指摘しているのだ。

同じように、「従軍慰安婦」ということばも男性への冒瀆となり得る。すべての男性が女性からの性的な「慰安」を求める存在ではないにもかかわらず、あたかも全員がそうであるかのように規定する暴力的なことばとして捉えることができる。むしろ、そのように捉えることができたときに、ようやく男女を問わず、人権侵害の問題として考えることができるのだ。

### ❸ ことばの意味の問い直し

「慰安」ということばの意味を検討していった結果、様々な側面が見えてきたように、これまで何気なく使っていたことばの意味を問い直す作業は、ジェンダー概念の再検討につながる。「気をつけよう、甘い言葉と暗い道」という痴漢撲滅の標語に対して異議申し立てが行なわれたことで、「痴漢は犯罪」といった文言に変わったのもその一例である。また、「売春」が誰の視点を反映しているのかが議論された結果、「買春」や「売買春」に変更されたのも同様である。

ことばは社会的な意識を映し出す。意識が変わればことばも変わるし、ことばが変わることによってさらなる意識の変革が促されることもある（Ⅳ-1参照）。「イクメン」ということばが登場したことも、その一例かもしれない。それによって、育児に対するジェンダー意識が変わっていくかもしれない。私たちが知らず知らずのうちに身に付けてしまっている「男とは〇〇だ」とか「女とは〇〇だ」といった意識の見直しにつながるはずだ。

こうした作業を経なければ、世界中のあらゆる紛争地域で現在も起こっている性暴力や、DV（ドメスティック・バイオレンス）やセクハラ、ストーカー、痴漢といった私たちの身近にある性暴力被害の実態が明らかにならないのかもしれない。また、どういった意識がそのような暴力を容認してしまっているのかも見えてこないのかもしれない。私たち自身が性暴力に加担しないためにも、意味構築のプロセスを明らかにするというコミュニケーション的作業が求められている。

（池田理知子）

▷5

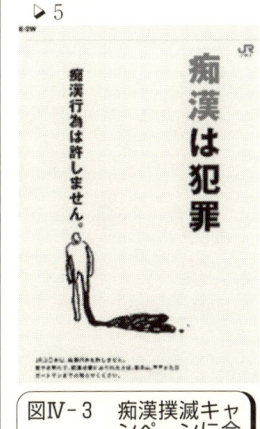

図Ⅳ-3 痴漢撲滅キャンペーンに合わせてJR東日本が作製したポスター

出所：http://www.asahi.com/national/update/1119/TKY200911190401.html

## Ⅳ　ジェンダー・セクシュアリティ

# 3　見られることの意味

## 1　身体加工

　身体に加工を施すことは野蛮な行為なのだろうか。三浦雅士は，その野蛮な行為だと思われている身体加工こそが人間を人間たらしめたのだとする[1]。人は，自然を加工することで生き延びてきた。木や石を加工して道具を作り，狩や漁をし，火をおこして獲ってきた動物や魚を煮炊きして食べてきたのだった。ところが，そうしたまわりの自然よりももっと身近にあるのが，私たちの身体である。自然を加工することが文化だとすると，鷲田清一が言うように，「それはまず身体というもっとも近くにある自然の加工となって現われる」[2]のだ。泣き声やうめき声が言葉に換えられ，身体の自然な動きがしぐさや動作へと整えられることによって，その共同体に所属する一員として認められるとするなら，私たちは身体加工せずには生きていけない存在ということになる。

　化粧はこうした身体加工の延長線上にある。自らの身体に，例えばファンデーションや口紅を塗って加工を施すのである。しかし，この加工の範囲は通常私たちが考えているよりも広い。顔に色を塗る，つまりメークだけでなく，化粧水などを使ったスキンケアや，整髪料で髪型を整えること，爪の手入れ，脱毛や脱色，香水をつけること，デオドラントで体臭を消すことなども化粧に含まれる。石田かおりは，化粧品などで身体の表面を加工することを化粧と呼んでおり，その定義によれば，私たちは男女問わず毎日化粧をしていることになる[3]。化粧とはこのように日常の欠かせない行為ではあるものの，男性の化粧が，最近特に目立つようになったのはなぜだろう。

## 2　化粧の歴史

　眉を整えたり，無駄毛の手入れをしたり，メークを施す男性が増えてきたことがあたかも最近の現象のように取り上げられているが，近代以前は男性，特に身分が高いとされた男性の化粧は当たり前の行為であった。例えば，時代劇でも知られているように，公家はおしろいを塗り，眉を描き，紅を差している[4]。

　昔は今と異なり，化粧品は高価なものであった。したがって，身を飾ることができたのは身分の高い者だけであり，身分が上であればあるほど，華美な化粧を施す傾向があったようだ。ところが，市民革命・産業革命によって，それが一変する。近代国民国家の登場により，男性は軍事と経済の担い手として働

▷1　三浦雅士（1994）『身体の零度——何が近代を成立させたか』講談社，43頁。

▷2　鷲田清一（2005）『ちぐはぐな身体——ファッションって何？』筑摩書房，32頁。

▷3　石田かおり（2000）『化粧せずには生きられない人間の歴史』講談社，56-57頁。

▷4　もともと化粧には呪術的要素があり，今でも祭りのときに男性が化粧をする例が各地で見られることからも，そのことはうかがえる。しかし，時代が下るとその呪術的要素が薄れ，化粧は「雅」や「美」を表すようになった。

きやすい身なりが求められるようになり，メークはもっぱら女性のものとなっていった。そして，20世紀の大量生産・大量消費社会になると，メーク用品はもはや高価なものではなくなり，女性なら誰しもがメークをするようになった。◁5

### 3 見られる存在としての女性／男性

メークが当たり前，つまり常にきれいに自身を飾ることが求められるようになった女性は，近代以降，見られる性，選別される性として位置づけられてきた。男性からの眼差しに晒され続ける女性は，自分の身体であるにもかかわらず，自由にならないもどかしさを感じざるを得なくなったのだ。◁6

一方の男性は，着飾ったりせずに男らしく生きることが求められ，女性からもそのように振舞うことを期待されてきた。しかし，そうした男らしさの神話を盲目的に受け入れることに疲れた男性から，解放を求める声もあがりはじめた。◁7化粧をすることは，その実践の1つと考えられなくもない。ところが，「化粧する男性」は最初の頃は驚きの目で見られたが，次第に社会的にも受け入れられるようになってきた。高校野球の選手たちが細い眉をしていようとも，いまや批判の声があがることはない。すると逆に，例えばぼさぼさの眉をしていたり，毛むくじゃらの足を人前に晒したりする方が，女性，特に若い女性にとっては顔を背けたくなるものとなってしまう。結局，求められている身なりが変わっただけで，社会的な規範に縛られていることに変わりはないのだ。

### 4 「抵抗」としてのファッション

2010年2月，ハーフパイプの日本代表の1人として，カナダのバンクーバーで行なわれた冬季オリンピックに向けて出国した国母和宏選手は，その服装が「乱れている」としてバッシングを受けた。日本選手団の制服をB系ファッション風に着崩したスタイルで，いつもの彼のテイストにアレンジしただけのものだったにもかかわらず，テレビに映された彼の姿への反発は大きかった。◁8しかし，オリンピックであっても特別だとは考えず，単に世界大会の1つと位置づけ，自分のスタイルを貫き通す国母選手の姿勢に共感を覚えた人たちも少なからずいたはずだ。◁9

ファッションは，他とは異なることを主張するため，「普通」であることに抗うための手段の1つとして機能してきた。60年代のヒッピースタイルもそうだったし，女子高生のヤマンバ・ファッションにも当初はそういう意味があったはずだ。男性の化粧ももともとはジェンダー規範への「抵抗」としての意味合いがあったのかもしれないが，結局，消費社会のなかに取り込まれていってしまった。私たちは，「抵抗」としてのファッションの意味をもう一度真剣に考えてみる必要があるのではないだろうか。そこに，ジェンダー規範や，既存の美／醜の基準を揺るがすヒントが隠されているに違いない。◁10　　　（池田理知子）

▷5　近代化以降，化粧をするのが女性だけになったことの意味について，詳しくは，石田かおり（2000）「身体とジェンダーの近代」『現象学年報』16号，129-142頁が参考になる。

▷6　見られる性としての女性に関しては，ナオミ・ウルフ／曽田和子訳（1994）『美の陰謀』TBSブリタニカが参考になる。

▷7　そういう声を受けて，米国では1980年代から，日本では1990年代から男性学が研究されるようになり，メンズリブ運動も起こった。山田昌弘（1999）「『男』とは何か──男らしさの代償」江原由美子＆山田昌弘『改訂新版 ジェンダーの社会学──女と男の視点からみる21世紀日本社会』放送大学教育振興会，40-41頁。

▷8　例えば，「バンクーバー五輪　スノボ国母選手に服装の乱れで注意　五輪入村式出られず」2010年2月12日付の『読売新聞』朝刊の記事を参照。

▷9　2010年2月11日付の『スポニチ』の記事を参照。
http://www.sponichi.co.jp/sports/flash/KFullFlash20100211043.html

▷10　確固たる美／醜の基準があることによって，例えば高齢者や「ユニークフェイス」と呼ばれる顔に痣や傷のある人たちに対する差別や排除が生まれる。石井政之＆石田かおり（2005）『見た目』依存の時代──「美」という抑圧が階層化社会に拍車を掛ける』原書房や，西倉実季（2009）『顔にあざのある女性たち──「問題経験の語り」の社会学』生活書院を参照。

Ⅳ　ジェンダー・セクシュアリティ

# 4　ジェンダーとテクノロジー

## 1　出産のコントロール

　私たちは，出産とは自然の営みで，例えば1日のどの時間帯に子どもが生まれるかなど決められないと思っているのではないだろうか。ところが，なぜか病院や診療所での出産は平日の午後2時が多い。医師や病院側の都合で出産が管理できるのだ，ということがわかる。
　現在のお産は陣痛促進剤を妊産婦に投与することで，出産時刻をコントロールすることができる。また，お産の時間短縮を目的として，不必要な会陰切開を行なう場合も多い。ジョージ・リッツアは，こうしたお産の傾向をマクドナルド化と呼び，多くの病院が「マック病院」と化しているという。効率性と計算可能性，予測可能性，制御というマクドナルドをはじめとしたファースト・フード店の原則が，お産の現場でも力を発揮しているのだ。消費者が効率的に動いてくれるため，経営者側は余計なコストをかけずに利益を上げることができるのと同じように，妊産婦の身体に負担をかけることになったとしても，お産のマクドナルド化は病院や診療所側にとってはありがたい仕組みなのである。
　このように，テクノロジーの発達により，出産や生殖にまつわる現象には大きな変化がもたらされた。こうした変化がジェンダー意識とどう関連しているのだろうか。

## 2　強いられる負担の不平等

　テクノロジーの発達が，出産の現場での女性の負担を必ずしも軽減してくれなかったように，妊娠の場面でも，さらなる女性の負担を強いている。例えば，**体外受精**は女性にとって身体的・心理的・物理的に重い負担をかける治療であり，しかも1回の移植あたりに子どもが生まれる確率（生産率）が15〜20％と，けっして高くない。長期にわたる検査や治療を受けなければならず，しかも成功に至らなかった場合は女性が自分を責めてしまうことになりがちであることを考えると，女性のためのテクノロジーとはいい難い。不妊は男性と女性の両方の問題であるはずなのに，女性がその責めを負う場合が多かったこれまでの現状が，生殖テクノロジーの登場によって変わるどころか，かえって強化されたともいえる。また，生殖テクノロジーは，「女性は子を産んで一人前」といった意識があるからこそ生まれた技術であり，その意識が技術のさらなる進歩を

▶1　浅野千恵（2005）「お産が変る――出産現場にみる変化」井上輝子＆江原由美子『女性のデータブック第4版』有斐閣，33頁。

▶2　http://www.web-reborn.com/humanbirthpark/voice/episio.html を参照。

▶3　ジョージ・リッツア／正岡寛司監訳（1995）『マクドナルド化する社会』早稲田大学出版部。

▶4　消費者が食べ物をテーブルまで運び，食事の後はトレーなどを片付けてくれること。

▶5　**体外受精**　採卵した排卵直前の卵子を特殊な培養液を入れた試験管内に移し，培養しながら精子を入れて受精させ，受精卵が8〜16細胞に分裂したら，腟を通して母体に戻し，子宮に着床させる方法。

▶6　浅野（2005：38-39）。1990年以降（統計データは2001年まで），その数字で安定しているという。

促しているという側面があることも見逃してはならない。

では、避妊のテクノロジーであるピルはどうだろうか。ピルは、女性に妊娠するかしないかの選択の自由を与えてくれたかのように一見思えるが、荻野美穂によると、「避妊、さらには生殖管理全般の科学化と専門化支配の強化への呼び水となった」という。妊娠するかどうかは自然のなりゆきではなく、個人が選択・管理すべきことがらとなり、それをテクノロジーが可能にしたのだが、その延長線上に「産むことをも完全な意思的管理のもとに置こうとする、生殖補助医療技術の発展がある」というのだ。さらに、そもそも産む・産まないは両性の問題であるにもかかわらず、女性にその選択権が与えられたということが、生む身体としての女性という考え方、すなわち「ジェンダー化された生殖観」が強固なものとなってしまう危険性を孕むということを忘れてはならない。

## 3 身体との対話

ピルが解禁されてもその使用が広がらない日本の状況に、テクノロジーに頼らない生殖の可能性を見出そうとする荻野は、大橋由香子の次のことばにその手掛かりを探ろうとする。「今これだけ完璧な妊娠・出産とか、なんでも生殖技術でできるっていう風潮があるところで、子どもができてもいいし、できなくてもなりゆきでいいみたいな感覚を、遅れているといってしまわないで、無知であるということとは別の次元で、大事にしていきたい」。不妊治療や男女の産み分けといった問題も含めて、なりゆきに任せるという態度は、自らの身体から発せられる声に耳を傾けるということなのかもしれない。テクノロジーに身を任せるだけの存在ではなく、時には自身の身体との対話が必要なのだ。

テクノロジーは、確かに私たちの生活を便利にしてくれた。例えば、最先端のテクノロジーを駆使した高吸水性樹脂の生理用ナプキンや紙おむつは、使い勝手がよく女性の月経処理や子育てを楽なものにしてくれた。しかし、紙とポリエチレンで作られる使い捨てのそうした商品は、皮膚のかぶれを起こしやすく、また大量のごみを発生させることにもなるというマイナス面もある。少々不便でも身体と自然に優しい布ナプキンや布のおむつを使う人が増えていることは、先の大橋のことばとつながるものがある。効率的なお産を優先する病院ではなく、助産所での自然な出産を望む人たちがいることも同様だろう。

便利/不便という選択肢で考えるのではなく、今私たちの身体が欲しているものは何か、というところから考えてみることはできないだろうか。そうすれば、便利さや快適さを追求するだけではない商品の開発を求める声が上がることになるかもしれないし、病院での出産が妊産婦や生まれてくる子にとって快適なものになるかもしれない。人工/自然の二者択一的考え方が、テクノロジーの進歩に反映されているように、私たち自身もそうした考えから抜け出す必要があるのではないだろうか。

(池田理知子)

▷7　江原由美子（1999）「変わる出産、変わる生殖医療」江原由美子&山田昌弘『改訂新版　ジェンダーの社会学——女と男の視点からみる21世紀日本社会』放送大学教育振興会、90頁。

▷8　荻野美穂（2006）「産む身体／産まない身体」鷲田清一他『身体をめぐるレッスン2——資源としての身体』岩波書店、23頁。

▷9　荻野（2006：24）。

▷10　荻野（2006：24）。

▷11　原田留美子&安田容子&大橋由香子（1997）「避妊／ピルを通してセックス&人間関係を考える」『インパクション』105号、34頁。

▷12　小野清美（1992）『アンネナプキンの社会史』JICC（ジック）出版局、177-180頁。

▷13　「布ナプキン、通販で売れ筋　肌触りや柔らかさが人気」『読売新聞』（2007年9月5日付朝刊）参照。

▷14　厚生労働省の平成21年地域保健医療基礎統計によると、2008年12月31日現在、助産所は全国に788カ所ある。
http://www.nurse.or.jp/jna/shokuno/practice.html

Ⅳ　ジェンダー・セクシュアリティ

# 5　セックス／ジェンダーという二分法

## 1　男脳／女脳の不可解さ

『話を聞かない男，地図の読めない女』は，日本で200万部，全世界で600万部売れたという。この本の著者は，男女の違いは「胎児期に作られる脳の配線と，ホルモンの働きである」とし，脳のメカニズムが異なるから男と女の違いが生まれるのだとする。本書のなかほどに挟み込まれた男脳・女脳テスト（30の問いに答えた結果を0から300の数字に換算）では，男脳度が高い人ほど「論理的で分析力に優れ，感情にまどわされず，統計データをもとにコストや結果を正確に予測することができ」，逆に女脳度が高い人は，「創造性，芸術性が豊かで，音楽の分野に才能を発揮」し，「直感や感覚でものごとを判断し，わずかなデータから問題を鋭く認識することができる」のだという。そして，「男のほとんどは0～180点，女は150～300点の範囲に入るはずだ」というのだが，もしそうならば，芸術家や音楽家に女性が多くなって当然だと思うが，そうなっていないのはなぜだろう。

米国やヨーロッパでミリオンセラーとなった社会言語学者デボラ・タネンが書いた『わかりあえない理由』も，先の本と同様の危さがある。この本で行なったことは男女のコミュニケーション・スタイルの違いを描写しただけだとタネンは言うが，記述するという行為が男女の差別構造があるという現状を支持していることにつながりかねない，と彼女を批判するフェミニズム言語学者たちの主張は，的を射ているように思える。

## 2　自然／文化という二分法

「男性と女性には越えられない溝がある」とする考え方は，「生物学的性別」に基づく性差が普遍／不変的に存在することを容認する見方へとつながる。前述の本でも，最新の脳科学の成果が繰り返し引用されており，その成果に基づくと性差があることを認めざるを得ないのだという論述がなされている。しかし，新たな科学的発見がそれまでの「常識」を覆してきたいわゆる「コペルニクス的転回」がこれまでに多数あったことからわかるように，「生物学的性別」もその時代や地域を反映したものとならざるを得ないはずだ。したがって「生物学的性別」は，江原由美子が指摘するように，「けっしてそれ自体として存在するのではなく，社会的文化的に形成された学問や科学（生物学・医学・脳科学など）

▷1　アラン・ピーズ＆バーバラ・ピーズ／藤井留美訳（2000）『話を聞かない男，地図の読めない女――男脳と女脳が「謎」を解く』主婦の友社。
▷2　ネット書店の本の解説より。
http://bookweb.kinokuniya.co.jp/guest/cgi-bin/indexp_cgi_AC＝1-18806
▷3　ピーズ＆ピーズ（2000：21）。
▷4　ピーズ＆ピーズ（2000：78）。
▷5　ネット書店の本の内容紹介より。
http://shop.kodansha.jp/bc2_bc/search_view.jsp?b＝2059185
▷6　デボラ・タネン／田丸美寿々訳（1992）『わかりあえない理由――男女が傷つけあわないための口の開き方10章』講談社。男女のコミュニケーションを異文化と捉えるタネンの主張は，コミュニケーション分野ではよく引用される。
▷7　中村桃子（1995）『ことばとフェミニズム』勁草書房，220-227頁を参照。

領域における人々の（研究）活動によって、はじめて『生物学的性別』として認識されるのである」。

「セックス」と「ジェンダー」を自然／文化という二分法、つまり前者を〈自然＝変わらないもの〉、後者を〈文化＝変わるもの〉と捉えると、前者の可変性を見逃してしまうことになる。科学的、客観的なデータによる裏づけがあると言われると、「セックス」に関する言説があたかも普遍／不変的であるかのように錯覚してしまうが、そうではないことを確認していく必要がある。

### 3 「平等」な関係構築のために

「男性は論理的で、女性は感情的である」とか、「男性は能動的で、女性は受動的である」といった言われ方がこれまで幾度となくされてきた。「生物学的性別」に基づくとこうした違いがあって当然だし、性差を否定することはできない、と言われると、反論しづらい状況が作られてきたのだった。しかし、すでに確認したように「生物学的性別」もコンテクストに依存しているのであり、これまで当たり前のように言われてきた「男女の差異」の多くは、私たちの思い込みである可能性が高いのである。

私たちは、これまでにない流動的な社会で暮らしている。既存のジェンダー規範、例えば「男は外で働き、女は家庭を守る」といったものはもはや通用しなくなっている。以前は男性の仕事だと思われていた分野への女性の進出や、その逆も起こっており、一見、ジェンダーにとらわれない「平等」な社会が訪れたかのようにもみえる。しかし、社会の基本的な構造が変わっていないなかでの性別役割の変化は、女性へのさらなる負担を強いる場合が多い。働く女性が増えたからといって、子育てや介護、家事労働の中心的な担い手はいまだに女性である。こうした事情が考慮されることなく男性と同等な仕事を振られたとしても、これがはたして「平等」だと言えるのだろうか。また、ジェンダー・バランスを考慮した結果、かえって女性にとって厳しい環境が作り出される場合もある。例えば、職場における全体の女性数が少ないのに、様々なタスクでジェンダー・バランスを考慮するとなると、女性への負担は増す。しかも、仮に女性がミスを犯してしまうと、女性にとってのこうした厳しい状況が省みられることなく、「だから女性にはこういう仕事は任せられない」といった言われ方がなされるのだ。

「男女の差異」として語られてきたものが、一部では見直されつつあるものの、いまだに強固な言説として作用している。性別による決めつけではなく、個々の多様性を認めることが大事であるとする「ジェンダー・フリー（ジェンダーにとらわれない）」の原則を再確認し、「平等」の中身を吟味したうえで、誰にとっても「平等」な関係を構築していくためには何が求められているのかを探っていく必要があるのではないか。

（池田理知子）

▷8 江原由美子（1999）「ジェンダーとは？」江原由美子＆山田昌弘『改訂新版 ジェンダーの社会学——女と男の視点からみる21世紀日本社会』放送大学教育振興会、13頁。

▷9 政治的に利用されたこの概念が孕む問題点については、藤巻光浩（2006）「ジェンダーとコミュニケーション」池田理知子編『現代コミュニケーション学』有斐閣、131-148頁に詳しく述べられている。

▷10 伊藤公雄（2009）『「男女共同参画」が問いかけるもの 増補新版——現代日本社会とジェンダー・ポリティクス』インパクト出版会。井上俊他編（1998）『ジェンダーの社会学』岩波書店。

Ⅳ　ジェンダー・セクシュアリティ

# 6 セクシュアリティの意味

## 1 自然化された男女関係

　最も根源的な人間の分類が男女という性別（セックス）であり，それは出生届での登録事項でもある。そして，性別に基づいて，私たちは男らしさや女らしさの文化的・社会的な実践へと導かれる。こうした実践は，生物学的なセックスと区別するために，「ジェンダー」と呼ばれる。つまり，私たちは成長（社会化）とともに，ジェンダーに関する特定の考え方が支配する諸関係に組み込まれていくのである。これが「普通」のことであれば，男女が求愛・結婚し，男女の役割分担を実演しながら家族を営むことも「普通」のことになる。したがって，このような人生の流れと一貫する「異性愛」という感覚も「普通」である。
　しかし，セックスとジェンダーが異性愛に基づいた家族制度を成り立たせているのではない。その逆である。異性愛に基づいた家族関係を「普通」のものに維持しておくために，**セックスとジェンダーの連結**が「普通」であるという前提が暗黙されるのである。つまり，異性愛に基づいて家庭を築くマジョリティのための制度や文化を維持するために，セックスに基づいたジェンダーが当然視され続けてきたのである。このような仕組みは非常に気づきにくい。なぜなら，「普通」の考えというものは，問わないことで自然化され，それが支配的になると，まるで最初から自然（当然）であるかのように私たちの発話のなかで振る舞うからである。しかし，このような「普通」は排他的でもあり，注意が必要だ。

## 2 相対化されるセクシュアリティ

　人は生まれた時から男か女のいずれかだから異性に求愛・求婚し家庭を築いていくのが自然である，という考え方は自然ではない。むしろ，自然化された一般論（通念）である。この通念は様々な規範や法律，とりわけ人口管理に関する制度の根拠となっている。また，この通念と制度との連携は，一般大衆向けの娯楽番組の内容も条件づけている。したがって，恋愛物語は異性愛を暗黙の前提としたものが多いし，同性愛者は「異質な他者」を見つめる眼差しの娯楽対象として登用されることも多くなった。そのような性的「異質性」を「タレント（才能）」として活用できない多くの性的少数派は，その「異質性」を不可視なままにしておくか抑圧しておくことで，異性愛が自然化された社会生活

▷1　**セックスとジェンダーの連結**　文化的に構築されたジェンダーは生物学的性別（セックス）すなわち自然を基盤とするという考えが支配的であった。つまり，文化は自然に基づくという思想である。だが，近年の分析で，男女に関する生物学的言説そのものが文化であり，文化の優先性や支配力が論じられるようになった。これについては Ⅳ-5 Ⅳ-10 を参照せよ。

▷2　これは国民文化観と同類である。しばしば「日本には他国にない特性がある」といわれる。日本には「日本らしさ」があって普通だという考えだ。しかし，「日本らしさ」が先にあって日本が形成されたのではなく，日本を一国家として形成・維持するために文化的な「日本らしさ」すなわち「日本文化」という特殊性が希求されてきた。このような視点については，酒井直樹他編（1996）『ナショナリティの脱構築』柏書房を参照せよ。

▷3　ミシェル・フーコー／渡辺守章訳（1986）『性の歴史Ⅰ——知への意志』新曜社を参照せよ。

に支障をきたさぬよう振る舞おうとする。さらに，両性具有者に至っては，用意された男／女のカテゴリーに人生の最初から入れにくく，制度的あるいは物理的処置によって，いずれかの性別に強制収容されてきた。要するに，ジェンダーに基づく生の営みを維持するために，その基盤となる異性愛およびそのカテゴリーを根源的な区分として適用することで，その装置を維持してきたのである。

このような実情を批判的に可視化する動きのなかで「セクシュアリティ（性的指向性）」という語が用いられるようになり，それまで自然化されていた異性愛が「ヘテロセクシュアリティ（異性愛指向）」として相対化されるようになった。つまり，後者も複数の性的指向性の1つであり，それだけが唯一自然なものではないという認識をもたらす動きを形成するようになったのである。

### ③ セクシュアリティと抵抗運動

異性愛が性的指向性の1つであれば，その他の指向性も等価であると言うのはやさしい。しかし，たとえ異性愛が1つの指向性にすぎないという認識が普及し，思考から偏見が除去されたとしても，政治的にはそれ以外のセクシュアリティはいまだ多勢に無勢である。こうした状況において，異性愛指向を一種のイデオロギーあるいは主義と捉えることもあり，「ヘテロセクシズム（異性愛主義）」と呼ぶことで，そのような支配的な思想そのものの転覆や法的改定を求める運動と連動するようにもなった（Ⅲ-5 2参照）。その動きの1つが，アカー事件であろう。1992年，日本における同性愛者の団体であるアカーは府中青年の家で合宿を行なったが，他の利用者からの嫌がらせを発端として，訴訟を起こし，裁判にまで発展した。この一連の係争のなかで，異性愛が性的指向の1つであることが確認されたことは大きかった。しかし，東京都教育委員会は，それを盾に取り，異性が同室で宿泊できないルールになっているように，同性愛者は性愛の対象になり得る同性が同室で宿泊できず，したがって，青年の家で宿泊できないという決定をくだしたのである。このように，異性愛主義に基づく規範や制度は根強く，私たちは議論の真っただ中にある。

このような情況にある私たちにできることは，「根」の部分，すなわち根源的な次元でコミュニケーションしはじめることであろう。例えば，私たちは，生物は，普通，オスとメスに分かれると思っていないだろうかと問い，様々な生命体について調べ，話し合ってみることができる。すると，そうでもないことに気づくであろう。また，「普通」とは何だろうかという根源的な問いも重要だ。あるものが「普通」かどうかを判断するために「異常」が必要とされることもあるからだ。つまり，「正常」であることを確認する手段として「異常」が不可欠であるかもしれないという推察ができるのである。このような根源的な立ち位置でのコミュニケーションが促進される必要もあるのだ。　　　　　（板場良久）

▷4　両性性器を有していたバルバンの自殺などが有名である。キャサリン・ベルジー／折島正司訳（2003）『ポスト構造主義』岩波書店，74-76頁を参照。

▷5　アカー事件の考察からセクシュアリティについて検討した次の対談は，このテーマを理解する一助となる。キース・ヴィンセント＆河口和也＆田崎英明（1995）「〈ゲイ・スタディ〉の可能性」『イマーゴ』11月号，青土社，22-43頁。また，NPO法人アカー（Occur）については，そのホームページを参照せよ。http://www.occur.or.jp/

## Ⅳ　ジェンダー・セクシュアリティ

# 7　規律化とクローゼット

### 1　クローゼットとカミングアウト

　突然知人が我が家に来ることになったが，散らかっている。きれいに片づけている時間もない。こんな時，とりあえずクローゼット（押し入れ）に物を詰め込んでおく人もいるだろう。しかし，なぜそのような行動に出るのだろうか。それは，普段私的領域であった自宅の空間が知人の訪問によって突如公的領域になるからだが，心理的には，散在している物自体が恥ずかしいというよりも，自分が物を散らかしている主（あるじ）であると知人に知られることが恥ずかしいのである。このように，クローゼットとは単なる収納空間ではなく，他人に知られたくないものが窮屈に詰まった隠れ家なのだ。そして，同時にそれは，窮屈に感じている自分自身の精神状態でもある。

　私たちは隠し事のない気楽で親密な関係を求めることがある。しかし，自己の秘密を開示することで周囲から嫌われるとしたら，やはりクローゼットに入れたまま，人知れず耐え忍ぶしかない。このような自己の秘密のうち最も根深いものの1つが同性愛というセクシュアリティである。来客を招く時にきれいに片づけておくのが「普通」だという規律がクローゼットに物を押し込ませるように，異性愛が「普通」だという通念が自己の同性愛指向を抑圧する。しかし，何らかの理由で客がクローゼットを開けてしまったり，詰め込みすぎたクローゼット内の物が外に飛び出してしまったりすることがあるように，何らかのきっかけで自分が同性愛者であることを知られる場合がある。もちろん，そのことを知って欲しいと思って自ら自己開示することもあるだろう。このような行為が「カミングアウト」である。

### 2　アカンフォラ訴訟

　カミングアウトすることは，周囲の認識を新たにしてもらうための要請でもあるが，容易ではない。また，カミングアウトした者は，その代償を払わなければならない場合も多い。例えば，1973年，教師のアカンフォラは同性愛者であることが知れ渡った時，教育委員会から教職を解かれ別の職に異動させられた。これを不服としたアカンフォラはマス・メディアを通じて批判を繰り返したが，これにより事態は悪化し，彼は完全に解雇され，裁判となった。最初の判決では，アカンフォラが同性愛であることよりも，マス・メディアで騒いだ

ことが教育的に望ましくなく、よって解雇は当然であると結論づけられた。そこでアカンフォラは控訴した。次の判決では、マス・メディアで批判を繰り返したのは言論の自由であり、問題ではないということになったが、彼が教員として採用される際に、学生時代にゲイ運動に参加したことを隠していた点が問題であり、嘘をついた彼の解雇は不当ではないと結論づけられた。しかし、就職時に同性愛指向であることを言えば採用されなかったわけで、どちらの場合でもアカンフォラは不利な扱いを受けることになっていたのである。つまり、自分が同性愛であることが知れ渡ることの不利益は利益よりも大きかったのだ。▷1

### ❸ 男たちの連帯

面接試験などにおいて自己開示を求められたからといって、あらゆることを語ることはできない。むしろ、ごく一部のことしか語れないし、また、語らなかった膨大な自己情報があるからといって嘘をついたことにはならないだろう。しかし、アカンフォラの場合、履歴詐称ということになった。また、性的少数派がセクシュアリティについて体制批判を声高に行なうことが教育的に望ましくないという解釈も導き出された。こうした解釈はどれも体制側にとっては都合のよいものばかりであるが、それはどのような「都合」であろうか。

イヴ・セジウィックによると、これは単に異性愛／同性愛という二項対立ではなく、もっと複雑なものだ。そこには、まず、ジェンダーすなわち男／女を分断し、男性中心の公的領域、すなわち制度を支配する男たちの連帯(ホモソーシャル)がある。このような男たちのきずなは、制度的・精神的なものであり、性愛的なものは抑圧される。この抑圧の代償として女は男社会の外部に置かれ男たちの性的対象とされてきた。この構造を脅かすものが、男たちの連帯への同性愛的なもの(ホモセクシャル)の潜入であり、それを強迫観念のごとく排除しようとする同性愛嫌悪(ホモフォビア)が現われる。▷2

このようなセジウィックの分析は、性的少数派の問題が異性愛／同性愛という二元論で捉えきれないことを示唆している。むしろ、同性愛の苦悩を異性愛者たちの支配力に起因させることは、そのような二元論を強化してしまうにすぎない。そうではなく、このような問題は、多次元の複合的要因に条件づけられて生じているという認識に改めなければならないのである。

もちろん、最近のテレビ番組は、性的少数派のタレント（とりわけ女装タレント）をしばしば登用するようになった。しかし、これはカミングアウトが容易になった兆候ではない。むしろ、より困難にしているかもしれない。なぜなら、こうしたタレントの「普通」からのズレが視聴者の注目を引くことが登用理由の一部だからである。つまり彼らは、好奇心や眼差しの対象として、男たちの連帯を脅かすどころか、異性愛の男たちに自分たちの正常性を確認させるのに都合がよい存在なのだ。異性愛主義が蔓延するうちは、男たちの連帯を本当に脅かす存在は、テレビ番組に登用されないであろう。

（板場良久）

▷1 キース・ヴィンセント＆河口和也＆田崎英明(1995)「〈ゲイ・スタディ〉の可能性」『イマーゴ』11月号、青土社、30頁。

▷2 セジウィックの分析については次の著作を参照せよ。イヴ・K・セジウィック／上原早苗＆亀沢美由紀訳(2001)『男同士の絆——イギリス文学とホモソーシャルな欲望』名古屋大学出版会。イヴ・K・セジウィック／外岡尚美訳(1999)『クローゼットの認識論——セクシュアリティの20世紀』青土社。概要は以下の新聞記事を参照せよ。「男社会の性愛抑制を解析」『朝日新聞』(2000年10月21日付)。

Ⅳ　ジェンダー・セクシュアリティ

# 8　「クィア」という抵抗

### 1　孤立から連帯へ

　「変なもの」が人気を呼ぶことがある。昭和の漫画家集団「練馬変態倶楽部」，志村けんの「変なおじさん」，「変人」としての小泉純一郎首相など，「変なもの」が大衆の関心を引きつけることがある。しかし，一般的には，「変なもの」が奏功することは稀で，むしろ，自己の「変な」面は，良くて自虐ネタ程度の価値しかなく，通常，開示しないままにしておく方が安心である。したがって，他人に知られたくない（性）癖や嗜好性（指向性）は隠しておこうとする。こうした感覚は，恥をかきたくないという気持ちからも生じるが，それは自然なものではない。なぜなら，何を恥ずかしいものとするかは，本能ではなく，文化が規定しているからである。

　けれども，隠しておく苦悩が安心感を上回ったらどうだろう。あるいは隠していたものが何らかの事情で知れ渡ったとしたらどうだろう。このような場合，単に「カミングアウト」をすれば社会的制裁を受ける可能性があるため（Ⅳ-7参照），より安全な方法を模索することになる。それが連帯である。連帯の目的は，連帯する人びととの相互扶助という消極的なものとその存在権について社会的な承認を得ていくという積極的なものがある。また，コミュニケーション学の集団理論によると，連帯が機能するためには「名づけ」が重要である。「名づけ」は，自分たちがどのような存在であるかを端的に言い表わし，自分たちの共通の目的を自ら確認し，抑圧しようとする力に抗する力を得る戦略なのだ[1]。

　性的少数派の人びとも，単独で「カミングアウト」すれば，「変な」人だと思われるだけかもしれないし，それより大きなダメージを受けるかもしれない。このことを感知した性的少数派は，連帯を獲得する動きに出たのである。

### 2　性的少数派の連帯

　広域に散在した性的少数派が短期間に連帯することはほぼ不可能であった。実際，少しずつ「同類」を見つけながら，団結と対立，合併を繰り返し，徐々に拡大しながら抗力を高めていった。当初，性的少数派は自分と似たような境遇や経験をしたもので小集団を形成し，自己定義をしようとした。しかし，自己定義は排除の論理を助長することにもなった。例えば，米国の場合，男が女に性転換した後に女を性愛の対象とする者（トランスジェンダーの女）を「レズビ

▷1　Griffin, Em (1997). *A First Look at Communication Theory* (3rd ed.). McGraw-Hill, p. 85.

アン」というカテゴリーから除外すべきだという意見が強かった。このように，性的指向性は境界化し難い面があり，その小集団を定義することは難しく，かえって排他的になり，団結力を弱めた。そこで登場したのが包括的な概念である「クィア」という旗印だ。

本来，「風変わりな」という意味から男性同性愛者の蔑称として用いられていた英語の「クィア（queer）」は，性的に周縁化されたあらゆる人びとを包括的に表象する概念となった。しかし，それは単に多様な性的少数派にアイデンティティを与える名前ではない。上野千鶴子によると，「クィアとは，アイデンティティというよりはむしろ，他者という暫定的位置から未知の他者性を歓待する経験であり，現状の秩序・規範化への抵抗を試みる際のパースペクティヴであると解釈されるべきである」。つまり，これまでの蔑称をあえて逆手にとり，包括的で曖昧な境界をもったままにし，それを自ら受容することで，既存の意味から逃げるのではなく，それをポジティヴな意味に転じながら歓待していくことを可能にする旗印となったのである。

## 3 「クィア」の倫理

「クィア」という連帯は戦略的に優れている。何かを意味するようで，じつは何も意味しないことばだからだ。私たちは，誰かの行為を理解する時，人格を性格づけることがよくある。例えば，「あの人の血液型はA型だから～だ」という理解である。しかし，「クィア」の場合，様々な性的指向のタイプを包摂した旗印であるため，「クィア」であることを特定の人間の具体的行為の根拠にすることができない。つまり，この戦略的抵抗は，性的指向性で人格理解をすることを断念させるコミュニケーション上の事件だったのである。

また，「クィア」という視点を確立するに至った背景には，連帯が必要なほどの倫理的問題が存在していたことも忘れてはならない。それは，性的少数派の性的指向性が人格を表わすものとして理解されてきたという問題である。そのおぞましさは，逆の立場で考えてみれば，わかるだろう。すなわち，異性を愛することが異常とされ，その異常さがその人の人格全体を表わすかのように理解されたとしたらどうだろうか。その時，私たちは，抵抗するのではないだろうか。異性を愛する本人にとって，それは不自然なことではない，と。あるいは，自分の全人格が，毎分毎秒，全身全霊をかけて異性を愛することに向かっているわけではないと主張するのではないだろうか。実際，私たちは，人生の多くの時間を性愛以外のことに費やす。そうであるにもかかわらず，性的少数派の場合，彼ら・彼女らの性的指向性がその人の人格として理解されてきた。これは一種の暴力なのではないだろうか。私たちのコミュニケーションは，今後，こうした新たな認識に基づいた修正が求められているといえよう。

（板場良久）

▷2　この経緯については次の文献を参照した。Jagose, Annamarie (1996). *Queer Theory: An Introduction.* New York University Press.

▷3　伊野真一「第7章　構築されるセクシュアリティ」上野千鶴子編『構造主義とは何か』勁草書房，194頁。

▷4　蔑称を逆手にとり自称とする行為は「クィア」に限らない。例えば，元来，西洋からの眼差し対象の蔑称であった「アジア人」も，ある意味で，逆手にとった連帯感と結び付く。これに関する論考として，酒井直樹（2001）「誰が『アジア人』なのか？　呼びかけ，暴こう，普遍主義の罠」『世界』1月号，234-248頁がある。

IV　ジェンダー・セクシュアリティ

# 9　第2波フェミニズム以降のジェンダー論

## 1　2つのフェミニズムの波

　名前や番号のついた自然現象は見慣れた風景や人間生活をも変えてしまうほどの勢いをもつものだが、それが比喩として用いられることもある。例えば、男女間の力学における不均衡是正のための女性運動であるフェミニズムは、特に米国において、「第1波フェミニズム」「第2波フェミニズム」などと呼ばれる。竹村和子によれば、

> 第一波フェミニズムが参政権運動という制度的な権利獲得を主軸に据えたとすれば、1960年代後半に始まった第二波フェミニズムの特徴は、制度を支えている考え方自体を問う方向へと向かった。それは性差別的な政治制度だけではなく、政治をになう個人の認識や、それまで政治とみなされなかった個人関係を問題化することだった。「個人的なことは政治的なことである」という有名なスローガンは、第二波フェミニズムの特徴を端的に言い当てている。◁1

　こうした女性運動は、伝統的な「女らしさ」を守ろうとする保守勢力からの反動（バックラッシュ）を生み、闘争的コミュニケーションへと導かれていく。◁2 そして、第2波フェミニズムが変えようとした従来の「考え方」は、それ以降の女性研究の土台を築いた。

## 2　内部からの変動

　米国におけるフェミニズムの第2波が制度のみならず「考え方」をも変えるに至った頃、その運動の内部での闘争も目立つようになってきた。この内部闘争を最も端的に表現した問いが、「フェミニズムは誰のためのものか」というものであった。◁3 つまり、フェミニズムといっても、すべての女たちにとっての運動ではなく、結局のところ主に中産階級の白人女性の利益追求となっているのではないかという異議申し立てがなされた。実際、社会進出するようになった白人女性たちの代わりに家事労働をするようになったのが低賃金で雇われた有色人種の女たちであるという現象が起き、それが問題化されたのである。

　こうした事態をフェミニズムのほころびと捉えることは可能だ。しかし、内部闘争が新たな認識を生み出した意義を評価することもできる。つまり、フェミニズムの内部闘争を、「女」が同質なカテゴリーでないことを知らしめる公的

▷1　竹村和子（2000）『フェミニズム』岩波書店, 13-14頁。日本の女性運動をコミュニケーション活動として分析したものに、徳座晃子の次の研究がある。Tokuza, Akiko (1999). *The Rise of the Feminist Movement in Japan.* Keio University Press. 米国フェミニズムをコミュニケーション学的に概説したものに、Campbell, Karlyn K. (2001). "Feminist Rhetoric." *Encyclopedia of Rhetoric.* Oxford University Press, pp. 301-309 がある。
▷2　「バックラッシュ」を起こした保守勢力の1つは米国のキリスト教右派であるが、共和党の支持母体でもあったことで、フェミニズム実践の政治的障害ともなった。「バックラッシュ」については、Faludi, Susan (1991). *Backlash: The Undeclared War Against American Women.* Anchor Books を参照せよ。
▷3　hooks, bell (2000). *Feminism is for Everybody: Passionate Politics.* South End Press.

コミュニケーションと捉えることが可能なのである。したがって、フェミニズムの第2波は、本質的属性をもった「女」というカテゴリー自体を解体しはじめる契機となった点を評価すべきではないだろうか。

## 3 「男か女である」と考える文化

「女」が本質的属性をもったカテゴリーではないという気づきは、自然としての「女」と文化としての「女」という二分法的理解の仕方を解体する効果をもたらした。例えば、かつてシモーヌ・ド・ボーヴォワールは、自然な性別(セックス)に基づいて構築された文化的なジェンダーは、文化であるがゆえに、可変的であると考えた。つまり、性別は生得的だが、男女の社会的な役割分担の仕方などは変更可能だという考えを示したのである。◀4

しかし、文化が自然を土台とするという発想そのものが、文化を変えにくくしているという認識に至ったジュディス・バトラーは、何を自然な差異とするかを決めること自体が文化的行為であり、その結果として性別が自然化されていることを指摘した。

> ジェンダーは、それによってセックスそのものが確立されていく生産装置のことである。そうなると、セックスが自然に対応するように、ジェンダーが文化に対応するということにはならない。ジェンダーは、言説／文化の手段でもあり、その手段をつうじて、「性別化された自然」や「自然なセックス」が、文化のまえに存在する「前-言説的なもの」──つまり、文化がそのうえで作動する政治的に中立的な表面──として生産され、確立されていくのである。◀5

つまり、私たちが考えがちな「自然な区分としての性別」は、文化によって存在感を与えられた結果として自然な区分に思えるようになったというバトラーの分析が注目されるのである。「自然なセックス」が私たちのことばやイメージの世界とは別の世界にあるのではない。むしろ、それはまさに私たちのことばやイメージの世界、すなわち意味解釈を制限しながら方向づける言説が生産するものなのだ。自然と文化は二項対立せず、自然は文化が生産する。このような視点は、「女」に関する私たちのコミュニケーションを改変する契機になるかもしれない。

このような改変に向けた一歩を踏み出すことは、ある意味で難しく思えるかもしれない。私たちは、出生届のなかで既に女か男かに分類され、学校では女便所か男便所のいずれかを使用することに慣れていく。しかし、だからといって、コミュニケーションでの思考までもが男女二元論で形成されなくてもいいはずだ。実際、男女二元論を突き崩す出会いをしたり、性的少数派の文学作品を読んだりすることで、その一歩が踏み出せるのだから。

(板場良久)

▶4 シモーヌ・ド・ボーヴォワール／『第二の性』を原文で読み直す会訳(2001)『決定版 第二の性〈1・2〉』新潮社。

▶5 ジュディス・バトラー／竹村和子訳(1999)『ジェンダー・トラブル──フェミニズムとアイデンティティの攪乱』青土社、29頁。

Ⅳ　ジェンダー・セクシュアリティ

# 10　セックス・ジェンダー・パフォーマティヴィティ

## 1　意見としての叙述

「世の中で一番さびしい事は，する仕事のない事です」▶1。このような訓示を聞いたとき，少なくとも2つの応答があり得る。1つは，これを妥当なものとして捉え，現在の自分と照らし合わせ，自己評価をすることであろう。もう1つは，この言い回しを「無職の者はさびしいと思え」とか「無職なら仕事を見つけろ」という命令が込められた発話と捉えることだろう。後者のように，ある訓示の効力が生じる権力作用を感じることは，様々な境遇に置かれた人びとについて想像することにつながる。例えば，仕事が欲しくても見つからない人がこの訓示によってより焦りを感じる可能性を想像できるかもしれない。このように，一見すると当たり前の事実を述べているように思える発話が命令や煽りでもあるということがよくある。言い換えると，「〜である」という発話が「〜べきである」ということも言わんとしていると解釈できるのである▶2。

ジョン・オースティンは，「〜である」という真偽の対象になる発話をコンスタティヴ（叙述的または事実確認的）な発話と呼び，「〜を約束する」といったパフォーマティヴ（行為遂行的）な発話から区別した。しかし，コンスタティヴな発話は，事実を認めさせる行為でもあるため，それをパフォーマティヴの特別な形であると結論づけた▶3。つまり，事実を伝えているかのように思える発話でも，同時に何らかの行為を遂行しようとしてもいる発話として解釈できるという視点を示したのである。このような視点は，セックスやジェンダーに関する言説の分析にも適用され，「男／女らしさ」に関する叙述のパフォーマティヴィティ（行為遂行性）に注目することで，「男／女は〜である」（叙述）から「男／女は〜べきである」という暗示（意見）を読み解く動きが生まれた。

## 2　「男子は泣かない」

セックスやジェンダーに関する問題を考えさせる映画に『ボーイズ・ドント・クライ』がある▶4。実話に基づくこの物語の主人公ブランドンはラナと恋に落ちるが，ブランドンが性同一性障害者の女であることを知った後もラナはブランドンを愛し続ける。しかし，ラナに好意を抱くジョンやその友人らにもブランドンが女であることがばれてしまうと，男として自認しているブランドンはレイプされ，ついには「化け物」として殺害されてしまう。

▶1　これは福澤諭吉の「心訓」として普及したものからの抜粋だが，実際には福澤のものではなく，作者不明であるという。7カ条からなる「福澤心訓」については，清水義範（2006）『福沢諭吉は謎だらけ。心訓小説』小学館，17-18頁を参照せよ。

▶2　この視点については，加藤尚武（1997）『現代倫理学入門』講談社の「〈……である〉から〈……べきである〉を導き出す」（100-116頁）を参照せよ。

▶3　Austin, John L. (1975). *How to Do Things with Words* (2nd ed.). Harvard University Press. なお，オースティンが，コンスタティヴな発話をパフォーマティヴな発話から区分したうえで，前者を後者の1つの形態として結論づけた経緯の解説については，Culler, Jonathan (1982). *On Deconstruction: Literary Theory in the 1970s*. Cornell University Press, p. 113 に詳しい。

▶4　『ボーイズ・ドント・クライ』（監督：キンバリー・ピアース，1999年）はセックスやジェンダーの問題を考えさせる映画だ。

こうした展開はさて置き，まずは，この映画のタイトルについて考えてみたい。直訳すると「男子は泣かない」である。これは形式的には叙述的表現だが，そのように育っていくべきだというパフォーマティヴィティも内在している。つまり，「男泣き」のような特別な状況でないかぎり，男は泣いてはいけないという発話が妥当性をもつのである。そして，このような叙述的な表現で発信される「泣くな」という暗示的命令は，男と女の間をさまよう者を排除する力として働く。したがって，男でありたいブランドンへのレイプは，彼（女）を強引に男の性的対象とすることによって女に引き戻そうとする暴力であり，そのレイプによって彼女に悔し涙を流させることは，彼（女）から強引に女性性を引き出す行為の遂行なのである。「男子は泣かない」のだから。つまり，女だから泣くのではなく，レイプされ泣かされることで女にさせられたのである。

### 3　男／女という人間理解への挑戦

　男女の差異に関する科学的言説については注意が必要だ。なぜならジェンダーが依拠するセックスに関する科学的語りは叙述的だからである。あらかじめ人間の本性を性別化したうえで，そのカテゴリーから外れる人びとを「普通の外部」に位置づけることを助長するような言説は，叙述的な装いで語りかけてくる。しかし，叙述的に言われていることは，パフォーマティヴでもあり得る。そうであるとすれば，こうした男と女の性（さが）についての語りは，単に事実を確認するものではない。つまり，男と女という二分されたカテゴリーに基づいた人間理解は，反復されることにより，その土台すなわち二元論も維持するため，二元論を再生産する保守的な政治に加担している語りでもあるのだ。[5]

　しかし，セックスやジェンダーの語られ方に関して，現在，新たな論点が浮上している。それは，男／女らしさや男／女の役割，あるいは男／女の性格や本性といった二項対立的な人間理解の仕方への異議申し立てである。それは，そのような理解に基づいたコミュニケーションを繰り返すことが，人間世界を二項対立的に基礎づけられたものに思わせる原因だという示唆である。今後，こうした立場も視野に入れたコミュニケーションが望まれている。

　このようなコミュニケーションを展開する際に基本的に行なうべきことは，「例外」に関する叙述的な語り方を「意見」として捉え直すことであろう。とりわけ人間の分類における「例外」については倫理的な注意が必要だ。「例外」は，「普通」の存在を前提として浮かび上がるが，この前提がしばしば「〜である」という叙述的表現で構成されているからである。私たちは，そのような表現から「〜べきである」というニュアンスを嗅ぎ分ける力をもたなくてはならない。そうすることの積み重ねで，より多様な性（生）のあり方を許容するコミュニケーションに近づいていくことになるのだ。

（板場良久）

▷5　もちろん，性別に関する生物学的言説を政治化するここでの記述も，叙述的な表現形式をとりながら，同時にパフォーマティヴである。一方，科学者は科学的に発見されたものを説明していると考えるため，科学的言説の前に科学的真実があると想定する。ことば（説明）を待っている真実があるという前提である。したがって，この前提自体がパフォーマティヴィティ論と整合しないため，議論が進みにくいのが実情だ。

## V 文化

# 1 文化の諸相（多面性）とコミュニケーション

### 1 多義的で曖昧な文化

　文化は、きわめて多義的で曖昧な概念である。「文化会館」「オタク文化」「文化財」といった日常的な表現や「芸術作品」「生活様式の総体」「感情の構造」「意味生成のシステム」などの主要な定義を思いつくままに列挙しただけでも、文化が、その学術的有効性が疑われるほど幅広い概念であることがわかる。

　文化は、特定の歴史的・社会的条件のなかで生み出され、私たちの生活体験に深く根ざしているだけに、1つの普遍的な定義を決めることはできないし、意味の固定化は、文化を不当に均質化してしまうことにつながる。

　また、文化概念の有効性は、具体的な歴史的文脈や社会状況によっても変わってくる。例えば、文化を「生活様式の総体」とする見方は、文化がエリート階級の専有物でないことを示すためには効果的だが、文化がもつ流動性や力学を説明することはできない。文化の精神性や洗練性を強調する場合でも、19世紀後半のドイツのように「文明」の普遍主義や物質主義に対置されるか、自文化の優位性（と他文化の劣位性）を正当化するレトリックとして使われるかで、まったく意味合いが変わってくる。

　重要なことは、文化のあり方や語られ方を共時的かつ通時的に把握し、その意義や問題点、そして可能性を考えていくことであろう[1]。ここでは、私たちが生きる社会で、文化を分析する際に有益な視点をいくつか紹介していく。

### 2 文化の諸相（多面性）

　まず、文化は、博物館に保存されたり、美術館で展示されたりするものではなく、実際に「生きられ、経験され、実践されるものである」[2]。文化は、歴史的に継承され、社会で共有されたものであるが、決して「合意の領域」ではない。私たちは、伝統的な行動規範や思考様式に従うだけでなく、慣習の逸脱、常識への反発、伝統の奪用といった実践を通して、常に文化的コードを書き換えていくからだ。つまり、文化は、社会的に構築されたものを、実践を通して再生産、修正、変革していく生成的なプロセスなのである。

　2つ目に、文化は自然には存在せず人為的に作り出されるが、しばしば「自然なものとして構築される」[3]。私たちは、出身階級や生まれ育った環境に書き込まれた文化的コードを経験的に習得することで、目上の人にお辞儀をしたり、

[1] 戴エイカ（2005）「『多文化共生』と『日本人』──『文化』と『共生』の再検証」『異文化間教育』22号、28-29頁。

[2] 吉見俊哉（2003）『カルチュラル・ターン、文化の政治学へ』人文書院、60頁。

[3] 戴（2005：31）。

玄関で靴を脱ぐといった慣習行為を半ば無意識に行なうことができる。私たちはごく自然に文化を経験，実践するがゆえに，文化の権力作用に気づきにくい。例えば，ワシントンDCにある国立アメリカ・インディアン博物館の訪問者は，「先住民族の文化や宗教，芸術」を学ぶ一方で，先住民族に対する略奪や虐殺など，米国の歴史の負の部分が博物館で十分に語られていないことは，あまり問題視しない。厄介なことに，文化の権力作用は，ファッション雑誌を読んだり，雰囲気の良いレストランで食事をしたり，オシャレを楽しむといった自発的な行為を通して働くため，余計に自覚することが難しいのである。例えば，『non-no（ノンノ）』の女性モデルの笑顔，モデル同士の仲の良さを強調した写真，美容や恋愛に関するアドバイスが，ジェンダー規範を強化する働きをもっていることに自覚的な読者はほとんどいないだろう。文化に着目する理由の1つは，こうした日常的な文化実践が，「ある歴史的な厚みを有し，国家や資本，様々な法的・制度的な力と暴力の発動によって条件づけられている」ことを明らかにすることなのである。

最後に，「〇〇文化」という括りとは裏腹に，文化は常に雑種的，複合的であり，集団間だけでなく集団内でも様々な緊張と対立，そして矛盾をはらんだ空間である。例えば，高級文化は，支配的文化と同一視されがちだが，じつは，経済資本に乏しいが文化資本に恵まれた芸術家によるブルジョワ階級への反発という側面をもつ。高級文化と低俗文化という対立軸は，伝統的な文化観がもつ階級性を暴くことには有効だが，同時に文化のなかの多様性や闘争を覆い隠す危険性がある。最近，「グローバル化する世界において，日本は多文化社会に転換しなくてはいけない」という主張をよく耳にするが，こうした意見の大半は，従来の日本文化の均質性を前提としており，したがって同一性を前提とした多様性の主張にすぎない。文化を語るときは，文化の存在を自明視せずに，「一つとみえる『文化』のなかに，じつは多数の文化的抗争とねじれや排除，取込みのプロセスが存在している」ことに目を向ける必要があるのだ。

## 3 文化とコミュニケーションの不可分な関係

以上の文化の特徴から，文化とコミュニケーションの親和性の高さは明らかであろう。クリフォード・ギアーツは，文化を「象徴に表現される意味のパターン」と定義したが，この意味のパターンは，実際にコミュニケーションをすることで動態化，流動化し，それが新たな意味のパターンを形成していくのである。「政治がスペクタクル化し，商品が美学的になり，消費が官能的になり，商業が記号化され」た現代社会では，コミュニケーションと文化は密接に関係しながら，生活のあらゆる側面にまで浸透している。そのため，私たちが生きる社会を理解するうえで，文化とコミュニケーションの問題を避けて通ることはできないのである。

（師岡淳也）

▷4　鎌田遵（2009）『ネイティブ・アメリカン――先住民社会の現在』岩波書店，152頁。

▷5　Darling-Wolf, Fabienne (2006). "The Men and Women of *non-no*: Gender, Race, and Hybridity in Two Japanese Magazines." *Critical Studies in Media Communication*, 23 (3), 181-199.

▷6　テッサ・モーリス＝スズキ＆吉見俊哉編（2004）『グローバリゼーションの文化政治』平凡社，19頁。

▷7　ピエール・ブルデュー／石井洋二郎訳（1990）『ディスタンクシオンⅠ』藤原書店，89頁。

▷8　佐藤健二＆吉見俊哉（2007）「文化へのまなざし」佐藤健二＆吉見俊哉編『文化の社会学』有斐閣，17頁。

▷9　クリフォード・ギアーツ／吉田禎吾他訳（1987）『文化の解釈学Ⅰ』岩波書店，148頁。

▷10　テリー・イーグルトン／大橋洋一訳（2006）『文化とは何か』松柏社，305頁。

# V 文化

## 2 文化としてのコミュニケーション，コミュニケーションとしての文化

### 1 文化としてのコミュニケーション

　コミュニケーションは文化的な営為である。私たちは，「女男」ではなく「男女」という表現を当然のように使い，友だちや家族と何気なく話し，状況にふさわしい行動をすることができる。しかし，こうした自然なコミュニケーションが成立するためには，参加者が一定の文化的コードを共有している必要がある。私たちは，日々の持続的な経験を通して適切な言葉遣いや振る舞い方を身に付け，チェスや将棋の愛好者がルールを意識せずに対局できるように，半ば無意識的だが戦略的にコミュニケーションをすすめることができるようになる。

　和歌山県太地町でのイルカ漁を批判的に記録した映画『ザ・コーヴ』が2010年のアカデミー賞(長編ドキュメンタリー部門)を受賞した翌日のワイド・ショーで，レポーターが市場に並ぶイルカの干物を食べて「わぁー，美味しい」と感想を漏らしたが，これは米国などイルカを食べる風習がない国では想像もつかないコメントである。その他にも，「他国の文化を批判するな」という街頭インタビューの発言が流されたり，イタリア人タレントが「イタリアでもマグロを銛で殺して海が血だらけになる」とコメントしたり，ナレーションで「立ち入り禁止区域に許可無く侵入」と映画制作の違法性が強調されているところからも，コミュニケーションが文化に規定された行為であることがわかる。

### 2 コミュニケーションとしての文化

　一方で，「文化がコミュニケーションを規定する」という見方が，「日本文化」や「日本人」を所与の存在として実体化することは避けなければならない。文化はコミュニケーションを規定すると同時に，コミュニケーションによって生成されるものでもあるからだ。前述のワイド・ショーの特集は，イルカ漁を「日本の伝統文化」だと視聴者に納得させ，「文化的伝統」を踏みにじる『ザ・コーヴ』に対して「日本人」として批判的な立場をとることを暗に奨励する説得行為でもあるのだ。エドウィン・ブラックが「第二のペルソナ」と呼ぶ「理想的な聴衆 (ideal audience)」が特集のなかで構築され，視聴者はそれに同一化するように促されていることを見逃してはならない。

　このことは，文化がコミュニケーションを通して絶えず生産，再生産されていくことを意味する。ジェームス・ケアリーが『文化としてのコミュニケー

▷1 Black, Edwin (1970). "The Second Persona." *Quarterly Journal of Speech*, 56, 109-119.

ション』のなかで指摘したように，コミュニケーションはメッセージを伝達する以外に，文化を創出し，修正し，変化させる「儀礼的（ritual）」役割ももつ。

文化の条件の1つは，それが集団で共有されていることであるが，「集団」は所与のものではなく，コミュニケーションを通して構築される。例えば，ジャマイカやトリニタード，ハイチなど出身地が異なる英国移民は，ノッティングヒル・カーニバルで音楽を共に演奏したり，一緒に街を練り歩くことを通して，移民に対する差別体験を共有し，英国黒人という共通のアイデンティティを築いていったという。このように，文化とコミュニケーションは「重複または相即不離の関係にある」のだ。

### 3 文化を語るコミュニケーション

最後に，「文化を語る行為」も，文化とコミュニケーションの関係を考える際には重要となる。エドワード・サイードは『オリエンタリズム』で，文化を語る行為に内在する暴力性を明らかにした。例えば，日本人の鯨とのかかわりは歴史的にも現在においても多様であり，捕鯨が「日本文化」であるとは一概には言えない。渡邊洋之によると，捕鯨や鯨肉食が全国に広がるのは，20世紀に入り国家の庇護の下で捕鯨業が大きな産業として成立して以降のことである。こうした大規模な捕鯨業の展開は，すべての「日本人」の賛同を受けたわけではなく，各地でクジラを神として崇拝する漁民との軋轢や対立を引き起こした。その意味では，反捕鯨も日本の「伝統」と考えることができる。

それにもかかわらず，商業捕鯨再開の推進者は，捕鯨が日本文化であると主張し，そうすることで捕鯨に対する批判を日本文化に対する攻撃とすり替えてしまう。そこでは，大規模な母船式捕鯨と沖合での網捕り式鯨漁の違いは消し去られ，反捕鯨の歴史は無視されてしまう。このように，何かを「○○文化」と名づけることは，文化内の異質性を見えにくくしてしまうのである。

また，何かを文化として語ることは，政治や経済の問題を後景化する危険性をともなう。例えば，沖縄文化に対する全国的な関心の高まりは，米軍基地の存在や高い失業率の問題を置き去りにした形ですすんでいる。さらに，「南海の楽園」や「癒しの島」といった沖縄のイメージは，県民の日常的な営みを視野の外に置いてしまうだけでなく，彼らがそのイメージに自分の生活を合わせるようになり，「いつのまにか日常的な風景を侵食していく」。

文化の実践に権力作用があるように，文化の表象もまた排除や抑圧の装置として機能する。文化実践と文化表象を分けて考えられないところに，文化を語る難しさがあるのだ。文化は現代の「流行語（buzzword）」であり，テレビ，新聞雑誌，友達との会話など，あらゆる場面や媒体で文化が語られる。しかし，「日本文化は～」「～は文化じゃない」という何気ない一言にも，文化を語る行為に内在する暴力性が潜んでいることを忘れてはならない。

(師岡淳也)

▷2 Carey, James W. (1992). *Communication as Culture: Essays on Media and Society*. Routledge, p. 43.

▷3 毛利嘉孝 (2003)『政治＝文化』月曜社，41-44頁。

▷4 板場良久 (2010)「文化とコミュニケーション」池田理知子編『よくわかる異文化コミュニケーション』ミネルヴァ書房，15頁。

▷5 ここで言う暴力性とは，物理的暴力や罵倒などの狭義の言葉の暴力ではなく，語る行為にしばしばともなう抑圧的な力を指す。「AをBとして語ること」は，「AをB以外のものとして語らないこと」でもある。つまり，何かを語る行為には，それ以外のものを排除したり，周縁化したりする一種の暴力的な力が備わっているのである。

▷6 エドワード・サイード／今沢紀子訳 (1993)『オリエンタリズム（上・下）』平凡社。同書で，サイードは，西洋におけるオリエント表象を批判しているが，その前提には文化を表象する行為全般に対する問題意識がある。

▷7 渡邊洋之 (2006)『捕鯨問題の歴史社会学——近現代日本におけるクジラと人間』東信堂，180-183頁。

▷8 田仲康博 (2007)「風景——エキゾチック・オキナワの生産と受容」佐藤健二＆吉見俊哉編『文化の社会学』有斐閣，217-243頁。

▷9 田仲 (2007：231)。

# V 文化

## 3 コミュニケーション・テクノロジーと文化

### 1 コミュニケーション・テクノロジーと社会変容

コミュニケーション・テクノロジーの社会的影響は，時代や社会によって異なり一般化することはできない。例えば，かつてラジオは茶の間に置かれ，家族で聴かれるメディアであったが，1960年代に小型で軽量のトランジスタ・ラジオが普及し，若者向けの深夜放送が人気を博すにつれて，ラジオは部屋や外出先で聴かれる個人のメディアとなっていった。聴取スタイルの変化とともに，番組の内容も様変わりし，リスナーの個人的体験や悩みを綴ったハガキが番組内で読まれたり，出演者が親しげな口調で話すスタイルが定着していった。

もちろん，現在でも週末に家族で遠出をした帰りの車中でラジオを聴くことも珍しくなく，素朴な技術決定主義とも社会構築主義とも距離を置くべきである。同時に，コミュニケーション・テクノロジーが単なるメッセージの伝達手段ではなく，社会変化の大きな要因となり得ることも事実である。ここでは，(1)ラジオとテレビの普及にともない，米国の政治演説のあり方が大きく変容したこと，(2)デジタル技術が現行の著作権制度を根本から揺るがしていることをコミュニケーション・テクノロジーの社会的影響の事例として紹介していく。

### 2 ラジオ・テレビと「新しい雄弁（New Eloquence）」

キャロリン・マーヴィンによると，インターネットや携帯電話との連続性をもつ現代的なコミュニケーション・テクノロジーの先駆けは電信（テレグラフ）である。なぜなら，電信は，それ以前のコミュニケーションが前提とする情報と人の移動の一致という物理的制約を取り払ったからである。ルネサンス期の三大発明といわれる活版印刷術は，情報の大量複製を可能にし，その流通速度を飛躍的に高めたが，依然として印刷物は誰かに配送されなくてはならなかった。電信は，そうした物理的障壁をクリアし，遠隔地に住む人同士が同時にコミュニケーションをすることを可能にした。テレビの生中継や携帯電話での通話がもたらす「距離の混乱」など，現在のメディア・コミュニケーションの特徴の多くは，その起源を電信に辿ることができるのである。電信の普及により，それまで情報と物の両方の移動を表していたcommunicationという言葉が，物の輸送を意味するtransportationと区別され，主にメッセージの伝達という限定的な意味で使われはじめたことが，電信の影響の大きさを物語っている。

▶1 キャロリン・マーヴィン／吉見俊哉＆水越伸＆伊藤昌亮訳（2003）『古いメディアが新しかった時――19世紀末社会と電気テクノロジー』新曜社。
▶2 Carey, James W. (1992). *Communication as Culture: Essays on Media and Society*. Routledge, pp. 203-204.
▶3 **距離の混乱** 遠くに暮らす人と親しくなる一方で，近隣の住民とは疎遠になる現象を指す。
▶4 Carey (1992: 203-204).

キャスリーン・ジェイミソンは，ラジオやテレビの普及が「新しい雄弁」を生み出したと言う。それまで，演説は集会場や広場など公衆の面前で行なわれ，演説者と聴衆の直接的なやり取りが成立していた。そのような空間においては，身振り手振りを激しくし，情熱的な口調で自説を訴え，聴衆を熱狂させることが演説者に求められた。しかし，政治演説のラジオ・テレビ中継が一般化すると，大多数の聴衆は，自宅や自室などの私的空間で演説に触れるようになる。そこでは，大声を張り上げて話すことは，視聴者（聴視者）にとって耳障りである。むしろ，フランクリン・ルーズベルト大統領によるラジオ演説が「炉辺談話（fireside chats）」と呼ばれたように，受信機の向こう側の国民1人ひとりに親しみやすい口調で話しかけるスタイルが好まれるようになった。また，この頃より，大統領が演説の中で家族や友人，ときには飼い犬にまつわるエピソードを語るなど，自身のプライベートな部分にも言及するようになり，徐々に「演説は語りとなっていった（speeches became talks）」のである。

▷5 Jamieson, Kathleen H. (1990). *Eloquence in an Electronic Age: The Transformation of Political Speechmaking*. Oxford University Press.

▷6 Jamieson (1990：56).

## ③ デジタル時代の著作権問題

現行制度において，著作権所有者(コピーライト)は，許諾なく著作物を複製(コピー)されない権利をもつ。しかし，デジタル技術は，文化作品の生産・流通・消費過程における複製の位置づけを変化させ，その結果，従来の著作権の考え方が通用しない状況が次々と生まれている。例えば，携帯電話で書かれ，読まれるケータイ小説には，そもそもオリジナルと複製の区別が存在しないだけでなく，閲覧の度に複製が行なわれ，その過程で作品の質が劣化することもない。

さらに，デジタル作品は容易に加工できるため，アマチュアの創作意欲を高め，創作品をYouTubeなどの動画配信サイトで公開する動きを促進している。また，音楽市場で既存の楽曲の一部を組み合わせたサンプリング曲が数多く販売され，ミリオン・ヒットを記録する曲も生まれているのは周知の通りである。このように，デジタル技術は，文化作品の「使用」「盗作」「創作」の区分を流動化させ，「消費者」と「創作者」の垣根を著しく下げているのである。

もともと，著作権法は文化制作者の創作意欲を高め，文化の発展に寄与することを意図して制定された。しかしながら，デジタル時代において，無断複製や改変を禁じる現行制度は，かえって創作活動の障害となりかねない。このことは，現在の著作権制度が，個人による創作活動，つまり「作者」や「作品」の存在を前提とした文化的慣行にすぎないことを示している。また，最近のGoogleブックスを巡る論争やサンプリングされた音楽に対する民事訴訟は，一部の企業が，かつてないほど文化を占有している現状を浮き彫りにした。デジタル技術の発展は，現行の著作権制度の問題点を顕在化させ，創作の再定義や文化の所有の問題など，現代社会における文化のあり方を根本的に見直すことを求めているのである。

（師岡淳也）

▷7 ケータイ小説と紙媒体における小説の大きな違いは，前者には生原稿が存在しないことである。生原稿は，世界に1つしか存在しないオリジナルなものであり，その流出や紛失は訴訟問題にまで発展し得る。一方，ケータイ小説の場合，著者の手元にあるファイルも読者が閲覧するファイルも，まったく同一のデータであり，無限に複製が可能である。

▷8 例えば，現在の著作権法は，口承伝統やダンスなどの無形で世代間で伝承される活動を著作権保護の対象として想定していない。テッサ・モーリス＝スズキ／伊藤茂訳（2004）「グローバリゼーションと新しい文化経済」テッサ・モーリス＝スズキ＆吉見俊哉編『グローバリゼーションの文化政治』平凡社，106頁。

▷9 ローレンス・レシッグ／山形浩生訳（2010）『REMIX――ハイブリッド経済で栄える文化と商業のあり方』翔泳社。

# Ⅴ 文化

## 4 文化産業とコミュニケーション

### 1 文化産業の隆盛

テオドール・アドルノが1947年に刊行された『啓蒙の弁証法』で展開した文化産業論には、その後の時代状況や産業構造の変化にもかかわらず、現在の文化状況に当てはまる鋭い洞察が数多く含まれている。その1つが、文化産業においては、文化に関心をもたない経営者や広告主が文化の生産過程を支配し、芸術家が彼（女）らに奉仕する労働者の立場に追いやられるという主張である。放送や出版など複数の業種にまたがって数多くのメディアを所有する巨大企業をメディア・コングロマリットと呼ぶが、こうした巨大メディア企業のなかでは、作品の制作とは直接関係のない経営陣や株主の意向が大きな力をもつ。とりわけ、一握りのメディア・コングロマリットによる占有がすすむ現在のメディア市場では、「文化生産の有効な（もちろん絶対的ではないにしても）起源はいまや企業の市場の内部を中心に位置づけられ」ている。

さらに、高度資本主義社会においては、直接の資本関係がなくても、広告や出資を通して文化活動のあり方に影響を与えることができる。アニメや映画制作の主流となりつつある制作委員会システムはその典型例であり、そこではテレビ局、広告代理店、レコード会社、出版社などの出資会社に利益が還元されやすい舞台設定、脚本作り、配役、演出をすることが求められている。音楽市場を見ても、ヒット曲の大半はドラマやCMとのタイアップ曲であり、純粋に趣味として音楽を楽しむ場合でも、市場に溢れる音楽の形式を参照せずに曲を作ることが困難なほど、音楽の商品化が進行しているのである。

### 2 商品としての視聴者

文化活動の産業化が進むと、あらゆる文化が商品化されるだけでなく、文化の享受者である私たちも「商品」として扱われるようになる。伝統的なコミュニケーション・モデルにおいて、商業メディアで放映されるテレビ番組は、「送り手＝番組の制作者・放送局」「メッセージ＝番組内容」「受け手＝視聴者」とそれぞれ分類される。しかし、ダラス・スマイスは、「商品としてのオーディエンス（the audience commodity）」という刺激的な概念を導入し、資本主義社会において視聴者はテレビ局により広告主に売られる商品であると主張した。

もちろん、視聴者はテレビ局や広告主に操作される受動的な存在ではなく、

▷1 マックス・ホルクハイマー＆テオドール・アドルノ／徳永恂訳（2007）『啓蒙の弁証法——哲学的断想』岩波書店。

▷2 米国におけるメディア占有の問題については、Bagdikian, Ben H. (2004). *The New Media Monopoly*. Beacon Press を参照。日本のテレビ産業の閉鎖的構造については、池田信夫（2006）『電波利権』新潮社に詳しい。

▷3 レイモンド・ウィリアムズ／小池民男訳（1985）『文化とは』晶文社、61頁。

▷4 毛利嘉孝（2007）『ポピュラー音楽と資本主義』せりか書房、22頁。

▷5 毛利（2007：15）。

▷6 Smythe, Dallas W. (1977). "Communications: Blindspot of Western Marxism." *Canadian Journal of Political and Society Theory*, 1 (3), 1-28.

好き勝手に番組を視聴し，ニュース・キャスターの発言に反発を覚えたり，学校でドラマの感想を言い合ったりと，積極的に「労働」する存在である。しかし，そうした「労働」が生み出す視聴者の注意や関心にこそ，広告主は商品価値を見出す[7]。このように，テレビ局は商品価値の高い視聴者にできるだけ多くの番組を視聴してもらうことで，そして広告主は視聴者の商品価値に応じた対価をテレビ局に支払うことで，番組制作は成り立っているのである。

## 3 視聴率という商品

もっとも，視聴者の注意や関心は，それ自体では抽象的な概念にすぎず，売買の対象となるためには，視聴率などの形でデータ化される必要がある。しかし，現在の視聴率調査方法は多くの問題をかかえ，視聴者の注意や関心を正確に測定しているとはいえない[8]。日本で現在唯一の視聴率調査会社であるビデオリサーチ社は，関東・関西・名古屋の3地区で各600世帯を無作為抽出して世帯視聴率調査を実施している。しかし，このサンプル数だと10％の視聴率で±2.4％，20％では±3.3％の誤差が生じる。当然サンプルを増やせばデータの精度は増すが，それだけコストもかかる。視聴率を購入する企業が限られている以上，調査の精度を犠牲にせざるを得ないのである。

視聴率調査方法には，その他にも問題があり，例えば，北海道で調査が実施されているのは札幌地区のみで，その他の地域に住む視聴者は，最初から計算に含まれていない。さらに，個人視聴率が集計されるのは関東・関西・名古屋の3地区だけであるにもかかわらず，そこから得られる視聴者の個人属性は，企業がより効率の良い広告戦略を練るための重要な指針となっている。

結局のところ，テレビ局は「視聴者が望む番組作り」を建て前にしているが，実際に重視されるのはテレビ局と広告主の双方に商品価値のある視聴者であり，それは番組制作，視聴率調査，広告出稿という幾重もの過程を経て選別されている[9]。テレビ広告の多くは，可処分所得が多い20-34歳の男女や10代の若者をターゲットにしている。そのため，テレビの視聴時間自体は，60代以上の男女が最も長く，20代が最も短いにもかかわらず，若者向けの番組が量産される[10]のである。最近では，高齢者の市場価値が見直されているようだが，ゴールデンタイムにおけるテレビ番組の大半は依然として若者をターゲットにしているといってよいだろう[11]。

これだけテレビ局が若者の関心を集めようと必死になっても，若者のテレビ離れが急速に進んでいるという。若者のテレビ離れの背景には，ケータイやパソコンの利用時間の増加や，UstreamやYouTubeなどのネット動画の人気もあるが，それ以前に，「いつでも消費者に約束しておきながら，いつでもそれを裏切る」文化産業に対して若者は嫌気がさしているのかもしれない[12]。

（師岡淳也）

[7] テレビ番組の広告主が，視聴率だけでなく，視聴者の反応や満足度などによって測られる「視聴質」や「視聴態度」も重視しているのは，そのためである。「視聴率 重みと限界」『朝日新聞』（2008年2月10日付），3頁。

[8] ビデオリサーチ社による視聴率調査方法については，同社ホームページ（http://www.videor.co.jp/rating/wh/index.htm）を参照。

[9] Meehan, Eileen R. (1990). "Why We Don't Count: The Commodity Audience." In Patricia Mellencamp (ed.), *Logics of Television: Essays in Cultural Criticism.* Indiana University Press, p. 132.

[10] メディア環境研究所「メディア定点調査2009」の調査結果に関する報道関係者向けのプレス・リリースより。
http://www.hakuhodo-media.co.jp/newsrelease/2009/HDYnews090623.pdf

[11] 「広告の手段（だれのため視聴率？ 世帯から個人へ）」『朝日新聞』（1996年7月9日付），33頁。

[12] ホルクハイマー＆アドルノ（2007：287）。

# Ⅴ 文化

## 5 文化と権力

### 1 階層的空間としての文化

　文化は，闘争の領域であり，「いつもその中に矛盾や亀裂，ねじれや妥協を抱え込んで変化している」[1]が，同時に階層的に構造化された空間でもある。文化を巡る争いは，支配者層に圧倒的に有利な仕組みになっており，通常，彼らの生活様式や行動規範の正統性が追認されていく。逆に言えば，権力や資本に乏しい集団の文化は，大抵の場合，支配者層の都合により，同化，抑圧，容認，利用の対象となる。全国平均2倍の失業率に苦しみ，国土の0.6％の県土に全国の米軍提供施設面積の約25％が置かれた沖縄[2]の文化が，時には「日本文化」の周縁に置かれ，時には「日本文化」の多様性の証しとして表象されていること[3]が，文化が権力や資本の問題と不可分であることを如実に物語っている。

　ここで，権力と資本とを区別したが，近年の権力概念の拡張を受け[4]，資本は権力の一形態と見なされるか，権力・資本という形で副次的に扱われがちである。もともと権力が政治的概念だったこともあってか，文化と権力に関する研究は，文化の政治性に関心が集中する傾向にある。しかしながら，高度資本主義の発展は，知識や情報，そしてイメージを続々と商品化していき，その結果，資本の論理が文化の自律性を絶え間なく浸食する事態をもたらしている。美術館さえも企業の宣伝媒体となるほど商業主義が進んだ現代社会においては，大企業こそが文化の道標となっているとさえいえる[5]。毛利嘉孝は，現在のポピュラー音楽の特性を理解するうえで，経済的構造を重視するマルクス主義的文化理論の有効性を強調しているが[6]，それは他の文化領域にも当てはまるだろう。

### 2 気づきにくい経済的検閲

　マス・メディアの大半は，「権力の番犬（watchdog）」である前に，利潤の最大化をめざした私企業である。そのため，様々な形で経済的検閲が行なわれる。例えば，主流メディアにおいて，**クロス・オーナーシップ**[7]や新聞宅配制度，放送免許更新の是非が論じられることは滅多にない。そうした報道は，主流メディアの既得権益を揺るがしかねないからである。

　ただし，メディアによる経済的検閲の問題を，経営者や所有者の意向に還元することはできない。なぜなら，経済的検閲は，しばしば当事者が検閲されていることすら気づかないで行なわれるからである[8]。例えば，新聞の経済欄は，

---

▷1　吉見俊哉（2003）『カルチュラル・ターン，文化の政治学へ』人文書院，28頁。

▷2　沖縄県知事公室基地対策課（2010）『沖縄の米軍および自衛隊基地（統計資料集）』沖縄県知事公室基地対策課，1頁。

▷3　田仲康博（2010）「南島への眼差し」池田理知子編『よくわかる異文化コミュニケーション』ミネルヴァ書房，155頁。

▷4　権力概念に関する概説書としては，杉田敦（2000）『権力』岩波書店がある。

▷5　McChesney, Robert W. (2000). *Rich Media, Poor Democracy: Communication Politics in Dubious Times.* New Press, p. 48.

▷6　毛利嘉孝（2007）『ポピュラー音楽と資本主義』せりか書房，14頁。

▷7　**クロス・オーナーシップ**　同一の資本がテレビ，ラジオ，新聞など複数業種にまたがるメディアを数多く所有することを指す。ヨーロッパ諸国や米国ではクロス・オーナーシップが法律で制限されている。

▷8　ピエール・ブルデュー／櫻本陽一訳（2000）『メディア批判』藤原書店，20-27頁。

経営者・株主・投資家の関心や利益を反映した記事が大半を占める実質的なビジネス欄であるが，新聞社も読者もそれを問題だとは思わない。その結果，「経営再建」「リストラ」「人員削減」といった経営者の立場を反映した表現が多用され，「被支配者に固有の利害の表現にたいして全面的な，かつまったく目に見えぬ検閲を課している」ことが見落とされてしまうのである。

　経済原則の文化領域への浸食は，広告収入の減少により一層のコスト削減が求められているテレビ局の番組編成に顕著に見られる。予算軽減の一策として，テレビ局は軒並み，通販番組と情報番組を増やす傾向にある。通販番組の目的が商品宣伝にあることは明白だが，情報番組でも話題の商品の魅力が価格や購入方法とともに紹介されたり，アナウンサーやタレントが人気店の食べ歩きをしたりと，視聴者の購買意欲や消費欲をかき立てる特集が目立つようになった。

　さらに，2009年4月に日本民間放送連盟（民放連）は放送基準を改定し，テレビ通販を広告とは一線を画す「生活情報番組」と定義した。ここからは，テレビにおける広告の割合を民放連の自主基準である総放送時間の18％内に抑えつつも，広告収入を伸ばそうというテレビ局の動機が見てとれる。このように，情報番組は「情報」と「広告」の区分を曖昧にし，「視聴者」を「消費者」として扱うことで，文化の商品化の動きに荷担しているのである。

### ③ 消費文化に対する抵抗のあり方

　もちろん，企業による文化の商品化の動きは無批判に受容されている訳ではない。カナダの非営利団体「アドバスターズ（Adbusters）」によって推進されている「無買デー（Buy Nothing Day）」や1999年のシアトルでの反WTOデモに代表される「反企業・ブランド運動」など，大企業による文化支配や消費を煽る社会のあり方に異議を申し立てる運動が多くの国や地域で展開されている。

　一方で，文化のビジネス化を徹底的に推し進めることが，抵抗の戦略となる場合もある。例えば，白人資本家に（黒人ラジオ局を含む）メディアや音楽産業の資本を握られたうえに，黒人音楽が白人向けのポップスに奪用されるなど，経済的搾取と文化的搾取の両方に苦しむ黒人ミュージシャンにとって，ビジネスで成功し大金を稼ぐこと自体が，人種差別主義に対する抵抗となり得る。ある意味で，文化の商品化の拒絶や自律性の追求は，「日常的に差別の暴力に直面している人たちにとっては，白人中流階級のナイーブで特権的な政治戦略にすぎ」ないのである。私たちは，商業的成功に固執するミュージシャンを，しばしば拝金主義者として否定的に捉えがちだが，黒人ミュージシャンに対する同様の批判は，彼らが置かれた二重の搾取構造を見落とすことにつながりかねない。金を稼ぐことを人種差別への抵抗と捉える視点は，研究者の間でも希薄であり，このことは文化研究において経済的，文化的，政治的関係を包摂した分析の枠組みが確立されていないことを示しているのである。

（師岡淳也）

▷9　ピエール・ブルデュー／石井洋二郎訳（1990）『ディスタンクシオンⅡ』藤原書店，330頁。

▷10　橋田正城「テレビ通販番組　広告放送，民放は再定義を」『朝日新聞』（2009年4月9日付），13頁。

▷11　こうした運動を取り上げた代表的な書籍としては，ナオミ・クライン／松島聖子訳（2001）『ブランドなんか，いらない──搾取で巨大化する大企業の非情』はまの出版，ジョン・デ・グラーフ＆デイヴィッド・ワン＆トーネス・H・ネイラー／上原ゆうこ訳（2004）『消費伝染病「アフルエンザ」なぜそんなに「物」を買うのか』日本教文社がある。

▷12　毛利（2007：132-139）。

▷13　毛利（2007：139）。

▷14　Gilroy, Paul (1992). *There Ain't No Black in the Union Jack: The Cultural Politics of Race and Nation.* Routledge, p. xix.

# V 文化

## 6 「伝統」と文化

### 1 創られる伝統

レイモンド・ウィリアムズは,「伝統」とは,支配的文化の枠組みに沿って「選ばれた伝統（the selective tradition）」であると指摘した[1]。こうした見方は,「伝統」の権力作用に自覚的である点では評価できるが,過去との連続性を前提としており,依然として問題を残している。

それに対して,エリック・ホブズボウムは,テレンス・レンジャーとの共編著『創られた伝統』のなかで,私たちが「伝統」だと考える慣習の多くは近代になって創出されたものであり,過去との連続性は架空のものであることを明らかにした[2]。映画で郷愁を呼ぶ「昔の日本の風景」がどの時代にも存在しない虚構のイメージであるように,また「おふくろの味」がテレビの料理番組を通して発明された「伝統」であるように[3],「伝統」は昔から変わらず存在するものではなく,現在の社会のニーズに合わせて創られていくのである。

異文化交流の体験談や留学記を読むと,「異文化を理解するためには,まず自国の文化を知る必要がある」といった感想が多いことに気づくが,そこでは「自文化」の存在が,異文化理解の前提とされている。しかし,逆に,「異文化」との出会いが「自文化」創出の契機となることも多い[4]。例えば,「英文学」は19世紀のインドで学問分野として確立され,宗主国である英国よりずっと前に教育カリキュラムに導入されることで,植民地支配を正当化する役割を果たした[5]。また,1890年（明治23）に発刊された『武士道』が,日本人独自の倫理主義を海外に伝えるために新渡戸稲造によって英文で書かれたことはよく知られている[6]。さらに,観光地における「伝統的」な建物,街並み,行事の多くは,観光客向けに計画的に整備されたものである。

当たり前のことだが,「異文化」の存在が意識されない限り,「自文化」について語る必要性は生じない。逆に言えば,文化がいとも簡単に国境を越える現在だからこそ,以前にも増して「自文化の伝統」を内外に向けてアピールする必要に迫られているのである。

### 2 「日本の伝統文化」の創造——初詣と神前結婚式

ここでは,日本における「伝統」の創出の事例として,初詣と神前結婚式を紹介する。高木博志によると,初詣は明治期から大正期にかけて国民国家が形成

[1] Williams, Raymond (1980). *Problems in Materialism and Culture*. Verso, p. 39.
[2] エリック・ホブズボウム&テレンス・レンジャー／前川啓治&梶原景昭訳（1992）『創られた伝統』紀伊國屋書店.
[3] 村瀬敬子（2009）「『きょうの料理』にみる『伝統』の創造——テレビとジェンダーの社会学」高井昌吏&谷本奈穂編『メディア文化を社会学する——歴史・ジェンダー・ナショナリティ』世界思想社, 130-160頁.
[4] 同時に,このように「異文化」の存在を自明視することにも問題がある。奥西峻介（2006）「幻想としての『異文化』」細谷昌志編『異文化コミュニケーションを学ぶ人のために』世界思想社, 263-281頁.
[5] Viswanathan, Gauri (1989). *Masks of Conquest: Literary Study and British Rule in India*. Columbia University Press.
[6] ここでは,新渡戸稲造が「武士道」の創出者であると主張しているわけではない。明治期における主な武士道論の紹介と武士道の創出過程に関する考察については,鈴木康史（2001）「明治期日本における武士道の創出」『筑波大学体育科学系紀要』24巻, 47-56頁を参照.

される過程で創り出された「伝統」である。江戸時代は，宮中における四方拝などを除けば，歳徳神を自宅で迎えるのが一般的な元日の過ごし方であった。寝正月という言葉があるように，元日は家にこもり，何もせずに静かに過ごすのが習わしだったのである。それが，明治中期より宮中の四方拝を起源とした元日の祝いが奨励されるようになり，学校などを通して神仏に詣でる慣習が各地に広まり，大正期には初詣という言葉が定着するようになった。無論，現在では，こうした政治的背景は忘れられ，大多数の参拝客は「一年の幸せ」といった現世利益を願って初詣をするのだが，正月の神社仏閣の賑わいが「初詣＝古来からの日本の風習」という通説に依るところは大きいだろう。

　初詣と同様に，神前結婚式も「日本的」な儀式だと一般的に考えられているが，神前結婚式が始まったのはじつは明治期以降であり，庶民に普及するのは1960年代の高度経済成長期である。江戸時代の婚礼の様式は，身分によって大きく異なるが，庶民階級の間では，親類縁者を招いて祝宴を開くなど，自宅での婚礼が一般的であった。神前結婚式の起源については諸説あるが，宗教者が司る婚礼という形式は，キリスト教式結婚式を意識して採用されたものと考えられている。また，1900年（明治33）の大正天皇（当時は皇太子）と九条節子による神道式の婚礼が，その後民間で行なわれる神前結婚式に大きな影響を与え，縁結びで知られる出雲大社教がキリスト教に対抗する目的で結婚式を含む個人儀礼の創設に力を注いだことが，神前結婚式の普及の底流となったという。このように，神前結婚式の誕生は，西洋文化を意識しながら，天皇を中心とする近代国民国家の形成を模索する過程と不可分に結び付いていたのである。

### 3　商業主義と「伝統」

　もっとも，神前結婚式も初詣も，政治的意図によって創り出され，権力者によって押しつけられた「伝統」であると考えるのは単純にすぎるだろう。こうした「伝統」が全国各地に普及する過程で，私企業が大きな役割を果たしたことも指摘しておきたい。例えば，初詣の隆盛は，参拝客による利用の増加を当て込んだ鉄道会社による積極的な宣伝活動や電車の臨時運行によってもたらされた側面もあるし，明治後期からの神前結婚式の急速な拡大の背景には，ホテルや会館が婚礼の式場として幅広い層に利用されはじめたことがあげられる。現在では，ホテルや会館での挙式がすっかり一般化し，また多くの路線における「初詣臨時運行」も定着しているが，その萌芽を明治期から大正期にかけてすでに見出すことができるのである。その他にも，神前結婚式に憧れをもつ多くのカップルやイベント的ノリで初詣を楽しむ人たちの存在も見落とすことはできない。このように，「伝統文化」は，単に官によって上から強制されるのではなく，国家，企業，庶民の様々な思惑や利害が重層的に絡み合いながら，絶えず作り変えられていくのである。

(師岡淳也)

▶7　高木博志（1997）『近代天皇制の文化史的研究——天皇就任儀礼・年中行事・文化財』校倉書房。

▶8　石井研士（2005）『結婚式　幸せを創る儀式』日本放送出版協会。

▶9　高木（1997：250-251）。

# V 文化

## 7 身体化された文化

### 1 ハビトゥスと身体技法

**文化実践**[1]は身体の媒介を基礎にするが[2]、身振りや立ち振る舞いといった身体技法は、フランスの社会学者であるピエール・ブルデューが「ハビトゥス」と呼ぶ心的性向と密接に結びついている。ブルデューによると、行為者は出身階級[3]に対応した心的性向を家庭や学校で習得し、日々の経験や行動を通して内面化する。そのため、社会空間のなかでお互いに近接した位置にある行為者は、共謀を企てたり、集団意識をもつこともなく、調和がとれた行動をとるようになる。上流階級が概してクラシック音楽や洗練された食事を嗜好するのに対して、庶民階級は軽音楽や栄養のある食事を好む傾向にあることが、その一例である[4]。

この例が示すように、個人の性向(ディスポジシオン)と社会における位置(ポジシオン)は照応関係にある。例えば、庶民階級で好まれる「気取らない話し方」が、上流階級の間では「教養がない」作法として敬遠され、逆に、上流階級の振る舞い方が庶民階級には「もったいぶった」ものとして拒絶されるなど、行為者にふさわしい身体作法は、彼(女)らが社会空間で置かれた位置によって決まってくるのである。

### 2 身体化された文化資本とコミュニケーション

「社会世界の構造が身体化したもの[5]」であるハビトゥスは、「ある状況において為すべきことについての実践感覚[6]」として働き、ことば遣いや身振りをはじめとする慣習行動を規定する。その結果として、慣習行動は、「理性的(rational)」でも「合理的(reasonable)」でもないが、実践感覚に導かれた「理に適った(make sense)」行為となる。

行為者のことば遣いや身振りは、いわば「身体化された文化資本[7]」であり、私たちはコミュニケーションをする際に、無意識的にこれらの文化資本を活用する。例えば、「大学教授が飾らない態度で学生と接する」ことは、教授が学生との力関係の格差を象徴的に否認することで、逆に尊敬や信頼を得ようとする戦略であるが、これは教授と学生のそれぞれの社会的位置とお互いの距離を把握して初めて理解可能となる[8]。また、大学の講演会後の質疑応答では、大抵の場合、教授が最初の質問をする。教授が質問をしないために、質疑応答がなかなかはじまらず、気まずい沈黙がしばらく続くことを経験した人も多いだろう。これは、ブルデューが指摘するように、「最も初歩的な形であってもいいからと

---

▷1 **文化実践**(cultural practice) 日常的に繰り返され、集団内で共有され、特定の社会的意味と規範的価値を与えられた行為のことを指す。Goodnow, Jacqueline J., Miller, P. J. & Kessel, F. S. (Eds.). (1995). *Cultural Practices as Contexts for Development.* Jossey-Bass.

▷2 佐藤健二&吉見俊哉(2007)「文化へのまなざし」佐藤健二&吉見俊哉編『文化の社会学』有斐閣、20頁。

▷3 ここでいう「階級」は、資本主義的生産関係に規定されたものではなく、社会空間における「差異の体系」として存在する概念上の産物である。

▷4 ピエール・ブルデュー/石井洋二郎訳(1990)『ディスタンクシオンI』藤原書店。

▷5 ピエール・ブルデュー/加藤晴久訳(2009)『パスカル的省察』藤原書店、239頁。

▷6 ピエール・ブルデュー/加藤晴久他訳(2007)『実践理性──行動の理論について』藤原書店、54頁。

▷7 石井洋二郎(1993)『差異と欲望──ブルデュー「ディスタンクシオン」を読む』藤原書店、27-34頁。

▷8 ピエール・ブルデュー/石崎晴己訳(1988)『構造と実践──ブルデュー自身によるブルデュー』新評論、201頁。

にかく発言しようとする傾向の強さは，自分は発言権をもっているのだという気持ちがどれくらいあるかに厳密に比例して決まってくる」からなのである。

### 3 不自由な自分の身体

このように，ことばや身体の適切な使い方は社会的に構造化され，ハビトゥスによって内面化されているが，それが最も顕著に現われるのはジェンダーや性的指向にかかわる身体技法である。私たちは，普段の生活で，ごく自然に自分の性自認や性的指向にふさわしいことば遣いや立ち振る舞いをするし，それを不自由に思うこともない。しかしながら，社会的諸構造と心的構造（ハビトゥス）との間に不調和が生じた場合に，性と身体の関係は対処すべき問題として顕在化する。例えば，鹿児島県下の公立学校に通う女子中学生が，性同一性障害を理由に2010年4月から男子生徒の制服を着て通学することが認められたという新聞報道がなされた。こうした報道により初めて，児童に女子生徒か男子生徒のどちらかとして学校で振る舞うことを強制していること，生徒の身体作法の変更は学校の許可を必要とすること，変更の条件として自分が障害をもっているという医師の診断が求められることに，私たちは気づくのである。新聞報道では，体と心の不一致に悩む児童の問題として描かれていたが，社会的諸構造と心的構造のズレに起因する社会的排除の問題として（も）理解されるべきだろう。

もう1つ例をあげよう。2006年10月から2009年3月まで日本テレビ系列で放送された『おネエMANS』という番組を覚えているだろうか。「女性（おネエ）」と「男性（MANS）」という二項対立的なジェンダー観を前提としたこの番組では，男性同性愛者を想起させる「おネエ」が「女性よりも女性らしい」存在として登場し，化粧法や美容法の伝授という身体管理を通して，女性ゲストをより一層女性らしくする指南役としての役割を果たしていた。男性の同性愛者は，本来，支配的な文化規範である男性優位主義や異性愛主義の脅威となり得る存在である。しかし，『おネエMANS』では，「おネエ系タレント」が主役級の扱いを受けながらも，女性に伝統的なジェンダー規範を教え込む役柄を引き受けることで，男性優位主義や異性愛主義が強化されているのである。

このように，私たちの身体にはジェンダー，性的指向，人種，民族，階級など様々な権力作用が書き込まれており，個人の自由になるものではない。こうした権力作用は，あからさまな強制や検閲とは異なり，ハビトゥスの最も深いところに刻まれているため，問題として認識されにくい。そのため，「もっとも真剣な社会的強制は知性でなく……身体に向けられ」「男らしさと女らしさの学習の核心は，歩き方，話し方，姿勢，視線の向け方，座り方などにおける性差を身体のなかに（とりわけ服装をとおして）書き込むことにある」。自分の何気ない仕草や話し方が，実は社会構造の産物であることに気づくこと，それが自分の身体を取り戻す第一歩となるのである。

（師岡淳也）

▷9 ピエール・ブルデュー／石井洋二郎訳（1990）『ディスタンクシオンⅡ』藤原書店，250頁。

▷10 「『みんな受け入れて』本人と家族，願い深く」『読売新聞』（2010年2月27日付，西部版），35頁。

▷11 『おネエMANS』公式ホームページ（http://www.ntv.co.jp/one-mans/）。

▷12 ブルデュー（2009：240-241）。

## Ⅴ 文化

# 8 象徴暴力とコミュニケーション

## 1 象徴暴力と女性の「広場恐怖症」

「コミュニケーションの目的は何か」と問われると，「意思疎通」「相互理解」「意味の共有」など，コミュニケーションの協同性や平等性を重視した回答をする人が多いのではないだろうか。しかし，ピエール・ブルデューは，コミュニケーションの相互作用は社会における階層構造が顕在化したものであるという。発話がもつ力は発話者の象徴資本の所有に依拠するが，象徴資本は「認知された経済的ないし文化的資本」に他ならないため，コミュニケーションは支配者層に有利なように進められるのである。

ブルデューは，コミュニケーション空間における権力行使のなかでも，特に象徴暴力の作用に注目する。象徴暴力は，物理的な暴力とは異なり，それが暴力であることが支配者と被支配者の双方によって否認されることで初めて可能となる。言い換えれば，象徴暴力は支配者と被支配者の巧まざる共犯関係によって成立し，被支配者は不可能なものを「考えられない」として排除し，可能性が低いものを「自分にふさわしくない」として拒絶し，押し付けられたものを自ら望むように仕向けられるのである。

象徴暴力の典型例は，女性の「広場恐怖症」である。女性は公的な場——とりわけ政治の領域——で発言する機会が男性と比べて圧倒的に少ないが，この排除のメカニズムは女性が公的な場における発言を自ら遠慮することで維持される。こうした「引っ込み思案」の女性の性向は，男性優位の社会構造を内面化したものなのだが，自分から身を引くことで，公的な場における発言権の剝奪を自ら承認していることになる。

したがって，象徴暴力の働きを理解するには，コミュニケーション空間における相互作用だけでなく，それを生み出す社会諸構造を把握しなければならない。例えば，日本における女性の「広場恐怖症」を説明するためには，1946年まで女性に参政権が認められていなかったこと，1890年公布の「集会及政社法」により女性が政談演説を傍聴することすら禁止されていたことに目を向ける必要がある。さらに，「女性らしい」とされる控えめで丁寧な話し方や標準語の「隠れた男性性」が，女性が声高に主張することを躊躇わせると同時に，女性の政治的発言が軽視される一因となったことも見逃せないだろう。

▷1 ピエール・ブルデュー＆ロイック・J・D・ヴァカン／水島和則訳（2007）『リフレクシヴ・ソシオロジーへの招待——ブルデュー，社会学を語る』藤原書店，314頁。
▷2 ピエール・ブルデュー／石崎晴己訳（1988）『構造と実践——ブルデュー自身によるブルデュー』新評論，212頁。

▷3 2009年の衆議院選挙で当選した国会議員の総数に占める女性の割合は，わずか11％である。また，当選した女性議員の多くが，「〇〇チルドレン」や「〇〇ガールズ」と呼ばれ，「子ども」「女の子」扱いされていることも，政治界やジャーナリズム界における男性支配の構造を表わしている。
▷4 ブルデュー＆ヴァカン（2007：108）。
▷5 中村桃子（2007）『〈性〉と日本語——ことばがつくる女と男』日本放送出版協会，45頁。中村によると，標準語は，東京の中流の男性を主要な話し手として想定した概念であったという。

## ❷ 非正規滞在外国人と象徴暴力

1990年代半ばより,正規のビザを持たずに日本で長年生活してきた非正規滞在外国人による**在留特別許可**を求める運動が各地で起こされている。興味深いのは,彼らの訴えのなかで,「普通の日本人と変わらない」ことや「日本文化への愛着」が度々強調されていることである。例えば,「納豆にみそ汁を好む」子どもや「日本の文化に触れられる京都の大学」で「日本文学の研究」を希望する高校生のエピソードなど,非正規滞在外国人の口から,彼らがどれだけ日本に同化しているかが肯定的に語られる。日本から法的に排除された非正規滞在外国人が「愛国的な」言説に訴えかけるのは,皮肉なことだが,これは世論の共感を誘ったり,法務大臣の心証を良くしたりするための戦略であると同時に,彼らの本音であることが多いという。このことは,非正規滞在外国人が,日本社会のマジョリティの見方(ビジョン)や分類(ディビジョン)を受け入れ,マジョリティの視点に立った発言をすることで,象徴暴力の共謀者となっていることを示している。

## ❸ コミュニケーション能力と象徴暴力

1990年代以降の日本では,経済界や教育界を中心に意欲や創造性,コミュニケーション能力の重要性を謳った言説が生まれ,それが一般社会にまで広がりはじめているという。こうした現状認識の妥当性は,企業が人事選考で重視する項目のトップにコミュニケーション能力をあげたり,教育現場で「コミュニケーション(能)力」の涵養が唱えられたり,いじめ対策としてコミュニケーション能力の育成が叫ばれたりしていることからも裏づけられている。

個人がコミュニケーション能力を高める機会が増えること自体は望ましいことだが,問題は,それが個人の能力に還元されていることである。ブルデューが指摘するように,コミュニケーション能力の有無は,出身階層や家庭環境によって大きく左右される。とりわけ,経済原則を基準としてコミュニケーション能力が一元的に測られる傾向が強い現状において,コミュニケーション能力の重要性を強調することは,教育格差や雇用格差の拡大を個人の資質や実力の問題として正当化する象徴暴力となりかねない。

さらに,市場化が進む高等教育が,経済原則に適合したコミュニケーション能力の言説の生産・流通に補完的役割を果たしていることも忘れてはいけない。特にコミュニケーション学では,コミュニケーション能力の要素に「効果」「適応性」「適切性」を含める見方が一般的であり,それが経済界の求めるコミュニケーション能力と親和性をもつことは明らかである。「自己実現」や「ビジネスでの成功」と安易に結びつけられる現在のコミュニケーション能力観とは距離を置き,コミュニケーションの政治性や階層性を考慮した新たなコミュニケーション能力概念の構築が求められているといえるだろう。

(師岡淳也)

▷6 **在留特別許可** 出入国管理及び難民認定法第50条の規定により,法務大臣が特別な理由があると判断した場合,非正規滞在外国人の退去強制処分を取り消し,在留を認める措置のことである。

▷7 師岡淳也(2009)「表象は国境を越えるか?——非正規滞在者による『日本(人)』のレトリカルな使用について」池田理知子編『日本研究のフロンティア2009』国際基督教大学日本研究プログラム,7-26頁。

▷8 こうした象徴暴力の行使を拒否した非正規滞在者には,沈黙か国外退去のいずれかの選択肢しか残されていないことも付け加えておきたい。

▷9 本田由紀(2005)『多元化する「能力」と日本社会——ハイパー・メリトクラシー化のなかで』NTT出版,34頁。

▷10 「ほしい人材見逃すな 応募増え変わる選考方法」『朝日新聞』(2010年4月5日付),27頁。

▷11 土井隆義(2008)『友だち地獄——「空気を読む」世代のサバイバル』筑摩書房,198頁。

▷12 土井(2008:198)。

▷13 例えば,Canary, Daniel J. & Cody, M. J. (2000). *Interpersonal Communication: A Goals-based Approach*. Saint Martin's を参照。

# V 文化

## 9 文化を変えるコミュニケーション

### 1 「新しい社会運動」，文化，コミュニケーション

「新しい社会運動」という用語がある。これは，フェミニスト運動や反原発運動のように，労働者による階級闘争という伝統的な枠組みでは捉えきれない社会運動を指す総称であるが，そこでは文化とコミュニケーションが重要な役割を担う。まず，新しい社会運動は，ライフ・スタイルや価値観を巡る文化的闘争の側面をもつ。例えば，同性間結婚の合法化を要求する運動は，現在の家族のあり方やそれを支える異性愛主義の再考を求めているし，環境運動は，際限なき開発を追求する産業構造だけでなく，消費を煽る文化も批判し，環境共生型社会というオルタナティブな社会のあり方を提起している。

同時に，新しい社会運動は，公共圏でのコミュニケーションの変革もめざしている。フェミニスト運動の「個人的なことは政治的である」や**アクトアップ**の「沈黙＝死」といったスローガンが示すように，新しい社会運動は，公共圏からマイノリティの声を排除し，彼（女）らが意思決定過程に参加する権利を奪われていることを問題視する。新しい社会運動では，音楽を大音量で流したり，踊りながらデモをしたりと，しばしば新奇な文化的手段によって異議申し立てがなされるが，こうした運動スタイル自体が包摂的で多元的な公的コミュニケーションの実現をめざす政治パフォーマンスなのである。

### 2 「社会運動」と「文化＝政治運動」

新しい社会運動論は，現在の社会運動の多くが政治・経済・文化領域にまたがる闘争であることを明らかにしたが，その一方で，目的も担い手も異なる運動を一括りにしたり，物質的な利害関係を後景化させたりすることの問題点も指摘されている。たしかに，アイデンティティの承認を巡る闘争でも，**中間階級**と労働市場から排除された集団による運動を，同じ次元で捉えることは適切ではない。また，高度資本主義社会では，過激な文化表現さえも瞬く間に商品として取り込まれ，その結果，文化的抵抗が，経済的搾取や政治的抑圧の是正をともなわない形で，行なわれる傾向にあることも忘れてはならない。

こうした新しい社会運動（論）の問題点が顕在化するなか，毛利嘉孝は，アクティビズムという言い方に代表される最近の運動を，「新しい社会運動」と区別して，「新しい文化＝政治運動」と呼んでいる。一般的に文化と社会は密接な関

▷1 新しい社会運動の代表的な論者としては，アラン・トゥレーヌやアルベルト・メルッチがあげられる。アラン・トゥレーヌ／梶田孝道訳 (1983)『声とまなざし——社会運動の社会学』新泉社，アルベルト・メルッチ／山之内靖＆貴堂嘉之＆宮崎かすみ訳 (1997)『現代に生きる遊牧民（ノマド）——新しい公共空間の創出に向けて』岩波書店．

▷2 **アクトアップ**（ACT UP） HIV/AIDS にかかわる社会的不正義の是正や同性愛者に対する偏見を根絶することをめざした団体／ネットワーク．

▷3 **中間階級** 資本家などの有産階級と労働者などの無産階級の中間に位置する階級を指す．

▷4 毛利嘉孝 (2003)『文化＝政治』月曜社，24-27頁．

係にあると考えられているが，文化には「反社会的」側面もあり，それが政治闘争において重要な役割を果たすと考えているからだ。つまり，文化は「人の心を癒し，力づけるだけ」でなく，「しばしば人をイライラさせたり，困惑させ」るものであり，そうした「反社会的な」文化実践こそが「人びとに特異な政治的ヴィジョンを与える」ことで政治闘争と結びつくのである。

### 3 文化＝政治運動としてのパブリック・キス

　ここでは，文化＝政治運動の一例として，同性愛者によるパブリック・キスを論じた研究を紹介する。パブリック・キスは文化的意味に溢れた行為である。少なくとも米国では，男女のカップルによるパブリック・キスは好意的に解釈される一方で，男同士のパブリック・キスは逸脱行為として忌避される。そのため，街中で男同士がキスしたり，主流メディアが同性間カップルのロマンティックなキス・シーンを放映することは滅多にない。近年，米国では『ウィルとグレイス』のように同性愛者の主人公を肯定的に描いたテレビ番組が増えているが，依然として同性愛者同士のキスを自然な愛情・快楽表現として映し出すことはタブーである。このことは，主流メディアにおける肯定的な同性愛者のイメージが，異性愛者が共感できる同性愛者像にすぎず，異性愛主義に従うことで一定の認知を得ていることを表わしている。

　法制度やメディア表象など社会の至るところに書き込まれた異性愛主義に抵抗することは容易ではない。私的空間での同性愛者による文化実践にはマジョリティである異性愛者が不在であるし，公的空間における同性愛者のイメージは異性愛主義に巧妙に絡みとられているため，そこからオーディエンスの抵抗的な読みを期待することはできないからだ。

　こうした二重の困難を抱える状況下で，異性愛主義に対する抵抗行為となり得るのが，パブリック・キスである。同性愛者による戦略的なキス行為を，異性愛者は半ば強制的に見せられることで，彼らの内面にある**ホモフォビア**や社会における異性愛主義の権力作用に向き合わざるを得なくなるからだ。たとえ，パブリック・キスが，目撃者による生理的な不快感を引き起こしたとしても，むしろそうした応答が強いからこそ，彼らの文化実践を公的空間から排斥する異性愛主義を可視化させ，抵抗の契機となる政治空間が生まれるのである。

　文化＝政治運動としてのパブリック・キスは，文化の実践だけでなく，文化の流通や消費のプロセスに介入することを重視する。男性同性愛者によるパブリック・キス（文化実践）は，主流メディアによる検閲（文化流通）を迂回し，異性愛者にキス行為を強制的に目撃させる（文化消費）ことで初めて，異性愛主義への抗議という政治的メッセージを伝えることができるからである。このように，文化的抵抗の可能性は，文化が生産され，流通し，消費される一連の過程の中で理解されなければならない。

（師岡淳也）

▷5　ここでいう「（反）社会的なもの」は，ハンナ・アレントが『人間の条件』で提示した概念に依拠している。アレントによると，現代社会では「社会的なもの」が拡張した結果，本来の意味での「政治的なもの」や「公共性」が浸食されているという。毛利（2003：24-27）。
▷6　毛利（2003：26-27）。
▷7　原語の public kissing は，公衆の面前でのキス行為だけでなく，屋外広告，Tシャツのプリント，新聞記事中のキス写真も意味するため，ここでは「パブリック・キス」とカタカナ表記をする。
▷8　Morris, Charles E. & Sloop, J. M. (2006). "'What Lips These Lips Have Kissed': Refiguring the Politics of Queer Public Kissing." *Communication and Critical/Cultural Studies*, 3(1), 1-26.
▷9　『ウィルとグレイス (Will & Grace)』は，同性愛者の弁護士ウィル・トゥルーマンとインテリア・デザイナーのグレイス・アドラーを主人公としたコメディ番組で，1998年から2006年まで米国の4大ネットワークの1つNBCで放映された。日本でも2002-2003年にかけて最初の2シーズンがNHKで放映された（邦題は『ふたりは友達？　ウィル＆グレイス』）。
▷10　**ホモフォビア**　同性愛または同性愛者に対する嫌悪感や偏見のこと（Ⅳ-7参照）。

# Ⅴ 文化

## 10 グローバル化のなかのコミュニケーションと文化

### 1 グローバリゼーションと多様性

　グローバリゼーションの起源には諸説あるが，その1つは「時間―空間の圧縮」を引き起こす資本主義の発展段階の一局面として捉える見方である。原料と労働力，そして市場の絶えざる拡大を求める資本主義が，常にグローバル化を志向してきたことは，『共産党宣言』の以下の一節が雄弁に物語っている。「ブルジョワ階級は，世界市場の搾取を通して，あらゆる国々の生産と消費とを世界主義的なものに作り上げた」。とりわけ，過去四半世紀の国際的な規制緩和策と市場主導の経済政策は，情報通信技術の発達とも相まって，国境を越えた人・物・情報の流れを加速度的に速めた。その結果，世界規模での相互依存性が強まり，グローバル化時代という認識が広まったといえるだろう。

　グローバリゼーションの影響は，地域や時期，分野によって様々な形で現われる。例えば，イスラム教モスクの尖塔は日本では「国際化の風景」の一部と受けとめられているが，スイスでは「イスラムに蹂躙されるスイス」の象徴と見なされ，2009年11月には国民投票で尖塔の新規建設が禁止されるに至っている。また，世界各地で起こっている反WTOデモや反G8サミット闘争は，グローバル化の影響が先進諸国と開発途上国では大きく異なることを浮き彫りにした。このようにグローバリゼーションを一元的に論ずることはできないが，ここではグローバル化する日本社会を体現する1つの事例として，日系ブラジル人などのニューカマーを巡る文化とコミュニケーションの問題をみていく。

### 2 マジョリティ主導の多文化共生

　1980年代以降，就労，研修，結婚，留学などの理由で来日する外国人の数が著しく増加した。戦前から日本で暮らす外国人やその子孫と区別する意味でニューカマーと呼ばれる彼らとの「共生」は，日本社会の大きな課題となっている。当初，「多文化共生」という表現は，主に市民団体，研究者，地方自治体によって使われていたが，21世紀に入ると，当時の政権与党であった自由民主党の議員連盟や総務省などの中央省庁によっても多文化共生が謳われるようになり，今では日本社会の将来のあり方を問う試金石となっている。

　注意すべきは，多文化共生が，マジョリティの側から唱えられている理念だということである。対等性を原則とする「共生」は，とりわけマジョリティの

---

▷1　デヴィッド・ハーヴェイ／吉原直樹監訳（1999）『ポストモダニティの条件』青木書店，308頁。

▷2　カール・マルクス＆フリードリヒ・エンゲルス／大内兵衛＆向坂逸郎訳（1951）『共産党宣言』岩波書店，44頁。

▷3　樋口直人（2010）「排外主義・人種主義を欧州と東アジアで考える」『M-ネット』127号，3頁。

▷4　自由民主党外国人材交流推進議員連盟（2008）『人材開国！　日本型移民政策の提言――世界の若者が移住したいと憧れる国の構築に向けて』（http://www.kouenkai.org/ist/pdff/iminseisaku080612.pdf），総務省（2006）『多文化共生の推進に関する研究会報告書～地域における多文化共生の推進に向けて～』（http://www.soumu.go.jp/kokusai/pdf/sonota_b5.pdf）。

▷5　リリアン・テルミ・ハタノ（2006）「在日ブラジル人を取り巻く『多文化共生』の諸問題」植田晃次＆山下仁編『「共生」の内実――批判的社会言語学からの問いかけ』三元社，55-56頁。

側から使われた場合，マイノリティを生み出す社会構造を覆い隠す危険性をもつ。実際，ニューカマーの大半は，「外国人労働者」として3K職場・職種で働き，長年にわたり派遣切りや偽装請負の犠牲となってきたが，それが「貧困」や「格差社会」の問題として取り上げられることはなかった。

また，ニューカマーには，長い間日本で暮らしていても，満足に日本語の読み書きや会話ができない人が多いという。しかしながら，これはニューカマーの怠慢ではなく，彼らを労働力としてのみ扱い，日本語教育を受ける機会を十分に保障してこなかった企業や行政の責任によるところが大きい。近年，「社会生活に必要な言語的条件を獲得する権利」である言語権を基本的人権として捉える見方が広がっているが，こうした観点からは，ニューカマーを言語権が侵害された存在とみることができる。木村護郎クリストフが危惧するように，「言語権が提起する言語差別に関する認識をとばして『共生』を語るならば，『共生』は不平等を隠蔽するだけの概念になる危険性を含んでいる」。

さらに，ニューカマーの子どもには不就学や不登校状態にある者が相対的に多いが，その背景には，国民教育の性格が色濃い義務教育が，彼らの学習を困難なものにしていることを見逃してはならない。つまり，日本語母語者を「正統な日本語使用者」と措定し，日本の歴史や文化を「自国史」「自文化」として教える現在の義務教育は，ニューカマーに日本語能力不足，成績不振，低学歴といった評価を下すことで，「日本人」と「外国人」の階層化を追認する装置として機能しているのである。

## ３ 「日本」の再構築

宮島喬によると，日系人の子どもの不就学の原因の１つは，「顔つきは日本人と同じなのに，日本語が十分使えず，時に行動の仕方がちがう彼らに日本社会は冷たい」ことだという。逆に言えば，多文化共生社会の実現には，「日本語」が再構築され，「日本人」の意味が問い直され，「日本社会」が再編制されることが不可欠になるということだ。それは，血統主義に基づく国籍法の改正，ニューカマーに対する言語差別の是正，日本語母語話者と非母語話者のコミュニケーションを通じた「共生言語としての日本語」の創造など，数々の変化・変革をマジョリティの側に要求する。

現在，各地で多文化共生を推進する試みがなされているが，そこではマジョリティに都合の良い文化間差異が設定され，マイノリティに特定の異文化イメージを体現することが期待されていることが多いという。こうしたマジョリティの視点を内包した共生観から脱却しない限り，多文化共生は一方向的なマイノリティ支援や表面的な異文化交流に終わってしまうだろう。そこでは，他者と交わることで，まわりも自分も変化し，お互いの関係性が変化していくプロセスとしてのコミュニケーションが不在なのである。　　　　　（師岡淳也）

▷6　3K　1980年代後半につくられた造語で，「きつい（Kitsui）」「きたない（Kitanai）」「危険（Kiken）」の頭文字からきている。当時，若者が働くことを敬遠する重労働の職種・職場を指す言葉として使われた。
▷7　「移住者と貧困」『M-ネット』（2008）115号，4-7頁に掲載されている樋口直人と稲葉奈々子の発言より。
▷8　木村護郎クリストフ（2006）「『共生』への視点としての言語権──多言語的公共圏に向けて」植田晃次＆山下仁編『「共生」の内実──批判的社会言語学からの問いかけ』三元社，13頁。
▷9　木村（2006：24）。
▷10　太田晴雄＆坪谷美欧子（2005）「学校に通わない子どもたち──『不就学』の現状」宮島喬＆太田晴雄編『外国人の子どもと日本の教育──不就学問題と多文化共生の課題』東京大学出版会，17-36頁。
▷11　宮島喬（2003）『共に生きられる日本へ』有斐閣，125-128頁。

▷12　「ニッポンに交われない」『朝日新聞』（2009年3月23日付），2頁。
▷13　牲川波都季（2006）「『共生言語としての日本語』という構想──地域の日本語支援をささえる戦略的使用のために」植田晃次＆山下仁編『「共生」の内実──批判的社会言語学からの問いかけ』三元社，107-125頁。
▷14　ハタノ（2006：63）。
▷15　池田理知子（2010）「〈想像／創造する力〉としてのコミュニケーション」池田理知子編『よくわかる異文化コミュニケーション』ミネルヴァ書房，36頁。

# コラム4

# ディベートの歴史を学ぶことの意味

## 1 ディベート教育の広がり

日本でコミュニケーション教育を推進する動きが広がって久しいが，当初よりディベートはその主要な手段として位置づけられてきた。それは，1989年以降，ディベートを通した英語コミュニケーション能力の育成が高等学校学習指導要領で一貫して謳われていることからもわかる。

ディベートとは，特定の論題を巡って対立する立場をとる参加者が議論をするコミュニケーション形態のことである。第二次世界大戦後，主に大学の英語会（ESS）の活動として行なわれてきたディベートは，90年代半ばから，学生の課外活動という枠を越え，大きな脚光を浴びはじめた。この頃よりディベートの授業を開講する大学が増え，全国規模の日本語ディベート大会も開催されるようになる。今では，専門分野を学ぶ手法の1つとしてディベートを取り入れる授業も多く，さらに小学校の社会科の授業や企業・公務員研修にもディベートが導入されるなど，筆者がディベートをはじめた20年近く前とは隔世の感がある。

## 2 ディベートの歴史を再考する

しかし，昨今のディベート教育の流行は，新たな課題を投げかけている。それは，ディベートの語られ方の問題である。つまり，現在のディベート教育の典型的な語りは，「自分（の将来）にとって有益」「就職に有利」「企業が求めている」など，「『使える』スキル」の習得を重視しており，そうしたディベート教育を語る枠組み自体が問い直されることは滅多にない。

また，「ディベート研究会」と名前がついたグループの大多数は，ディベートのやり方や指導法，教授法の「研究」を目的としており，教育的文脈を離れて，ディベートが研究対象となることはほとんどない。

とりわけ，日本におけるディベートの歴史研究はきわめて手薄であり，その結果，粗雑な歴史観がディベート教育者の間でも広く受け入れられている。それは簡単にいえば，ディベートは，福沢諭吉により討論と訳され，福沢を中心に日本に導入され，自由民権運動が高揚する明治10年代に隆盛を迎えた後，帝国議会が開設される明治23年頃には下火になったという見方である。

こうした歴史観の前提には「日本には明治期まで議論の伝統が無かった」という考えがあり，ディベート教育の必要性を主張する根拠として度々言及されている。つまり，自己主張が苦手で，議論を好まない国民性をもつ日本人だからこそ，授業などでディベート教育を積極的に行なうべきだという理屈である。◁2

しかしながら，こうした歴史認識は必ずしも史実に基づいていない。そもそも，福沢がディベートを討論と訳したことを裏づける証拠はどこにも存在しない。「[『会議弁』で]デベートは討論と訳し」[ママ]たという『福沢全集緒言』における福沢自身の回顧とは異なり，同書で「討論」という言葉は一度も使われていないのである。◁3

また，明治期に入るまで日本に議論の伝統はなかったという主張も正しくない。例えば，江戸時代の土地

の領有権などを巡る村同士の争いでは，実力行使に訴えたり，第三者に仲裁を委ねたりせずに，相手に対して自分たちの正当性を主張し，明白な証拠に基づく裁決を領主に訴えることが多かったそうである。▷4 その他，赤穂浪士の討ち入りの是非が，武士階級や儒学者だけでなく，庶民の間でも議論されていた事実を踏まえると，明治期のディベート（討論）の実践は，議論そのものではなく，あくまでも議論の新しい形式の導入として理解されるべきなのである。▷5

さらに，自由民権期をディベート（討論）の最盛期とみなし，明治20年代以降をその衰退期とみなす単線的な歴史観も再考の余地がある。なぜなら，明治20年前後から全国各地で設立されはじめた青年会の多くで，討論会が実施されていたからである。

青年会は規範的性格が強く，会員同士の討論会では主に学業的・実業的なテーマが議論されたこともあり，政府の取締りの対象となることは稀であった。明治39年設立の沖縄の島尻郡青年会において「娯楽を高尚に導く」ことを目的に，空手，柔道，軍歌，唱歌などと共に，討論が奨励されていることからも，▷6 青年会での討論会が，自由民権期の政談討論会とは，性格を大きく異にすることがわかる。自由民権期のディベート（討論）は，こうした幅広い歴史的な文脈のなかで相対化される必要があるのだ。

## 3 コミュニケーションの歴史研究の必要性

コミュニケーション学の目的の1つは，社会におけるコミュニケーションの語られ方を批判的に吟味することにある。これまで見てきたように，現在のディベートの歴史記述には十分な根拠がないものが多く，地道な史料収集・解読と丹念な実証分析によって，その問題点を明らかにしていく作業が求められている。

史料に基づきディベートの歴史を語り直すことは，既存のディベート教育の語りを変える可能性をもっている。粗雑な歴史観を問題視することで，それに依拠したディベート教育の語りはそれまでの説得力を失い，ディベート教育の目的や意義をより根源的に議論する契機となり得るからである。

このコラムでは，ディベートの歴史研究の欠落を指摘したが，同様のことはコミュニケーションの歴史全般にもいえる。これまで，コミュニケーションの歴史の研究は，交通手段，メディア，テクノロジーに主眼が置かれ，（有名な演説を除き）過去のコミュニケーション行為や実践に対して十分な関心が払われてきたとは言い難い。しかし，ディベートの歴史と同様，過去のコミュニケーションに対する知識を蓄積し，共有することが，コミュニケーション研究・教育に与える示唆は非常に大きいのではないか。

そもそも，過去のコミュニケーション行為や実践が研究価値のあるテーマとして十分に認識されてこなかったのは何故だろうか。こうした問題も含め，コミュニケーションの歴史は，様々な視点から研究する余地が残された魅力的なテーマなのである。

（師岡淳也）

▷1 青沼智（2006）「ディベート教育・公共の構造転換・『勝ち組』の論理，あるいは福沢（グランド）・チルドレンの逆襲」『スピーチ・コミュニケーション教育』19号，15頁。
▷2 例えば，「【週刊・中田宏】(48)衰退日本救うにはディベート授業採用が不可欠」（2010年12月12日）（http://sankei.jp.msn.com/politics/situation/101212/stt1012120702002-n2.htm）を参照。
▷3 松沢弘陽（1991）「公議輿論と討論のあいだ――福沢諭吉の初期議会政観」『北大法学論集』41号，479頁。
▷4 福田アジオ（2003）『戦う村の民族誌』歴史民俗博物館振興会，69-86頁。
▷5 Branham, Robert J. (1994). "Debate and Dissent in Late Tokugawa and Meiji Japan." *Argumentation and Advocacy*, 30, 133-134.
▷6 真栄城勉（1993）「明治期の沖縄県における社会体育史――青年会と体育会の活動を中心に」『琉球大学教育学部紀要』43号，381-382頁。

## Ⅵ 記号の力

# 1 記号とは何か

### 1 日常生活における記号

　私たちは，日常的に記号に依存した生活を送っている。記号は，様々な形で現われる。それは，ことばとしての言語記号であったり，標識の図像であったり，写真やイラストであったり，ファッションスタイルであったりする。〈富士山〉といえば，あの日本一高い美しい山のことを指しており，道路標識の進入禁止を意味するマークはドライバーに進入を回避させる。このようにして，記号は，コミュニケーションの場面や，実際の日常生活において大いに役立っている。記号の恩恵を受けて，私たちは人間としての文化的な生活を送っているとさえいえる。

　記号の働きの1つは，事物を指すことである。高くそびえ立つあの山のことを富士山と名づけ，そのことばによって，数ある山のなかから間違いなく，ある特定の山のことを指し示す機能である。交差点の赤信号がクルマを停止させる意味をもっているように，先にメッセージ内容があって，それを記号で表わすという働きである。このような場面が日常的にしばしば見られるため，事実（ときには真実）というものが疑いなく先にあって，それを言語などの記号によって表わすことができる，と多くの人が信じている。そのような思考図式は，「記号は事物を指し示す道具である」という考え方に当てはまる。

### 2 意味を生み出す記号

　もう1つの記号の働きは，よほど注意を払わないと自覚されない。それは，ある特定の意味や本質的な事物が，もともと記号とは関係なしに存在していて記号がそれを示すというのではなく，反対に，記号が意味を生み出すという考え方である。いくつか例をみてみよう。クルマに対する期待として，走る・曲がる・止まるといった基本性能をあげるだけでなく，ブランドとしての価値を認める人も少なくない。例えば，「BMWに乗っている」ということばを発したり聞いたりする際に，何か特別な思いや感情を抱くことがある。つまり，ある特定の意味が立ち上がってくるのである。また，高額のルイ・ヴィトンの財布を所有するのも，それが現金やカードを単に収納する物品としての価値以上のものを期待しているからであろう。また，日常的に着用するネクタイの色や柄などもファッションの1つのスタイルを表わしている。

▷1　このような記号観は，構造主義的記号論とも呼ばれ，フェルディナン・ド・ソシュールに遡る。事物の意味は，予め固定化されていて，記号はその意味を指し示すという考え方を否定する。むしろ，意味は，記号どうしの差異の体系によって生み出されるという見方を提示する。

これらの例をみてわかるように，記号による表現や図柄などが，何らかの意味や価値を産出するものとして存在することが想定される。つまり，ある特定の意味や価値を媒介するものとして，「ビーエムダブリュ」とことばに出された音やルイ・ヴィトンのロゴ，今日のネクタイの色と柄などの物質的なものが，記号化するためのアイテムとして存在するのである。そのような記号が，ある特定の場で，特定の人びとにとって，特定の意味や価値を生み出しているのである。

### ③ コミュニケーションと記号

　記号が，意味や価値を担う媒体であるとすれば，記号とは何かを考えることは，意味とは何かを問うことと密接に関連している。意味は，記号の媒介を通じて，人びとの頭のなかに表象（イメージ）として浮かび上がってくるものとして捉えられる。つまり，そこでは人が介在するということが重要になってくる。

　記号や意味を，送り手や受け手という人間の存在，そして両者のやりとりとともに捉えていこうとする観点は，とりもなおさず，コミュニケーションの問題を扱うことにつながる。そこでのコミュニケーション像は，ある固定したメッセージ（意味）の存在が前提とされるものではない。送り手はメッセージを記号化し，受け手にその記号内容を曇りなく伝えることができるという図式ではないのである。むしろ，意味は送り手による記号化の過程で作られ，受け手は記号の読みの過程で，新たな意味を作り出すコミュニケーション・プロセスとして捉えられる。例えば，新入社員のAさん（女性）がバレンタイン・デーに，同じ職場の先輩のBさん（男性）に高価に見えるチョコレートを渡した場合を想定しよう。Aさんは，職場の他の複数の男性たちにも，同種のいわゆる「義理チョコ」を配っていた。Aさんは特定の菓子に対して単なる儀礼的な意味を与えた，つまり，記号化したにすぎなかった。ところが，それを受け取ったBさんは，その事物のなかに，自分だけに向けられたAさんの特別な行為，という新たな意味を見出したのである。このように，送り手による意味の記号化と，受け手による意味の記号解読のそれぞれの段階で，意味が生産され，それらは必ずしも同一のものではなくなる。そこで，むしろ，それぞれの意味は常に異なっているということを仮定したコミュニケーション観が提起される。

　このような記号による意味の記号化／記号解読の際のズレは，どのようにして生じるのだろうか。また，その断絶の生成が，社会の構築や維持と関係があるとするならば，それはどのような関係であるのだろうか。記号に焦点を当てることは，そうした問題に接近するための1つの方法である。そのような方法は，非常に小さな単位である記号の世界から，私たちの日常生活の営みや，社会全体の姿（政治，経済，文化をはじめ広く権力の関係が及ぶ姿）を論じるための契機を与えてくれるはずだ。

（中西満貴典）

# Ⅵ　記号の力

## 2　記号の恣意性と政治性

### 1　ことばによる概念の創出

いささか唐突ではあるが,「犬はいつから存在しているのか」という問いを提出することからはじめよう。「犬」という動物種は, いつ頃から地球上に生息しはじめたのかの問いと,「犬」という概念を人間が抱きはじめたのはいつ頃なのかの問いは, それぞれが異なった次元に属する問題である。前者は, 生物学などが扱う個体の発生の起源にかかわるものであり, 後者は, 認識論などの哲学上の問題であると同時に, ことばにかかわる問題でもある。

古代ギリシャの時代から長い間, 事物の概念や意味といったものは本質的なものとして存在していて, それを言語記号であることばによって言い表わす, という思考図式が支配していた。犬についていえば,「犬」という概念が先にあって, それをことば（日本語なら〈イヌ〉）で指し示すという図式であり, 一見, 自然な思考の流れであるように思われる。

そのような考え方に対して, フェルディナン・ド・ソシュールは, 20世紀初頭, この枠組みをひっくり返す仮説を提出した。記号は, 事物や事象など一切の存在物の概念の単なる代用物ではなく, むしろ, 記号から出発して概念や意味を生み出している, という考え方を提示したのであった。犬の例でいえば,〈イヌ〉という記号の働きによって「犬」の概念が,「狼」とは異なる動物種という事物として切り分けられて市民権を得るのである。

犬や狼は, それに対応することばが作られるはるか以前から, この地上に存在していることは認めつつも,〈イヌ〉ということばが提示されなければ,「犬」は「狼」としてくくられ認識され続けたのであろう。それは, 自然界の生き物の事実としての棲息の問題ではなく, 人間が行なう分類作業の問題である。このような現実を切り分けるカテゴリー化の営みにおいて, 記号の働きに注目するという視点が, ソシュールによって「記号の恣意性」を原理として提出された。

### 2　記号の恣意性

では, ソシュールの言う「記号の恣意性」とは何か。恣意とは, 字義的に,「気ままな心」「自分勝手な考え」ということであるが, 記号について当てはめるとどうなるのだろうか。記号論の用語を使用すれば, シーニュ（記号）は, シニフィアン（記号表現）とシニフィエ（記号内容）との連合によって生じた概念

▷1　プラトンのイデア論がこれに当てはまる。事物や抽象的な概念は客観的かつ本質的に実在する世界の原型とされた。

▷2　ソシュールは, 記号表現を「能記」, 記号内容を「所記」と言い, 言語記号の恣意性を強調する。フェルディナン・ド・ソシュール／小林英夫訳（1940）『一般言語学講義』（1972年改版）岩波書店, 95-97頁。

である。犬の例で言えば、〈イヌ〉というシニフィアンと、その表現によって意味されたシニフィエ（「犬」の概念）が、まるでコインの表裏のように、1つのもの（ここでは〈犬〉という記号）を構成していることを示している。この場合、両者の組み合わせ方は、予め決められていたものではなく、まさに「勝手に」（恣意的に）つながれたものである。この両者とも物理的な実体ではなく、あくまでも形象レベルの世界で描かれた心的存在でもある。したがって、これら2つのものからなるシーニュも当然ながら、実体として把握されるものではないのである。

　シニフィアンとシニフィエとの恣意的な結びつきによって生み出されるシーニュを起源として、さらに次の段階の恣意性が導かれる。それは、記号の意味や価値は、記号どうしの差異や対立の関係によって産出されるという考えに基づく。例えば「8時」という時刻は、その時刻の存在が昔からあったわけではない。1日を24等分したものを「1時間」と定め、1時、2時、3時……と順に時を刻んでいった結果、「8時」が生み出されたのである。7時、8時、9時……の各時刻は、それぞれの差異によってその存在価値が生まれる。〈8時〉という記号は、〈7時〉や〈9時〉などの記号との相対的関係のなかでその意味が生じるのであって、「8時」という固有の時刻の本質が存在していたわけではない。

## 3　記号論からみた「政治性」の射程

　記号のもっとも顕著な特性である恣意性に導かれた結果、恣意的な結び付きが前提であるにもかかわらず、産物としての諸価値や諸概念は、それらが絶対的な存在であるかのような必然性をおびている。記号どうしのつながりが、そもそも「勝手に」、つまり「恣意的に」為されたものであるということが忘れ去られ、記号と記号との結び付きによって生じた意味や価値が、あたかも固定的に備わったものであるかのような姿を見せる傾向がある。それは、ある特定の価値意識やものの考え方となって、私たちの思考を縛ったり、特定の方向に動機づける力をもったりする（すなわち「政治性」）。ここでいう「政治性」とは、政党政治における政治権力だけでなく、日常生活のコミュニケーション・プロセスを通じて生み出され、人を動かす力として捉えている。そのような力が、記号を媒介にして意味を創出する記号化と、受け手による読みの実践である記号解読とのせめぎ合いのなかで生み出されるとしたら、そのような政治性は記号の機能の分析によって明らかになるはずである。

　現実空間を画用紙にみたて、記号という筆によって現実が描かれるとしたら、そのような創造性は、記号の恣意性を源泉としているのだろう。記号によって創出された諸価値がうずまく現実空間のなかで、私たちが思考せざるを得ないのならば、現実に起こっている諸問題をことばの問題、すなわち、記号の問題として向き合っていく必要が生じてくるだろう。

（中西満貴典）

## VI 記号の力

### 3 記号から言説（ディスコース）へ

▷1 言説（ディスコース）概念は多義的である。例えば、ディスコース（discourse）は「談話」と訳されることがある。日常的に見聞きする表現である〈談話室〉や〈首相談話〉のように、いわゆる「話」を指し示す一般的な使用法がある。また、学問分野においては、それが使用されている文脈を言語学の対象として捉えるのか、それとも、社会的実践のレベルまで射程を拡張して探究（知／権力論の文脈で使用される「言説」（あるいは仏語読みの「ディスクール」））するのかの相異によって、言説（ディスコース）概念のニュアンスが異なってくることにも留意したい。マイケル・スタッブズ／南出康世＆内田聖二共訳（1989）『談話分析——自然言語の社会言語学的分析』研究社出版および、ミシェル・フーコー／中村雄二郎訳（1981）『知の考古学』（改訳版）河出書房新社を参照。

▷2 この言葉は、1977年の学習指導要領改訂の際に導入されて以来、今日に至るまで様々な文脈の中で散見される。

▷3 Fairclough, Norman (1989). *Language and Power*. Longman を参照。この概念は、"critical discourse analysis"（CDA）と呼ばれ、通例「批判的ディスコース分析」あるいは「批判的談話分析」と訳出される。

#### 1 言説空間の機能

記号から出発して、その特性（恣意性）をもとに、政治性や権力といった概念をことばの問題として扱っていくならば、言説（ディスコース）概念を避けて通ることはできない（以後、言説〈ディスコース〉は、言説と表記）。私たちは日常的に、対話を行なったり、紙面の活字に接したり、テレビを視聴したりする環境のなかで生活している。つまり、私たちは、様々なメディアに取り囲まれているといえる。そのようなメディアと私たちが接する次元（あるいは界面）は、記号と記号が織り成す空間であり、言説空間といえるものである。そこでは、記号と記号が衝突したり、ある特定の記号と別の記号との組み合わせ、つまり、諸実践が絶え間なく展開された結果、ある特定の記号が特定の情況においてある種の特権性が付与され支配的になることがある（ I-7 参照）。

上記のことを示す一例として、「ゆとり教育」を巡る議論があるだろう。「ゆとり教育」に関して支持・批判の両面から論議が交わされ、ある特定の時代や場面においては「ゆとり」ということばが強力になり、それと対立する概念やことば（例えば「詰め込み主義」）を駆逐してしまう勢いをもつこともあった。そのような情況下では、仮に、「『ゆとり教育』は虚構の概念であり、人びとはそのことばによって踊らされているだけだ」と言ったとしたら、たちまち非難を浴びることになるだろう。これが、まさに言説空間における権力性の現われといえよう。人びとにある特定の思考方式を促す力の源泉は、「真実」のなかにあるのではなく、優勢な言説のなかにあるとみなすことはできないだろうか。

ノーマン・フェアクラフは言説概念の枠組みを提出している。そのモデルは、言説の1つの見方を視覚的に捉えることを可能にしている。それは、社会的実践としての言語使用に焦点を当てて、テキストの要素を媒介させた言説観を示し、「テキスト」「言説」「社会文化的実践」の3つの次元を設定している（図VI-1参照）。そこでは、テキストは言説との対比において捉えられる。テキストは、社会的実践としての言説実践のなかで生まれた「産物」（話されたり、書かれたことば）として位置づけられる。一方、言説は、社会的相互作用の過程とみなされる。つまり、テキストが産物となる「テキスト生産」のプロセスと、反対に、テキスト自身が源になる「テキスト消費」のプロセスの両方を含んだものとして解される。それは、ある特定の考え方や価値観をともなったテキストの

産出である。例えば、新聞の社説などを書いて紙面に掲載する一連の過程がテクスト生産であり、反対に、そのような社説文を、読者がもち合わせている知識や経験や偏見などをもとにして、ある特定の観点から読むという行為がテクスト消費である。そして、特定の場面や時期に実践されるテクスト生産・消費を実現可能にしている環境や条件といったものが、まさに図Ⅵ-1の言説領域（DISCOURSE）を取り囲んでいる社会文化的実践の空間（SOCIOCULTURAL PRACTICE）である。▷5

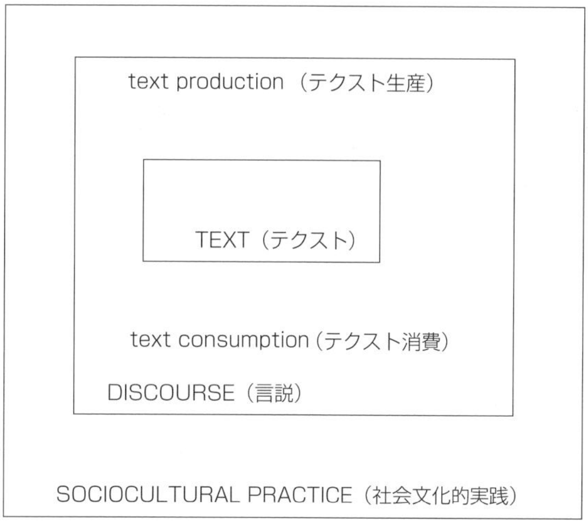

### ❷ 記号論からみた言説概念

さて、記号論の観点から上記の言説のモデルをどのようにみることができるのだろうか。記号の恣意性から導かれる命題（記号の意味や価値は、記号どうしの差異の体系から生み出される）に従えば、鍵となる概念は「生産・消費のプロセス」である。テクスト生産は、他のテクストを直接的または間接的に参照したり引用したりすることで為されるとしよう。また、テクスト消費（読みの実践）は、受け手や読み手がすでにもち合わせている諸々のテクストを参照することによって解釈し、そのつど意味を産出するとしよう。そうであるならば、テクストの意味や価値は、テクストどうしの差異の体系において生み出されるといえよう。その種の差異の体系は、テクストの生産・消費の動的なファクターを組み込むという観点によって提示される。記号間の差異のシステムによって言語体系が作られるように、テクストどうしの差異のシステムによって言説（DISCOURSE）が生み出されるとしたら、言説間の差異のシステムによって社会文化的実践（SOCIOCULTURAL PRACTICE）が生み出されるとみることが可能であろう。また、反対に、記号によって表出された意味が固定的であるかのようにみられるのと同様に、諸テクストによって産出された言説が絶対的な装いをおびて、その言説が起源となって特定のテクストを産出したり、さらには、諸言説によって産出されている社会文化的実践が慣行として固定化され、特定の言説実践（テクスト生産・テクスト消費）を生むことにつながることも同時に念頭に置くべきであろう。このように、記号の特性を、ミクロな次元で適用するだけでなく、言説や社会文化的な場面といったマクロな領域にも広く援用し、社会の問題を言説の問題、つまり、ことばによって織り成される力学の問題としてみなすことができるだろう。そのようなダイナミックな動きの相は、記号論的観点からテクストの生産と消費の過程を読むことによって浮かびあがってくるのである。

（中西満貴典）

**図Ⅵ-1 批判的ディスコース分析の枠組み** ▷6

```
┌─────────────────────────────┐
│  text production（テクスト生産）  │
│   ┌─────────────┐           │
│   │  TEXT（テクスト）│           │
│   └─────────────┘           │
│  text consumption（テクスト消費）│
│  DISCOURSE（言説）              │
│                                 │
│  SOCIOCULTURAL PRACTICE（社会文化的実践） │
└─────────────────────────────┘
```

▷4 ここでの「テクスト」概念は、Fairclough (1989: 24)を参照。これとは別に、ロラン・バルトのテクスト概念も示唆に富む。ロラン・バルト／花輪光訳 (1979)「作者の死」『物語の構造分析』みすず書房、79-89頁。

▷5 それは、必ずしも言語化されているとは限らない諸実践が当てはまる。例えば、ビジネス場面でのメール文の書き方を規定するもの（反対に、そのようなものとして読むという読み方そのものを定めているもの）であり、それは、慣行という形で縮約できる概念であり、公私を問わず広く私たちの日常生活に入り込んでいるものである。

▷6 図Ⅵ-1は、フェアクラフの著作より引用。Fairclough, Norman (1995). *Media Discourse*. E. Arnold, p.59。原著の図のタイトルは、'A framework for critical discourse analysis of a communicative event'である。

## VI 記号の力

## 4 レトリックとしての記号

### 1 レトリックとは何か

　日常の言語生活において，私たちはレトリックというものに無意識ながら大きく依存している。ものを考えたり，「現実」を認識したり，あるいは「現実」を切りとったりするといった日ごろの**精神活動**や，人とのコミュニケーションの場面においても知らずにレトリックを使っている。例えば，「週末にはお花見に行こう」(＝桜の花を見に行く)，「柔道の腕前は黒帯だ」(＝有段者である) など，それらを，改めてレトリックだとは意識しないまま使用している場合が少なくない。このように，ある行為や人の特性を形容したりして，私たちの認識の空間を構成する，言語表現のたぐいが存在していることは容易に想像されよう。

　レトリックは，もともと，弁論術としての顔をもっていた。直接民主制であった古代ギリシャにおいて，政治権力を求めて民衆への主張の訴えが弁論によって為されただけでなく，民衆裁判の場において，弁論の巧拙が生死を分けるほど，弁論は実利的側面を帯びていた。レトリックは学問の対象というよりもむしろ，生活の知略としての弁論術であった。しかし，帝政ローマを経て中世に入るとレトリックはもう1つの側面である，美しく，かつ巧みな表現に関する教養教育，すなわち「修辞学」としての装いとともに，その後長く生き続けてきた。では，教養人たちの生活に広く浸透し歴史性をもつレトリックを，コミュニケーションの観点から注目することの意味はどこにあるのか。また，レトリックは記号とどのように連関しているのだろうか。

### 2 「戦術」としてのレトリック

　ミシェル・ド・セルトーは，強者（権力者）が布置する仕組みを「戦略」として位置づけ，それに対抗する弱者が講ずる技巧を「戦術」としてみなし，レトリックを典型的な戦術の1つの形態として捉えている。その戦術としてのレトリックの機能とは何か。私たちの言語生活を司ることばの体系としての言語（ラング）の場において，戦術としてのレトリックの働きがみられる。文法や慣用的な言い回しなど，様々な制約のもとにことばの使用法が定められている文法体系などの言語システムにおいて，ちょっとしたスキをついて，ことばの意味をずらしたり，ことば遊びをしたりすることばの使用上の柔軟性が日常的にみられる。このように，体制としての言語の場に対して働くことばの機能とし

▷1　**精神活動**　「現実」を認識したり，「現実」を切りとるということの意味は，事物を捉える際に，何かにたとえてその対象物を理解しようとしたり，連続的なものを区分すること（例えば，日曜日，月曜日，火曜日というように連続的な時の流れを分割すること，すなわち，切りとること）を指す。精神活動は，そのような行為を総称したものとしてみなすことができる。

▷2　近代に入ってからレトリックの存在は，次第に薄れていき，実証主義科学が支配する20世紀の半ばには，レトリックはほとんど死にかけていた。ところが，1960年代になって，首の皮一枚でつながっていたレトリック概念，すなわち，転義的比喩の1つである〈メタファー〉を新たな起源として蘇生しはじめた。

▷3　ミシェル・ド・セルトー／山田登世子訳(1987)『日常的実践のポイエティーク』国文社 (*L'invention du Quotidien. 1. Arts de Faire*, 1980)，24-28頁を参照。

▷4　ラング (langue) はパロール (parole) との対比によって理解されよう。ラングは体系（あるいは制度）の概念として捉えられ，まさに文法体系がそれに相当する。一方，パロールは，ラングによって生み出された個人が行なう具体的な言語行為を指す。

てレトリックをみることができる。▼5

　また，上記のように，言語システムそのものに対して働きかけるレトリックではなく，人を勇気づけたり，だましたり，説得したりする日常的行為にみられる戦術としてのレトリックの機能もある。このように戦術としてのレトリックの位置づけが可能になるならば，それは単に美辞麗句やことばの綾としてみるのではなく，人びとに宿っている偏見や価値意識など「社会」についてのイメージに対して，より積極的に介入するための知として，その地位が定められることになろう。このようなレトリック観に立てば，送り手が受け手にメッセージを曇りなく伝達することができるという前提に立って，その効率的な方法を求める単純なコミュニケーション・モデル（またはコミュニケーション学）そのものが，批判の対象になってくる。

### ３ 記号とレトリック

　コミュニケーション・プロセスを問題にして，レトリックの働きを考察する際に，「記号」概念へ介入することの意義について考えてみよう。それは，記号を事物や概念を指し示すものとしてみる古典的記号観ではなく，記号どうしの差異の体系からある特定の意味や価値を産出するといった記号観（構造主義的記号観）に依拠している。

　戦術としてのレトリックの働きに対して，そのような記号概念を当てはめればどのような議論が可能となるだろうか。そもそも，個々の発話は，レトリックの戦術としての働きの場である言語体系によって生み出されたものである。ところが，個々の発話において使用される１つひとつの言語記号は，恣意性を基本的な特性としているので，その意味生成は差異のシステム内での緊張状態におかれている。天国／地獄の対立図式は，実際に天国や地獄が存在しているかどうかは不問に付し，その２つの項が対立的な緊張関係にあることで，それぞれの記号の意味や価値が生じているのである。この図式を利用することで，ある特定のユートピア世界の存在を提出し，人びとの信心を特定の言説に向かわせる力さえ帯びてしまうのである。しかし，何と何が対立するのかは予め決まっていない記号の恣意性によって構築された言説の場は絶対的なものではない。ことばの使用法の技巧，つまり，レトリックによって記号どうしの対立図式は，解体されたり，（再）構築されることの可能性をはらんでおり，言説の支配関係を反転させることさえ可能であろう。ことばの機能が，対象物を文字通りに言い表わすものとしてだけではなく，**意味の拡張機能**としてのレトリック▼6に注目すれば，記号どうしの結び付きは決して固定的なものではなく，解除したりすることもできるだろう。記号が，「真実」や「知識」を生み出し，ことばの幽霊として人間に憑りついてしまうのであるならば，ことばの呪縛から解放する方途としてのレトリックの機能に着目することが望まれる。（中西満貴典）

▷5　有名な文句をもじって，似た発音の語句を使用してまったく意味を変えてしまう駄洒落の一種でもある地口（じぐち）がある。例えば，日本昔話の「舌きり雀」から「着たきり雀」（スズメが１年中羽の色が同じことから，いつも同じ服を着ている人を指す）が作られる。また，「竹やぶ焼けた」のように，上から読んでも下から読んでも同音である回文も，言葉遊びとして広くレトリックの機能と捉えることができる。このように，言語の定まった使用法の１つである成句の音を少しだけ変えて一気に別の表現を提示したり，読み方の順序を変えても同音が生じる遊戯などの事例は，体制の規則に対してある程度従いながらも，体制側（例えば，言語的な規則によって覆われた言語体系であるラング）の本来の意図から逸脱していくものである。

▷6　**意味の拡張機能**　例えば，「霞ヶ関」と言えば東京都のある地名を指すだけでなく，官僚機構を暗示するように，意味の拡張や転用がみられる言語の働きを指す。

## VI 記号の力

## 5 記号としての場所

### 1 思考を支配する特定の語彙

ウヴェ・ペルクゼンによれば，現代は単に言語のモノカルチャー化（文化の画一化）が進んでいるだけでなく，ある特定のことばによる言説の場の支配が進行しているようだ。そのような語彙は，プラスチック・ワードと呼ばれ，公私を問わず，いたるところで見出すことができる。例えば，〈アイデンティティ〉〈発展〉〈情報〉などのことばをはじめ，本書でも使用する〈コミュニケーション〉のような語は，その正確な定義を拒み，日常生活のなかに蔓延し，私たちを概念の牢獄に幽閉し，思考を支配しようとするものでもある。例えば，〈発展〉という語は様々な文脈のなかで現われ，常に肯定的な意味を帯びて私たちに接近してくる。「将来の発展のために」と言われるとそれに逆らう思考は萎縮してしまう。そもそも「発展とは何か」という根源的問いを発すること自体が許されなくなってしまうのである。

そうであるならば，私たちは，このようなことばとどのように付きあえばよいのであろうか。プラスチック・ワードは，その性質上，様々なジャンルに顔を出して，ある特定の事象と特定の意味を結び付ける。〈コミュニケーション〉という語は，ある文脈では社会学上の用語であり，別の文脈では英会話を指すこともある。多くの人が，その種の語の明確な定義を共有しないまま，日常的な場面において，それが何か良いもの，あるいは肯定的なことを表わすものとしてなんとなく使ってしまう言語実践が生み出される。そのような場において，聞き手（読み手）もそれほど抵抗なくその語を受け入れてしまう情況は，言説の場が支配されていることを表わしているのである。

### 2 場所と空間

ミシェル・ド・セルトーによれば，〈場所〉と〈空間〉は次のように区分けされる。場所とは，諸々の要素が配置されている秩序のことであり，いわば物体としてのあり方を示し，「適正か否か」の法則に従う。つまり，それは体制や準拠枠や規則などを指し，ある特定のものの考え方や価値意識を生み出す源泉であるといえる。他方，空間は，場所に方向のベクトルや速度や時間の変数を導入した概念であり，動くものが交差するところである。つまり，様々な実践が行なわれる営みの次元に相当する。例えば，記号のシステムが作り出した言語

▷1 ウヴェ・ペルクゼン／粕谷啓介訳（2007）『プラスチック・ワード——歴史を喪失したことばの蔓延』藤原書店。
▷2 プラスチックという名のとおり，可塑性に富み，アメーバーのように大きさや形を変え，同じ言葉でも様々なジャンルにその姿を現わすことを特徴とする。
▷3 ミシェル・ド・セルトー／山田登世子訳（1987）『日常的実践のポイエティーク』国文社（*L'invention du Quotidien. 1. Arts de Faire*, 1980), 242-245頁を参照。
▷4 ここでいうところの「実践」は，読んだり話したりするような言語的な行為だけでなく，経済的な活動や慣習的な行為などありとあらゆる社会的な振る舞いを指す。それは，ものを為したり，思考したり，語ったりする技であり，意味を生む諸実践である。このような「実践」を探究する記号論は，記号によって構築された言語体系や，「科学的」な言語によって提示される理論を，自明なものとして無批判に受け入れてしまう姿勢と正反対の立場をとる。むしろ，そのような理論や言説に対して批判的に向き合い，場合によっては一見したところ堅固な構造の矛盾を突き，それを転覆する可能性を内包するものであり，そのような志向性こそが記号論のめざすも

体系は、〈場所〉であり、「書かれたもの」を読む行為、あるいは発話行為などは、〈空間〉のなかに実践の形で現われたものである。

　では、記号論の観点から、空間において重要な要素となっているこのような実践の概念をどのように捉えることができるのだろうか。エルネスト・ラクラウとシャンタル・ムフは、「節合（articulation）」という概念を提案し、それを実践と結び付ける。日常生活において私たちは、様々な節合的実践を行なっている。節合的実践は、ある規則に従うことによって、あるものと別のものをつなぐだけでなく、反対に、結合したものをばらばらにしたり、再びつないだりする可能性をはらんでいる。

　ある特定の価値観を産出する固有の場において、特定のものの考え方が支配的になることがある。節合概念でいえば、ある行為とある意味との結び付きは、予め決定された結び付き（不変の価値観）であるとはいえないにもかかわらず、そうとしか考えられないような場合がある。例えば、捕鯨行為を残虐な行為としてみなす見解などがそうである。それは、固有の場所と時代において、特有の「優先的な読み」が促された結果であって、その結びつき、つまり〈捕鯨＝残虐〉は解体される可能性が宿っているはずである。そうであるならば、ある特定の見方が支配的になっている場の情況を反転させる可能性を見出す諸実践に着目することが求められてくる。節合的実践は、支配的な〈場所〉の構築に関与するだけでなく、反対に、それを解体する諸実践、つまり〈空間〉における実践にも関係するため、場所と空間のそれぞれにおける諸実践に注目する必要が生じてくるのである。

## ❸ 特定の言説が支配する〈場所〉への介入

　上述の空間や場所において、私たちが日常で使用する言語の役割は、どのようなものになるのだろうか。すでに空間と場所の違いを視野に入れたならば、ことばがそれぞれの位相において、どのような働きをするのかを思い描くことはさほど難しくない。それは、言語の個々の具体的な働きよりもむしろ、言語のもつ実践的な可能性に対する関心に連なるものである。

　ミハイル・バフチンによれば、言語は、人間の関与によって産出された個々の具体的な言表のなかでその姿を現わすと仮定される。それによれば、対話の場面において、聞き手は話し手によって為された話の意味を理解しようすると同時に活発な応答をするのである。つまり、聞き手が、即、話し手になるのである。それは読みという消費が、同時に生産を意味することでもある。私たちには、このような視角から、硬直した言説が支配する〈場所〉に切り込んでいくことが求められよう。様々な意味が生み出される〈空間〉において、節合的実践の個別の事例を取り上げて検証することが、固定化された〈場所〉の情況を転換する方途を見出すことにつながるはずだ。

（中西満貴典）

のである。ジュリア・クリステヴァ／原田邦夫訳（1983）『記号の解体学——セメイオチケ1』せりか書房、なども参照されたい。

▷5　エルネスト・ラクラウ＆シャンタル・ムフ／山崎カヲル＆石澤武訳（1992）『ポスト・マルクス主義と政治——根源的民主主義のために』大村書店。

▷6　用語（articulation）に対して「接合」ではなく、「節合」の訳語が使用されるのは、そのつなぎ方が固定的なものではなく、いわば、関節をつないだりはずしたりするような結び付き方を想起することが妥当であるからである。

▷7　Hall, Stuart (1980). "Encoding/decoding." In Stuart Hall (ed.), *Culture, Media, Language: Working Papers in Cultural Studies, 1972-1979*. Centre for Contemporary Cultural Studies, University of Birminham, pp. 128-138.

▷8　Bakhtin, Mikhail (1986). "The Problem of Speech Genres." In Caryl Emerson & M. Holquist (eds.), *Speech Genres and Other Late Essays*（V. W. McGee, trans.）. University of Texas Press, pp.60-102.

▷9　バフチン研究者のマイケル・ホルクウィストによれば、バフチンの用いる〈言表〉（つまり、ダイアロジズムでの言表）は、ソシュール的〈発話〉とは違って、常に先行する別の言表によって拘束される（条件づけられる）と同時に、逆に、それを限定するという〈応信性（宛名性）〉（addressivity）を有するとされる。マイケル・ホルクウィスト／伊藤誓訳（1994）『ダイアローグの思想——ミハイル・バフチンの可能性』法政大学出版局。

## VI 記号の力

### 6 自分（たち）と他者の境界を形成する記号

#### 1 「現実」の意味

「現実」とは，いったいどのような概念であるのか。ひと口に「現実」といっても，私たちは，その〈現実なるもの〉を直接的に捉えて，それを第三者に正しく伝えることはできない。例えば，2008年5月12日に，中国四川省で発生した大地震を取り上げてみよう。そのあらましは，マス・メディアによって連日報道され，「四川大地震」と命名された。テレビに映った画像や被害者の声やレポーターによる実況報道，あるいは新聞記事や写真などを通して，現地の様子，つまり「現実」が伝えられようとする。では，その地震の本当の姿を私たちは把握することができたのであろうか。私たちが知り得ることとは，マスコミ報道やことばといったメディアによって媒介されたものである。その結果，頭のなかでイメージとして浮かび上がってくるもの，それが「現実」を形作っているのである。極端なことを言えば，その地震が実際に起きたかどうかの判定さえも，私たち自身にできることではないのである。

一方，身の回りにある机や部屋，車や建物などは，ことばなどの媒体によらず物理的に触れることのできる「現実」の一部であることは否定できない。しかし，自ら歩み寄って接することができないものの方が多く，私たちはそうした「現実」のなかで生きている。そのような「現実」は，常に言語記号によって媒介され，表象の次元で立ち現われてくる。ことばを中心としたものだけでなく，映像や写真や音声など意味を生み出すための媒体として機能するものすべてを記号概念としてより広く捉えれば，〈現実なるもの〉が記号によって切りとられたり，作られたりするのだということがわかる。

#### 2 「現実」を遠ざけることばの働き

上記の現実論は，森常治の言を借りれば，「ことばはいったん世界を消し，その後あらためて世界を提出し，表現する」と要約される。ことばによって新たに提示される世界（現実）に，私たちは無媒介に接することができないのだ。その意味で，ことばは実際の出来事や実在物を人間から遠ざけてしまう。

ケネス・バークは『文学形式の哲学』の中で，「人間とは何か」という問いを立て，人間に関する5つの定義を提示している。定義第1条で，「人間はシンボルを使用する動物である」とし，第3条で「自分自身が作った道具によって本

---

▷1 メディアを通じて四川大地震に接する側の私たちではなく，地震の被災者自身が身をもって体験する，ことばにならない恐怖や生体的な反応なども「現実」といえるものであろう。

▷2 ある特定の事物（例えば，自分が住んでいる家）は，ことばを介在させなくても物理的に実在していることを認識することが可能であろうが，その物自体を記号化して第三者に伝達することはできないだろう。記号化したとたんに「家」は表象レベルで現われてしまい，その物質性は削がれてしまうからである。物自体の認識不可能性については，イマニュエル・カント／篠田英雄訳（1961）『純粋理性批判（上）』岩波書店の「先験的感性論」（第一節 空間について）89-97頁を参照されたい。

▷3 森常治（1979）『ことばの力学』講談社，68頁。ここでいう「世界」は，「現実」と読み換えることが可能である。

▷4 ケネス・バーク／森常治訳（1974）『文学形式の哲学』国文社，99-119頁を参照。残りの条文は次のように示される。第2条「人間は否定形の発明者である」。第4条「人間は階位・階層の精神に追い立てられる動物である」。第5条「（人間は）完全主義（エンテレキーの原則）にすっかり『いかれている』者，で

来の自然的状態から隔離されているのが人間である」と述べている。バークは，「我々が現実と呼んでいるものの圧倒的大部分はじつはすべて我々のシンボル組織を通して作り上げられたもの」だと言っている。バークの洞察は，私たち自身と他者を分ける記号の働きについて考えるための手がかりを提示している。この観点に従えば，私たちはことばによって自らと「現実」をつなぐことができるどころか，それとは反対に，ことばの働きそのものによって，かえって「現実」から遠ざけられてしまうことになるのだ。

### 3 自己／他者を分節し他者を遠ざける境界への介入

一見して，記号は，「現実」を把握したり，他者を理解したりすることに役立つ道具のようにみえる。しかし，実際のところ，上述のように，記号は，新たな「現実」を創出して，実存していると思われる出来事や事物そのものに近寄ることを阻む。さらに，読み手は，理解の対象として設定した他者に対して，創造的な（あるいは独断的な）読みの実践を通じて，他者そのものに接近する（他者を理解する）ことが阻止されてしまうのである。

視点を変えて，自らと他者を隔てる関係を，身体論の観点からみることもできる。それによれば，人間の身体は身の回りの世界（あるいは現実）に対して五官を通して感覚的に反応しあって，自らの存在や位置を確認するのである。例えば，冬期に外出して寒気に触れると，寒さで身震いする身体が提示される。また，好きな人の前に立つと，胸がときめく自分を見出したりする。つまり，外界であれ人であれ，相手と接して生理的あるいは感情的に感応し，相互に分節しあう関係が示されるのである。ここでいう自己の分節とは，自分の身体が他者との関係において，「わたし」という主体に変換されることである。他方，自分以外の事物や人の分節は，その実在や身体を他者として位置づける作用を意味している。

悟性に基づいた言語的実践であろうと，感性に基づいた身体的実践であろうと，記号化という実践によってイメージとしての対象が生み出されると捉えることができる。この対象は，あくまで表象レベルのものであり，記号化されたもの，すなわち言語化されたもの，さらには言説となって固定化されたものになるだけでなく，身体を媒介して立ち現われる外界の姿や他者像を含んでいる。この記号作用を通じて，自己／他者（主体／客体）の対立図式が示され，私たち人間は棲息をし，かつ（文化的）生活を営んでいるのである。そのような境界が硬直化して不都合が生じるならば，元は記号作用の産物であるゆえに，再び記号が介入して，それを取り壊し再編することが可能なはずである。このような可能性の探究こそ記号論の本務であろう。記号論の作業を通じて，言説実践の交錯する社会や現実へのアプローチの仕方が提示されるのである。

（中西満貴典）

▷5 後段で言い換えがされており，「人間は，シンボルを使い，シンボルを作り，シンボルを誤用する動物」と定義し直されている。
▷6 バーク（1974：101）を参照。
▷7 バーク（1974：101-102）を参照。また，原著（*The Philosophy of Literary Form*）が1941年に刊行されたことを考えると，いわゆる構造主義思想が立ち上がる20年も前に，このような言語論的転回以降の洞察を提示していたことは注目に値する。
▷8 かぎ括弧付きの「現実」は，言葉を媒介して立ち現われる現実像であるといえる。記号化された実際の出来事は，私たちの目の前に姿を現わして限りなく近づいてくるかのようにみえるが，それはあくまでも像にすぎないのだ。先に例示した四川大地震での実際の無数の断片の1つを，仮に言語化してメディアを通じて伝達したとしても，1つの断片でさえ言語化できない無数の実在が残るのだろう。
▷9 他者は，構築された他者像としての「他者」として立ち上がってくるため，括弧でくくって表記すべきであろうが，煩雑を避けるため括弧無しで表わしている。
▷10 市川浩（1997）『〈身〉の構造──身体論を超えて』青土社．

## VI 記号の力

# 7 記号の消費

### 1 消費社会と記号

何かを衝動買いしたり，購入後すぐに使わなくなったりして，後悔した経験は誰にでもある。しかし，そもそも人は何のために消費をするのだろうか。私たちの消費行動は，生活必需品の充足や「生活を便利にする」「仕事に役立つ」といった効用性の原則からは，説明しきれないように思われる。

こうした疑問について示唆に富む考察をしたのが，フランスの思想家ジャン・ボードリヤールである。ボードリヤールによると，現代社会は，労働や生産ではなく消費に特徴づけられた消費社会である。無論，消費自体は昔から行なわれてきたが，現在では「消費される物になるためには，物は記号にならなくてはならない」[1]。つまり，私たちが物を消費するのは，それが必要だからではなく，何らかの意味をもつからである。前者の使用価値と後者の記号的価値を厳密に区別できないところに，現代社会の消費の特異性があるのだ。

もっとも，消費財や消費行為が意味をもつのは，決して新しい現象ではない。例えば，富裕層が実用性に乏しい贅沢品を次々と購入することで，自身の社会的地位や財力を誇示することは，昔から見られたことである。しかし，ボードリヤールは，特定の階層に限られた（それ故に希少価値をもつ）見せびらかしの消費を象徴交換と呼び，記号の消費とは区別する。記号としての物は，社会の階層構造や物自体の価値とは無関係に，コード化された差異として消費されるからである。この点で，ボードリヤールは，言語を恣意的な差異の体系と捉えるソシュールの言語論の影響を受けている。つまり，語の意味が，実在する物ではなく他の語との関係性によって決まるように，物／記号の消費も差異のシステムの中で意味をもつのである。そのため，例えば，ミニスカートもロングスカートもデニムパンツも等しく女らしく着こなすことができる。差異のシステムとしての記号は自律的であり，記号を組み合わせることで，絶えず意味を変更することができる。記号の操作により消費は「体系的で無限定のプロセス」[2]となり，それが飽くことのない消費への欲望を産み出すのである。

### 2 記号としての個性

記号／物の消費は関係性において意味をもつため，消費は他人との違いを示す自己表現となる。逆説的ではあるが，「消費者の『個性』は，モデルからの逸

[1] ジャン・ボードリヤール／宇波彰訳（1980）『物の体系』法政大学出版局, 246頁。

[2] ボードリヤール（1980：252）。

脱によってではなく，モデルからの微細な差異（バリエーション）によって表現される」のである。流行のスマートフォンに拒否反応を示すのではなく，それを購入して，インストールするアプリの組み合わせや「デコ電」と呼ばれるカバーの装飾に工夫を凝らすことで個性を表現するのがその一例である。

　記号／物の消費を通した自己表現は，消費による個性の確立や個人の嗜好に合わせた消費とはまったく異なる。それは，消費社会では市場に流通する物を消費することでしか自分らしさを実感できないことを意味するからである。つまり，消費者は自分にふさわしい商品を自由に選んだつもりでも，その選択は実際には「差異化の強制やある種のコードへの服従」にすぎないのである。

### 3 ボードリヤールの消費社会論再考

　ボードリヤールの消費社会論は，日本では80年代前半に受容され，記号の戯れを重視するポストモダン思想の流行もあり，バブル経済全盛期に起きた消費論ブームを牽引することになる。バブル崩壊後，消費を巡る論調は様変わりし，最近では，収入はあるのに消費を控える「嫌消費世代」の増加が指摘されたり，消費社会から「脱消費社会」「格差社会」「ポスト消費社会」への転換を謳った書籍が次々と刊行されている。たしかに，デフレ経済下の消費低迷が続く現在の日本社会で，消費を極言まで押し進めることに権力を揺るがす可能性を見出したボードリヤールの抵抗戦略が有効だとは思えない。

　しかし，ボードリヤールの消費社会論を時代遅れと切り捨ててしまうのは早計だろう。例えば，ボードリヤールは，消費行為が規範的性格をもつことに注目したが，それは，人びとを何よりもまず消費者として位置づけ，貧困層を「欠陥のある消費者」として問題視する傾向が強い現在においてこそ，有効な見方だといえる。2001年9月の同時多発テロ後，英米の両首脳が，消費をすることが，経済の活気を保ち，テロに屈しないとのメッセージとなることを力説していたが，それは現代社会における消費の規範的側面を雄弁に物語っている。

　また，消費社会論が初期の著作で展開され，その後，ボードリヤールの関心が，社会における記号の支配全般に移行したことも見逃せない。例えば，1975年刊行の『象徴交換と死』で，ボードリヤールは，現実そのものが記号化されたシミュレーションの時代として現在を描き出した。そこでは，消費だけでなく，労働や生産も記号化され，「非労働・消費・コミュニケーション等々と代替可能な項としてのみ機能」している。同書が書かれた時期よりも，メディアやテクノロジーが格段に発達し，対人関係や情報管理などの「コミュニケーション的な労働」の重要性が増す現在において，私たちの生活や現実はよりいっそう記号化されている。ボードリヤールの著作は，記号が支配する社会への批判精神に貫かれていたが，その問題意識は今でもアクチュアリティをまったく失っていないのである。

　　　　　　　　　　　　　　　　　　　　　　　　　（師岡淳也）

▷3　矢部謙太郎（2009）『消費社会と現代人の生活——分析ツールとしてのボードリヤール』学文社，38頁。

▷4　ジャン・ボードリヤール／今村仁司＆塚原史訳（1979）『消費社会の神話と構造』紀伊國屋書店，68頁。

▷5　間々田孝夫（2005）『消費社会のゆくえ——記号消費と脱物質主義』有斐閣，81頁。

▷6　松田久一（2009）『「嫌消費」世代の研究』東洋経済新報社。

▷7　例えば，三浦展＆上野千鶴子（2007）『消費社会から格差社会へ——中流団塊と下流ジュニアの未来』河出書房新社や辻井喬＆上野千鶴子（2008）『ポスト消費社会のゆくえ』文藝春秋があげられる。

▷8　ジャン・ボードリヤール＆吉本隆明＆塚原史（1995）『世紀末を語る』紀伊國屋書店，79頁。

▷9　ボードリヤール（1979：234）。

▷10　ジグムント・バウマン／伊藤茂訳（2008）『新しい貧困——労働，消費主義，ニュープア』青土社，212頁。

▷11　ジャン・ボードリヤール／今村仁司＆塚原史訳（1982）『象徴交換と死』筑摩書房，28頁。

▷12　クリスティアン・マラッツィ／多賀健太郎訳（2009）『現代経済の大転換——コミュニケーションが仕事になるとき』青土社，39頁。

▷13　塚原史（2008）『ボードリヤール再入門——消費社会論から悪の知性へ』御茶の水書房，15頁。

# VI 記号の力

## 8 比喩と認識

### 1 比喩の日常性

古代ローマのレトリック教師クインティリアヌスは,『弁論家の教育』のなかで比喩を「語句を本来の意味から別の意味へと芸術的に転用すること（トロープ）」と定義した。この定義の前提には,語句には本来の意味があり,比喩は原義から逸脱した修辞技法であるという考えがある。これは,現在でも一般的な比喩の理解であろう。

しかし,私たちの日常言語は比喩に溢れている。「机の足」や「網の目」といった表現は身体用語の転用であるし,「甘い考え」や「苦い経験」といった普段何気なく使っている表現も,実は比喩である。また,比喩は単なる言葉の綾ではなく,思考や行動とも密接にかかわっている。ジョージ・レイコフとマーク・ジョンソンが指摘するように,議論を巡る表現の多くは「議論は戦争」という隠喩（メタファー）に貫かれており,それ無しでは議論をしたり,議論について語ったりするのが困難なほど,戦争の隠喩は私たちの思考や行動に浸透しているのである。

### 2 4つの支配的な比喩

比喩の分類の仕方は様々だが,ここではケネス・バークの主著『動機の文法』の補遺に収録されたエッセイ「4つの支配的な比喩」を紹介する。比喩を隠喩,換喩（メトニミー）,提喩（シネクドキ）,アイロニーに分類すること自体はバークの創案ではなく,18世紀にはすでにイタリアの哲学者ヴィーコが「喩はすべてこれら四つに還元される」と記している。

バークの独自性は,4つの支配的な比喩を認識論として再提示してみせたところにある。表VI-1にあるように,4つの比喩にはそれぞれ対応する語があり,認識手段としての各比喩の働きを表わしている。4つの比喩は機能的に重複する部分も多いが,それぞれの特徴を簡単に見ていこう。

(1) 隠喩:あるものを別のものを通して見ることを隠喩と呼ぶ。「4つの支配的な比喩」には隠喩に関する詳しい記述はないが,これは他の比喩にも隠喩の要素が含まれているからであり,バークは隠喩を最も基本的な比喩と捉えている。

表VI-1 4つの主要な比喩

| 1. 隠喩 | 視点 | 3. 提喩 | 表象＝代表 |
|---|---|---|---|
| 2. 換喩 | 還元 | 4. アイロニー | 弁証法 |

▷1 『弁論家の教育（*Institutio Oratoria*)』は全12巻から構成されるが,2010年末現在,5巻までしか邦訳されていない。比喩は第8巻で詳細に論じられており,ここではインターネットで無料公開されている英語訳を参照した。
http://penelope.uchicago.edu/Thayer/E/Roman/Texts/Quintilian/Institutio_Oratoria/home.html

▷2 ジョージ・レイコフ＆マーク・ジョンソン／渡部昇一＆楠瀬淳三＆下谷和幸訳(1986)『レトリックと人生』大修館書店,4-7頁。

▷3 ケネス・バークは,米国の哲学者・理論家・批評家で,邦訳もされている『動機の文法』を含め,レトリックをテーマにした優れた著作を数多く残している。

▷4 Burke, Kenneth (1969). *A Grammar of Motives*. University of California Press.

▷5 ジャンバッティスタ・ヴィーコ／上村忠男訳(2008)『新しい学 2』法政大学出版局,53頁。

物事の認識は何らかの視点を必要とするが、隠喩は本来は違うものを結び付けるため、しばしば不調和が生まれる。この不調和を通した展望が、慣れ親しんだ見方を異化し、複眼的な視点から物事を見直す可能性を切り開くのである。

(2) 換喩：バークは換喩を定義していないが、ある存在物を使って、それと関係する他の存在物を示すというレイコフとジョンソンの説明に近い。バークによると、換喩の基本的な役割は、精神の物質への還元である。生理心理学者が心拍数や発汗などの体の作用によって心の作用を測ろうとするように、形の無い内面を言語で表現するためには、知覚可能なものを示す用語を使用しなければならない。バーク流の言い方をすれば、「感情（emotion）」は肉体的な「動き（motion）」に還元されて初めて把握できるのである。

▷6 レイコフ&ジョンソン（1986：53）。

(3) 提喩：「部分で全体」または「全体で部分」を代表＝表象（リプレゼンテーション）すること。スポーツ界では肉体、学問分野では頭脳、職人の世界では手腕といった具合に、領域によって異なる身体の部位が提喩的に強調されるが、そこには各領域で重視される人間の技能に対する見方が反映されている。

また、部分が全体を表わす提喩は、聴衆への説得力が最も要求される比喩でもある。例えば、住民運動における「住民の声」は、特定の人たちが全体の総意を代表している点で提喩であり、運動が実を結ぶためには、彼らが正当な代表者であることを住民に納得してもらう必要がある。

(4) アイロニー：矛盾する視点の相互作用を通して、新しい見方を喚起することをめざす点で、アイロニーは弁証法的である。「文化産業」（Ⅴ-4）という用語は、アイロニーの代表的な例である。アドルノとホルクハイマーは、文化と産業という対立関係にある語を1つの表現として使うことで、文化に対する常識的な見方を揺さぶり、文化を工業製品のように規格化し、人びとの意識を画一化する社会の病理を浮き彫りにしようとしたのである。

▷7 アクセル・ホーネット／宮本真也訳（2000）「世界の意味地平を切り開く批判の可能性——社会批判をめぐる論争における『啓蒙の弁証法』」『思想』913号、19頁。

## 3 「オキナワン」という呼称

バークの「4つの支配的な比喩」は、現実の認識には何かしらの視点が必要であり、物事をあるがままに見ることができないことを示している。言葉は、人間と世界を隔てる「スクリーン」のような役割を果たすため、常に現実の「選択」であり、「偏向」なのである。その意味では、比喩こそが言葉の本来の意味と考えることもできる。

客観的な物事の認識が不可能だということは、認識が常に変化に開かれていることを意味する。ハワイ在住の沖縄出身移民には、自らをジャパニーズではなくオキナワンと呼ぶ人たちがいる。それは、沖縄を日本の一地方に還元することへの象徴的抵抗であるといえる。表現の仕方を変えることは、ものの見方を変えることであり、それは世界のあり方を変える契機となるのである。

▷8 Burke, Kenneth (1966). *Language as Symbolic Action: Essays on Life, Literature, and Method.* University of California Press, p. 45.
▷9 宮代栄一&小川雪「オキナワン　地域文化越え世界へ」『朝日新聞』（2008年11月16日付）27頁。

（師岡淳也）

## VI 記号の力

## 9 現実に先立つ記号

### 1 操る記号

　私たちは記号を使いこなしているだろうか。むしろ，記号に操られていないだろうか。私たちは，実際，記号が指し示すはずの実体ではなく，記号そのものの意味を価値判断し，その意味によって自分の行動を決めようとすることがよくある。つまり記号を消費しているのである（Ⅵ-7 参照）。例えば，同質の水でも「〜の名水」というラベルが貼られただけで，より大きな価値をもつことがあるし，日本温泉協会が認可した「天然温泉」の看板表示が温泉客を魅了することもある。▷1 つまり，私たちは，「名水」や「天然温泉」といった記号がなければ，そのようなものとしての価値を感じることができないのである。言い換えれば，「専門家」による検討の結果として導き出された基準やそれに基づく認可という行為，そして認可されたものを私たちが受容することで，「本物」が生み出されるのだ。「本物」が記号に先立ってあるのではない。

　このことはドラマでのリアルな殺人や強盗のシーンなどについてもいえる。それは，大衆に理解できるように劇的に記号化された表象であり，実際と異なることが多い。北野武は次のように語る。

> 映画にリアリティーっていうんだけどね，実際に殺人シーンなんか見たやつ誰もいない，誰もいないんだよ，今度の映画リアリティーがありますねっていったって，リアルな銀行強盗見たことないのに，銀行強盗のシーンはすごいリアルだったっていうけど，じゃあお前，銀行強盗のシーン見たことあるのか。▷2

　つまり記号が私たちに本物を知らせる以上に，記号が本物らしさをもたらすような世界に私たちは暮らしているのかもしれない。

### 2 本物以上の本物らしさ

　「メロンパン」とは何だろうか。「メロンパン」には本物のメロン成分が入っていない場合が多い。また，メロンの色や形をしているかと言われれば，無理があると感じる人も少なくないだろうし，形状だけなら「メロン」と呼ぶ必要もないだろう。▷3 しかし，「メロン」の響きやイメージには一定の高級感があり，「メロンパン」は息の長い食品である。また，メロンに限らず，様々なフルーツの名前が，その人工的に模された味や色とともに，食品に付されることがある。

---

▷1　そもそも「温泉」自体の定義が比較的緩やかである。2001 年に改定された温泉法によれば，温泉とは「温泉源から採取されるときの温度」が「摂氏 25 度以上」あり，かつ 20 の物質のうち 1 つだけの含有量基準を満たせば「温泉」の十分条件を満たしたことになる。なお，認定されたものとしての「温泉」については，松田忠徳（2004）『これは，温泉ではない』光文社を参照せよ。

▷2　「テリーとうえちゃんのっててけラジオ」（ゲスト：北野武監督）ニッポン放送，2001 年 2 月 20 日放送。この番組のトークを書き起こしたものに修正を加え引用した。書き起こし原稿は，以下のホームページで入手した（アクセス：2010 年 10 月 5 日）。
http://freett.com/idenshi/allnight/notteke-neko2.htm

▷3　実際，神戸以西には「メロンパン」と呼ばずに「サンライズ」と呼ぶ地域もあるが，広域ではないようだ。なお，「メロンパン」の発祥は，明治以降の神戸でメロンの一種であるマクワウリに似た形状のパンを「メロン」と呼んだことだという説があるが，「メロンパン」の歴史を含め，体系的な食文化史の調査が待たれる。

かき氷のシロップや清涼飲料水などがそうである。私たちは，本物らしい偽物あるいは本物より本物らしい偽物に囲まれて暮らしている。あるいは，オリジナルなきコピーの氾濫した状況に生き，コピーのコピーをオリジナルとして消費していないだろうか[4]。こうした本物らしさやオリジナルらしさは，記号が媒介するところが大きく，記号を使う私たちは，記号に操られながら，虚構と現実の区別のつかない状況をリアルに生きているといえないだろうか。

## 3 記号の力

私たちは記号そのものに意味を見出し，それに突き動かされることも多い。これは，記号の力を認める視点だが，この力には正負の両側面がある。負の側面としては，多様な人間を一様に記号化する問題があげられる。人間の（背）番号化は，厚みと幅のある人生を送ってきた個々人から名前だけでなく重みまで奪い，例えば，戦争中の捕虜などからそれぞれが尊厳ある個人として「現われ」る力まで奪った[5]。また，通り魔殺傷事件では，被害者は，犯人によって単なる「通行人」として記号化され，その重みを無視される。重みのある「誰か」は，「誰でもよかった」と供述する犯人にとって，反社会的に憤りをぶつける対象でしかない。こうしたことは，重みのある人間の記号化の負の側面として捉えることができるだろう。

しかし，記号の別の側面も見逃してはならない。例えば，「トトロの森」[6]という〈森の記号化〉は，現実世界における政治力をもたらした。「トトロの森」は，アニメ映画『となりのトトロ』[7]に由来する。もちろん，この森（埼玉県の狭山丘陵）が映画の舞台のモチーフになったとも言われるが，この森が映画に因んで「トトロの森」と名づけられたことの意味は大きい。つまり，アニメが本物を表象したという以上に，アニメから本物の森が固有的で特別な存在感（権）を獲得したのである。したがって，この森は保護対象としての価値までも獲得することとなり，伐採・宅地開発反対の市民運動に力を与えた。

このように，現実を名づけることで，そこに新たな意味や価値を導入し，それに力を与えていくことが可能となる場合もある。記号は何かを伝える手段だけではない。それは実体を切り分け，意味を与え，現実感覚をもたらす力強いものでもあるのだ。

このような記号の力を実感するために，例えば，私たちが目にする広告に注目するとよいだろう。有名人が爽快に飲みほすビール，新しいフォルムのドイツ車，専門家が勧める運動器具などが出るたびに，新しい名前がつけられ，それを使用することの新たな意味が加わり，私たちに伝達される。つまり，商品の機能的価値だけでなく，記号的価値が与えられ，それらを使用する消費者の現実世界を変えようとしているのがわかるはずだ。

（板場良久）

**図Ⅵ-2**　「プリングルズ」の「オリジナル」（P&G）

出所：筆者撮影。

[4] 「オリジナル」を謳った商品は多い。なお，このようなオリジナルなきコピーのコピーを「シミュラークル」と呼び，ポストモダンの特徴と考えたのがボードリヤールである。ジャン・ボードリヤール／竹原あき子訳（1984）『シミュラークルとシミュレーション』法政大学出版局を参照せよ。

[5] この議論を展開したものにハンナ・アレント／志水速雄訳（1994）『人間の条件』筑摩書房がある。

[6] 「トトロのふるさと財団」は，文化・環境の保全を目的とした市民運動を媒介する財団法人であり，この森を買い取り後世に残していくナショナル・トラストである。この情報については以下のホームページを参照した（アクセス：2010年9月19日）。
http://www.totoro.or.jp/index.html

[7] 『となりのトトロ』（宮崎駿監督，スタジオジブリ制作）は1988年に東宝系で公開された長編アニメーション作品である。

## VI 記号の力

## 10 意味の決定不可能性

### 1 意味を限定する記号

　私たちは，様々な記号を使い，また，それに導かれながら生活している。こうした記号は，ごく自然なものに思えるものも多い。しかしじつは，記号は，それが指し示す事物の意味を限定し，それに性格や存在感を与えることがある一方で，意味の決定を不可能にすることもできる。この点で記号はきわめて政治的でもある。

　まず，記号は意味を限定する機能がある。例えば，「領土問題」のような記号を考えてみると，その政治性はわかりやすいだろう。2010年9月，日本政府は尖閣諸島沖に「侵入」し海上保安庁の巡視船に衝突した中国漁船を国内法に基づいて拿捕し，船長を拘置した。一方，1990年代後半から尖閣諸島（中国名：釣魚島）の領有権を主張するようになった中国は，船長の即刻釈放を求めた。この事件について，日本の閣僚は「領土問題」ということばを用いてはならないという考えが支配的であるが，蓮舫内閣府特命担当大臣（当時）が，これを「領土問題」であるかのような発言をしたとき，与野党から批判の声が上がった。◁1 尖閣諸島は日本固有の領土であることについては問答無用であるため，この事件を「領土問題」と記してはならないというのである。換言すると，「問題」があるという発話は，答えが出ていない，もしくは答えが確定していないという意味を記すことになるのだ。このように，ある特定の意味を存在させる力をもつ記号はきわめて政治的なものである。

### 2 意味の決定不可能性

　ところで，殺人者は皆，悪人だろうか。こうした問いを投げかけたのが映画『悪人』である。これは，現代の格差社会における閉塞感とコミュニケーションの様態を，殺人そして逃亡生活へと追い込まれていく若い労働者の視点を通して描写した物語だが，記号と意味の決定不可能性についても考えさせてくれる作品だ。◁2 そこでは，主人公の清水祐一の人物像に様々な「～者」という意味が付与され，それにより彼がもがき苦しむ姿が描かれる。まず，祐一は，強固な肉体をもつが，社会的には弱者に見える無口な労働者である。また，極度の孤独から出会い系サイトで知り合った都会の女と関係をもつが，すぐに見下されてしまう田舎者である。そして，この女から受けた侮辱は，純朴な彼に残った

◁1 「領海侵犯の中国漁船，尖閣沖で海保巡視船2隻と接触」『読売新聞』(2010年9月7日付) など。なお，船長は同年9月24日に釈放され，中国に送還されたが，この背景には，同時期に中国の軍事施設を不法撮影した咎で日本人4人が拘束されたこととの関連で，政治的駆け引きがあった可能性について報じられた。「『厳正に対処』から一転……『日本人拘束が要因』」『読売新聞』(2010年9月25日付)。

◁2 原作は，新潮社から出版された吉田修一(2007)の『悪人』で，第61回毎日出版文化賞を受賞した。また，これに基づいた映画『悪人』(李相日監督，東宝)で馬込光代を演じた深津絵里は，第34回モントリオール世界映画祭（2010）で最優秀女優賞を獲得した。なお，馬込光代は，殺人を犯した清水祐一の善性を知り，それを私たちに媒介する役を担っている。

わずかな自尊心を傷つける。そして，不当にも「強姦」と呼ばれ無実の罪を着せられそうになった祐一は，自制心まで奪われ，ついに，この女を殺し，逃亡してしまう。警察やマスコミは，彼を凶悪犯として探し出そうとするが，彼の生い立ちや精神的屈辱が明らかになるにつれ，この「罪人」が「悪人」でもあるかどうかが決定できなくなる展開となっている。このように，自己や他者を表わす複数の記号が意味的に相容れないところから生じる悲劇は数多くある。[3]

また，意味を明確にしようとして，あることばが発せられるがために，逆に意味が決定できなくなることもある。例えば，「まず間違いなく」といった表現が強調される場合，逆に間違いである可能性が残っていることも示されることがある。あえて「確信がある」と言う人の確信が揺らいで見えることもある。「言うまでもなく」という表現も，「言う必要がある」と聞こえなくもない。つまり，話者がこうした表現によって自身の確信を示そうとすることで，逆にその確信の揺らぎを感じさせ得るのである。[4]

### 3 常に不安定な意味

このように考えると，上述の尖閣諸島をめぐる事件で日本政府が，これは「領土問題」ではなく，「国内法に基づいて粛々と対応する」と繰り返し強調すればするほど，それが「国際問題」すなわち「領土問題」でもあり得ることを暗示し，「国内問題」なのか「国際問題」なのかを決定できないという立場から「記者」たちに「記事」を書かせてしまうのである。

あるいは，より身近な例として，他人と違う個性的な生き方をしようと考えている人が，友人から「色々あっていいんじゃない」などと励まされる場合を考えてみよう。すると，その「色々」ある考えのなかに「色々あってはいけない」という考えも含まれるのかどうかがわらなくなる。つまり，「色々あっていいんじゃない」という台詞は，「色々あってはいけない」という考えも選択肢の候補として浮上させるため，そのことばを聞くと，どことなく不安を感じ得るのである。つまり，本当に励ましているのかどうかが確定できない表現なのである。

意味を限定するはずの記号が，意味の決定を不可能にすることはよくあることだ。こうした記号の性質は，記号の意味が別の記号によってしか表わされないことに由来する。あることばの意味を辞書で引くと，別のことばで説明してあるように。したがって，そもそも記号による意味の確定は繰り延べられ，どこかで力でも加えない限り，記号の意味的連鎖は終わらないのである。私たちは，話の意味を理解しようとしたり，「意味，わからない」と気軽に発言したりする。こうした思考は，意味が定まるものだという信念を前提としている。しかし，それとは別次元で思考および発話し得ることを，意味の決定不可能性や政治性は教えてくれるのである。

（板場良久）

▷3 最も古典的な悲劇はソポクレスの「オイディプス王」であろう。父を殺し母と結婚したことを後で知るオイディプスの自己崩壊や，その間に生まれた娘が妹でもあるアンティゴネとの関係は，母・妻・妹・娘といった記号の意味を不安定化させると同時に，母は妻であってはならないとする二律背反のレトリック，とりわけ近親相姦嫌悪の言説を強化する。ソポクレス／福田恒存訳 (1984)『オイディプス王・アンティゴネ』新潮社。

▷4 ジェラルド・グラフ (1994)「決定性／決定不可能性」フランク・レントリッキア＆トマス・マクローリン編／大橋洋一他訳『現代批評理論——22 の基本概念』平凡社，361-365 頁。

# VII 教育

## 1 教育とコミュニケーション

### 1 教育効果を求める力

「教育学は，子どもの中に教育可能性を見出し，そこに対して有効に働きかけるための技術知として発展してきた」と広田照幸は言う[1]。「技術知」，つまり教育効果のあがる教育法をいかに開発するのかが大きな関心事であることは，コミュニケーション教育においても同様である。説得や相互理解のための効果的な手段の開発と，その手段を用いて目標を達成するための「技術」を教えることがコミュニケーション教育の中心に据えられてきたのだった。

しかも，そうしたコミュニケーション教育を巡る状況は，社会が求めているからとか，時代の要請があるからといったレトリックによって正当化されてきた[2]。国際的に通用する人材育成のためとして，英語教育におけるオーラル・コミュニケーションの充実が図られたのもその1つである（VII-6 参照）。また，いじめや学級崩壊が問題になったことから，「伝え合う」ためのコミュニケーションの必要性が叫ばれ（I-2 参照），「心のノート」などが道徳教育の現場に導入されたのも同様である[3]。教育の現場は，政治的な力と無縁な聖域ではない。

### 2 学校教育を規制する力

学校教育は，様々な規制のなかで行なわれている。例えば，教科書の選択1つとっても教師の裁量で自由に選べるわけではないし，教科書作成にしても，教科書検定制度の枠内でしか行なえない[4]。カリキュラムも学習指導要領に沿った形で行なわれなければならない。

2009年9月に誕生した民主党政権の目玉政策の1つであった高校授業料無償化でも，現場には様々な波紋が広がった。無償化の対象に朝鮮学校を含めるかどうかについてはメディア報道でかなり取り上げられたので，よく知られることとなった。しかし，高校授業料無償化によってもっと恩恵を受けていいはずの生徒が，じつは無償化されたことでさらに経済的負担が増えるという皮肉な結果になっていることなどは，あまり知られていない。定時制高校は，金銭的余裕がないために全日制に通えない生徒の受け皿になるべき役割を担っているはずなのに，制度導入以前は「PTA会費なども免除されていた家庭では，授業料無償化でその免除がなくなり，逆に負担が増えるケースが出ている」という[5]。「学びのセーフティーネット」と言われる定時制高校が，そうはなっていないの

▷1 広田照幸（2009）『ヒューマニティーズ　教育学』岩波書店，109頁。
▷2 板場良久（2006）「最前線を超える試み——ディベート教育論者の入場に先立って」『スピーチ・コミュニケーション教育』19号，7頁。
▷3 文部科学省（文科省）が2002年4月から，全国の小・中学生に配布を開始した道徳の副教材。文科省のホームページを見ると，「道徳教育推進のための事業」の1つに「伝え合う力を養う調査研究事業（平成17〜19年度）実施要項」という項目があり，道徳教育と「伝え合う力」の育成が結びついていることがわかる。
http://www.mext.go.jp/a_menu/shotou/doutoku/index.htm
▷4 鶴田敦子（2004）『家庭科が狙われている——検定不合格の裏に』朝日新聞社を参照。

▷5 平館英明「高校無償化だけでは救われない子どもたち」『週刊金曜日』(2010年7月16日) 807号，53頁。

が実情らしい。

　経済効率優先の統廃合のしわ寄せを最も受けているのが，定時制高校なのかもしれない。定時制高校の統廃合が進む一方で，全日制でも統廃合や募集枠の削減が行なわれ，結果として全日制を希望したのに入れなかった生徒が定時制に入ってくることになる。「進学重点校を頂点とした階層化が進む」全日制の競争から外れざるを得なくなった生徒が，定時制のクラスに入ってくることで，本来定時制で学ぶはずの生徒が弾き出されるか，十分なケアを受けられないという事態に陥っているのである。

## 3　「教育言説」を疑う

　教育を取り巻く力には，制度的な問題だけでなく，私たちが何となくそう思い込んでいるものも含まれる。私たちは，そうした「教育言説」に縛られているのである（Ⅰ-7参照）。

　その中の1つに，学校教育にもっと市場原理を導入しなければならないというのがある。例えば，大手進学塾SAPIXからの派遣講師によって行なわれる補習授業「夜スペ」を導入して物議を醸した東京都杉並区立和田中学校は，市場原理に則った学校改革を行なったことで，学力の向上と生徒数の増加に成功した。リクルート出身で，2003年に都内公立中学校初の民間校長となった藤原和博が行なった数々の改革が功を奏したのである。しかし，その「成功」の中身を見てみると，増加した生徒の半数近くは学区外から入学しており，学力向上に貢献したのはそうした生徒たちだったはずだ。学区の撤廃や弾力化によって学校間の競争が激化し，和田中はその競争の中で「勝ち組」となったのだろうが，それは同時に，「負け組」を作り出すことでもあった。学校教育に市場原理を導入することの意味を問い直す必要があるのではないだろうか。

　コミュニケーション学は，こうした教育言説に対して批評実践を行なわなければならない。当たり前だと思われている学級制度そのものを見直す視点がなければ「いじめ」や「不登校」の問題は語れないだろうし（Ⅰ-6　Ⅶ-2参照），「学力の低下」を憂う言説に対しては，そもそも学力を測るということの意味を問い直さなければならない（Ⅶ-5参照）。また，子どもはまっさらな状態，つまり「タブラ・ラサ（tabula rasa）＝白紙」で授業に臨むわけではない。教えられる前にすでに様々な情報に晒されていることも考慮したうえで，生徒と対峙しなければならないことを私たちは忘れがちだ（Ⅶ-9）。さらに，教育を学校という場に限定して考えてしまいがちな私たちの思考回路に対しても，切り込んでいく必要がある（Ⅶ-10）。「教育の危機」などと騒ぐのは簡単だが，危機の中身を見極めなくてはならない。そのためにも，「『教育の語られ方』や『教育におけるレトリック』に反省的眼差しを向けることが求められる」のだ。

（池田理知子）

▷6　平舘（2010：54）。
▷7　夜スペ　2008年1月から行なわれている有料の補習授業。「学校施設の目的外使用の禁止」に当たるのではないかとして区に対して住民から監査請求が出されたり，その後住民側が提訴したりと，様々な波紋を呼んだ。
▷8　苅谷剛彦との対談のなかで，「学力についての成果は杉並区も把握していますが，はっきりと学力の向上が見られます」と述べている。苅谷剛彦＆清水睦美＆藤田武志＆堀健志＆松田洋介＆山田哲也（2008）『杉並区立和田中の学校改革』岩波書店，90頁。生徒数に関しては，2003年が169名だったのに対して，2008年は392名と増えている。苅谷他（2008：9）。
▷9　苅谷他（2008：8）。
▷10　『杉並区立和田中の学校改革』に対する諏訪晃一の書評より。
http://blhrri.org/info/book_review/book_r_0317.htm
▷11　行政改革推進本部規制改革委員会の公立学校の学区弾力化を求める「見解」を受け，2001年6月，地方教育行政法の学区設置を規定した条文が削除された。これによって，学区を全廃する動きが各地で起きた。
▷12　師岡淳也（2006）「配布資料1　コミュニケーション教育とレトリック研究の接点を巡る幾つかの考察」『スピーチ・コミュニケーション教育』19号，30頁。

# Ⅶ 教育

## 2 近代教育の時空

### 1 学校という空間

「コンクリート作りの四角い校舎，校庭に面した大型の壁時計，チャイム……」。そこでは，年齢別の学級に分かれた生徒が，時間割に沿った授業を受けている。平均的な学校のイメージというと，こういった感じではないだろうか。しかし，学校がこうした姿となったのは，歴史的に見るとそれほど昔のことではない。私たちが慣れ親しんできた学校教育がはじまったのは，日本では明治以降のことであった。庶民の教育需要に即応し，自主的に成立し普及した教育施設であった寺子屋に代わり，国家規模の教育システムである「学制」が1872年に布かれ，近代教育がはじまったのである。今ではこの教育制度に組み込まれていない「国民」は，ほとんどいないといってよい。

では，なぜこうした教育システムを導入する必要があったのだろうか。学校教育の根幹をなす「学級」とパックツアーの類似性を指摘する柳治男は，いずれも最低の費用で目的を達成するために発明されたシステムであり，違いは前者が知識の伝達を，後者が楽しみを目的としているだけにすぎないという。それぞれの生徒の個性や習熟度に合わせた教育をするとなると，コストがかかりすぎる。教師1人が多数の生徒に教える学級制度の方がはるかに効率的なのだ。つまり，学級とは近代の特徴の1つである効率性の表出なのである。

### 2 時間の管理

時計やチャイム，カリキュラムも学校というシステムを効率的に管理・運営していくための小道具である。多数の生徒の動きを管理するには，計量化された時を基準としなければならないし，それによって予めスケジュールを組むことが可能となる。生徒が集まったら授業をはじめるとか，各自のペースで学ばせるというわけにはいかないのだ。したがって，「遅刻」という概念や「落ちこぼれ」という考えが生まれたのも，計量化された時が基準とされたからだといえる。

ところで，始業時や終業時にチャイムを鳴らさない小中学校が増えているそうだが，これによって生徒は時間による管理から解放され得るのだろうか。実際は，まったく逆である。まず，「ノーチャイム」の導入自体が「一人一人が時間を意識しながら行動してもらいたいとの考えから」はじまったのだという。

▷1 菅野盾樹（1997）『増補版　いじめ——学級の人間学』新曜社，216頁。

▷2 柳治男（2005）『〈学級〉の歴史学——自明視された空間を疑う』講談社。いずれも，19世紀の産業革命が進行するイギリスにおいて，貧しい人びとによりよい生活を与えようという目的から生まれたものである。

▷3 橋本毅彦＆栗山茂久編著（2001）『遅刻の誕生——近代日本における時間意識の形成』三元社を参照。

▷4 2004年4月22日付の『読売新聞』の記事「広がるチャイム廃止」によると，1995年ごろから全国的に広がったそうだ。

▷5 「広がるチャイム廃止」より。

例えば、「ノーチャイム」を実施している東京都練馬区の豊玉第二小学校では、「ノーチャイム」だからこそ時計を見ることが大切であることがホームページに書かれている[6]。そして、「各自それぞれ／5分前に心の準備／3分前に行動開始／1分前に準備OK という心構えを持っています」と記されている。これを読むと、チャイムの廃止がむしろ時計時間の内在化を促すものだということがわかるのではないだろうか。

### ③ 多様な選択・多様な時間

　一旦組み込まれると容易には抜け出せない学級の中で、何事にも歩調を合わせながら勉強することを強いられる、そういった生活に適応できない者がいたとしても不思議ではない。むしろ、そうした生徒に「落ちこぼれ」や「不登校児」といったレッテルを貼ることの方が問題なのではないだろうか。千葉で私塾・フリースクールを開いている古山明男は、「不登校」は日本の教育制度が引き起こした問題だとし、例えば米国や北欧の国ではこうした問題は起こらないのだという[7]。仮に子どもが学校に行かなくなったとしても、他の選択肢があるから、教育の機会が奪われるような問題とはならないのである[8]。

　そうした選択肢の1つである**イエナプラン教育**[9]をみてみよう。まず、その特徴としてあげられるのが、異なる年齢の子どもたちがリビングルームをイメージした教室で共に学ぶという風景である。イエナプラン校では、「毎年、新学年度がはじまるたびに、その教室の担任であるグループ・リーダー（教員）と、クラスの子どもたちが共に話し合いながら、教室の内装を整えていく」のだそうだ[10]。図Ⅶ-1にあるように、教室内には読書用のソファーや情報検索用のPCコーナーがあり、一斉に同じことをすることが当たり前の「学級」とは異なる作りになっている。また、ここでは科目ごとの時間割は存在せず、「（サークル）対話―遊び―仕事（学習）―催し（行事や祝い）という4つのパターンの活動を循環させる時間割」が作られている[11]。空間も時間も固定化した日本の学校教育にはない柔軟性が、ここにはある。

　学校から既存の学級や時間割をなくした方がよいというわけではない。効率的教育をめざした近代教育があったからこそ、多くの人びとに教育の機会が与えられたことは間違いないのであり、どちらか一方といった二項対立的な思考こそがむしろ問題なのである。イエナプラン教育のようなオルタナティブな学校という選択肢を認めることは[12]、異なる時や空間の選択、つまり別な生き方があることへの理解を促すかもしれない。そうなれば、必ずしも皆と同じである必要はないと思えてくるだろうし、他者との関係も違ったものに見えてくるはずだ[13]。

（池田理知子）

▷6　http://www.toyotama2-e.nerima-tky.ed.jp/2003/18/18.htm
▷7　古山明男（2006）『変えよう！　日本の学校システム――教育に競争はいらない』平凡社、14-18頁。
▷8　例えば、フリースクールやホームスクール、シュタイナー学校などがある。古山（2006）や永田佳之（2005）『オルタナティブ教育――国際比較に見る21世紀の学校づくり』新評論を参照。
▷9　**イエナプラン教育**　ドイツのペーター・ペーターセンが、イエナ大学の実験校で1924年に取り組みはじめた教育実践。4歳から18歳までの子どもの教育を対象にしたもの。
▷10　http://study.japanjenaplan.org
▷11　http://study.japanjenaplan.org
▷12　どの国でも既存の学校に適応できない子どもたちが、常に1割程度はいるといわれている。古山（2006：190-192）。
▷13　異質であることがいじめや排除を生み出す原因の1つとされているが、例えばそれが緩和されるかもしれない。

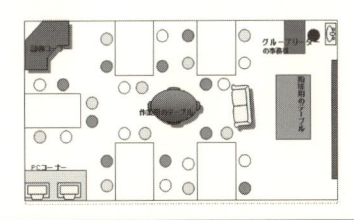

**図Ⅶ-1　リビングルームとしての教室**
出所：http://study.japanjenaplan.org

## Ⅶ 教育

## 3 学校における身体の教育

### 1 意味としての身体

　ホムンクルスの小人という，妙な形をした人形を見たことがあるだろうか（図Ⅶ-2）。脳の感覚を処理する領域の大きさを表わした仮想人形であり，非現実的だが示唆に富む像である。例えば，映像メディアの発達が著しい現在，視覚的刺激を受けやすく，逆に，ある場所へ足で行き，その場の雰囲気を肌で感じるという皮膚感覚が鈍くなっている。今日の私たちの身体は，これよりももっといびつな形をしていると考えられる。この像は，モノとしてではなく，意味としての身体を的確に捉える視点を与えてくれる。

　意味としての身体は，ことばとの関係も深い。演劇や合唱では胸式呼吸ではなく腹式呼吸が必要だが，腹式呼吸では普段意識しない横隔膜を使わなければならない。物理的には存在するはずのその膜を意識させるには，「空気を吸うとき，胸でなくてお腹にためて。お腹が出てきたかな。お腹と肺の間に『横隔膜』というのがあって，アコーディオンみたいにこれを上下させると空気が出入りするんだよ」という言語によって意味づけると（Ⅶ-7 参照），無意味だった横隔膜の存在が身体の一部として意識に「現われ」てくる。

　このように身体とは，意味として与えられたコミュニケーション的現象なのである。

### 2 教育による身体改造

　スポーツの技術を身に付けることは，必要な身体の動きや感覚を習慣化させることである。練習を重ねるごとにぎこちなかった動きが円滑になり，身体が「改造」される。この意味で，身体の動きに関するあらゆる教育は，ことばを学ぶように，新しい意味システムを身体に覚えこませることである。

　普段の何気ないふるまいでさえ，じつは教育によって意味づけられている。右手と右足，左手と左足を同時に同じ方向へ動かす「ナンバ歩き」というものがある。今でこそ，歩くとき私たちの手足は逆を向いているが，日本が明治になり近代化するまでは，ナンバ歩きが主流だったという。たしかに，鋤で畑を耕すとき手と足は同じ方向を向いているし，刀をさげて歩く武士にとってもナンバ歩きの方が刀の収まりがいいらしい。それが今の歩き方になったのは，統制のとれた近代的な軍隊にはナンバ歩きが不向きであったため，「小学唱歌に

▷1　内田樹は合気道における身体の動かし方を説明する際，比喩を使って言語化する例をあげている。甲野善紀＆内田樹（2006）『身体を通して時代を読む──武術的立場』バジリコ，258頁。

図Ⅶ-2　ホムンクルスの小人

出所：www.amareway.org/wp-content/uploads/2010/06/Sensory/Homunculus.png

西洋の音楽を導入して行進させて、右と左の逆側の手と足が同方向に同調して動くような近代的な歩き方をさせようとした」からである。

学校で目にする「体育座り」も、子どもを効率的に管理するのに都合がいい。両手を組ませ手遊びを禁じ、首もうまく回らないので注意散漫になりにくく、深い呼吸もできず大きな声も出せない。こうした座り方を身体化すると、知らないうちに管理される姿勢に自らを閉じ込める方が「楽」になってしまう。

今日、学びにおける身体の重要性が語られることは少ないが、そもそも学びも身体に深く根ざした行為である。昔は、意味がわからずとも古典や聖典をひたすら声に出して読む素読をし、音やリズムや語調を通してテキストを体得しながら教養を身に付けた。イスラム圏の子どもたちが体を揺らし、大声を出しながらコーランを覚えるのもそのためだ。また、声を出しながら書くと効果的に暗記できることも知られている。『声に出して読みたい日本語』という人気シリーズの著者である齊藤孝は、今の日本の子どもたちの体は「冷えている」という。声を出したり体を動かしたりすることは名文を鑑賞するだけでなく、「コミュニケーションが円滑にできる開かれた身体」を作る試みなのである。

### 3 「脳化」する教育

教育による身体性の奪取は、社会の変化に対応している。今の子どもたちを取り囲む環境は昔と大きく変わり、思いきり駆け回れる広々とした野原も少なくなり、空気を胸一杯に吸い込むときの花や草のにおい、れんげ畑の上を転がるときに肌で感じる冷たさは、特に都会の子どもたちの身体感覚から消えつつある。学校や塾、家庭でも、長時間イスにじっと座り、動かすのは首と手ぐらいといっても過言ではない。確実に身体は「鈍感」になっている。

「都会で排除されるのは、意識が作らなかったもの、すなわち自然」であり、こうした現代の社会の特徴を養老孟司は「都市化(都市主義)」と呼び、それは「脳化」や「意識化」と関係している。脳化する時代において、人は自分の身体を統制しようとするが、それには限界がある。例えば、熱いお湯に手を入れたときに、熱さを認識した後「手をひっこめよ」という命令が脳からくるのでは取り返しがつかなくなることを、身体は「知っている」。だから無条件反射のような、脳を介さず「身体」という「現場」で処理する行動があるのだ。

こうした脳と身体の関係は、「脳」を使うエリートが「体」を使う労働者を搾取する構造や、体から得た経験知ではなく理論や統計といった抽象的思考への高い信頼に似ている。今日、社会全体が「脳化」していると考えられる。

教育から身体が奪われたとき、教育は単なる情報のダウンロードに成り下がり、人間は血の通わない機械に近づくのかもしれない。「体は資本」というが、教育の現場でも身体が発する声にもう少し耳を傾けてもいいのではないか。

(吉武正樹)

▷2 甲野＆内田(2006：101)。

▷3 内田樹(2002)『寝ながら学べる構造主義』文藝春秋社。この議論自体は竹内敏晴(2001)『思想する「からだ」』晶文社を参考にしている。

▷4 齊藤孝(2001)『声に出して読みたい日本語』草思社。

▷5 齊藤孝(2003)『からだを揺さぶる英語入門』角川書店、118頁。齋藤は、単に声を出すだけでなく、体を揺り動かしながら自由に歩き、英語の名文を音読するウォーキング・イングリッシュを提唱している。

▷6 養老孟司(2004)『あなたの脳にはクセがある——「都市主義」の限界』中央公論新社、22頁。

▷7 内田樹(2007)『私の身体は頭がいい』文藝春秋社、120頁。

Ⅶ 教育

# 4 コミュニケーション能力と現代社会

## 1 個と集団のバランス感覚としてのコミュニケーション能力

　企業が採用選考の際に重視する要素の第1位は15年連続でコミュニケーション能力であり，実に82.0％の企業が重視しているという。[1]一方で，厚生労働省は現代の若者のコミュニケーション能力の「低さ」に対処すべく，「YES-プログラム」を立ち上げた。[2]そこでは，コミュニケーション能力は意思疎通，協調性，自己表現力として，つまりは「個を出しつつ，集団とうまくやっていくことができる能力」として捉えられている。[3]現代社会は若者に対し，集団に埋没せずに「個」をもちつつも，「集団」の和を省みないほどには我を出しすぎない，というバランスを維持した適応を求めているようである。

　たしかに，集団生活になじめず，個性を集団で発揮できない若者が増えたという指摘は多い。しかし，このような「集団に収まりきれない個性的な若者」はどの時代でも多かれ少なかれ存在した。斎藤環が主張するように，現在のように若者を「まるでエイリアン」のような「共感できない存在」とせず，世代を超えて「地続き」の問題として捉え，「若者が置かれている社会的状況」という「構造」を考慮する必要がある。[4]

## 2 他者を排除するコミュニケーション

　交通手段や情報通信の発展により，人，モノ，金，商品，考えなどあらゆるものが時空を超え，活発に移動するようになった。こうした流動性の高さのため，かつて安定していたローカルな共同体も解体され，互いが同じ価値観をもつことが想定できない不安ベースのコミュニケーションが展開されている。[5]その「根なし草」状態の空虚さを埋めるべく，均質性がより高くかつ直接的なコミュニケーションを志向する人が増えているのも事実である。[6]

　その一方，過剰な人口増加や都市化による「過密」状態のため，個人のテリトリーの侵害も起きている。どこに行っても監視カメラに常にさらされ，インターネットなどから個人情報がデータベース化される「監視社会」では，[7]わけもなく非コミュニカティブであることを許さない「コミュニケーション至上主義」が蔓延している。[8]直接的なコミュニケーションへの希求が高まる半面，コミュニケーションの強制から離脱しようとする人も増えている。

　前者を「自分探し系」，後者を「ひきこもり系」のコミュニケーションと呼ぶ

---

[1] 日本経済団体連合会が実施した「2017年度新卒採用に関するアンケート調査結果」（2017年4月入社対象）による（20項目から5項目を選ぶ方式）。
http://www.keidanren.or.jp/policy/2017/096.pdf

[2] 正式名は「若年者就職基礎能力支援事業（Youth Employability Support Program）」。2004年度にはじまり，2009年度をもって終了。

[3] 厚生労働省「『YES-プログラム』の概要」。
http://www.mhlw.go.jp/houdou/2006/09/dl/h0919-1a.pdf より。

[4] 斎藤環（2007）『思春期ポストモダン――成熟はいかにして可能か』幻冬舎。

[5] 東浩紀＆宮台真司（2010）『父として考える』日本放送出版協会。

[6] 大澤真幸はオウム真理教の分析を通して，こうした直接的なコミュニケーションの希求という現代の傾向を見て取る。大澤真幸（1996）『虚構の時代の果て――オウムと世界最終戦争』筑摩書房。

[7] デイヴィッド・ライアン／川村一郎訳（2002）『監視社会』青土社。

[8] 斎藤環（2008）「若者を匿名化する再帰的コミュニケーション」大澤真幸編『アキハバラ発〈00年代〉への問い』岩波書店，37-43頁。

ならば、一見相反するこれらの傾向は「他者の排除」という点で共通している。中島梓はかつてそのような傾向を「コミュニケーション不全症候群」と呼んだ。彼（女）らは「想像力の欠如」のために「他人のことが考えられ」ず、反対に「知り合いになるとそれがまったく変わってしまう、つまり自分の視野に入ってくる人間しか『人間』として認められない」。現代のコミュニケーションの問題はこうした社会への「適応としての不適応」であり、それが特に「若者」特有の問題として表象されていると考えられる。

「個を出しつつ集団とうまくやっていくことができる」という現在求められているコミュニケーション能力は、時代背景にある上記の2つのベクトルに対応している。外向的な「自分探し系」は集団の規律との齟齬を起こす危険性があり、一方、内向的な「ひきこもり系」では集団は維持できない。そのため現代社会では、ある程度外向的なベクトルで集団を活気づけることが期待され、同時に、集団の規律に抵触しない程度にひきこもることが求められるのである。

### 3 現代のコミュニケーションは「自由」か「不自由」か

たしかに「コミュニケーション能力」が高い「よい子」たちは個性をもちつつ集団とうまくやっていく術をもっているが、彼（女）らは何に「適応」しようとしているのだろうか。

じつは、こうしたコミュニケーション能力は企業の論理との親和性が高い。ジョージ・リッツアはファーストフード・レストランの原理が優位を占める今日の社会を「マクドナルド化する社会」と呼んでいる。そこでは徹底的な合理化や効率化が進められ、従業員や客という人間までもがシステムのために管理される。こうした社会では、「コミュニケーション能力」が高い人びとは、いとも簡単に、集団のために「従順」に働くシステムの部品と化してしまう。

そもそも、高い「コミュニケーション能力」をもって「よい会社」に就職することは社会的ステータスであり、それこそが人びとが望んでいたことであった。しかし、こうした彼（女）らは本当に「自由」にコミュニケーションをし、「自己実現」を果たした「成功者」なのだろうか。それとも、「コミュニケーション能力」というコードによって社会システムにつながれ、1つの端末に成り下がった、「不自由」な存在なのだろうか。言えるのは、彼（女）らはこうした社会へ「適応」することの是非を判断する視座をもたないということである。

マクドナルド化は教育界をも飲み込もうとしている。そして、こうした「コミュニケーション能力」を育てる教育実践そのものが、「賢い人間」ではなく「従順な消費者」を、単に国に資本をもたらす駒として大量生産している。子どもたちがどのような社会に「適応」させられているかを内省できるとともに、教育実践そのものをも批判的に検証できる能力という意味でのコミュニケーション能力を育成させることが、今日の教育界の急務である。

（吉武正樹）

▷9　斎藤 (2007)。ここでは、元来メディアの特徴を分類するために斎藤が用いた概念を借用している。

▷10　中島梓 (1995)『コミュニケーション不全症候群』筑摩書房、38頁。

▷11　ジョージ・リッツア／正岡寛司訳 (1999)『マクドナルド化する社会』早稲田大学出版部。

▷12　内田樹 (2007)『下流志向——学ばない子どもたち 働かない若者たち』講談社。

## Ⅶ 教育

## 5　コミュニケーション能力と言語教育

### 1　PISA調査の「衝撃」

　経済協力開発機構（OECD）が世界40カ国あまりで実施した「生徒の学習到達度調査」（PISA調査）の結果、かつて「世界の優等生」だった日本の子どもたちが、月並みの成績に低下していることが明らかになり、かつて日本の教育界に衝撃が走ったことがあった▶1（表Ⅶ-1参照）。

　PISA調査で測られた読解力とは、「自らの目標を達成し、自らの知識と可能性を発達させ、効果的に社会に参加するために、書かれたテキストを理解し、利用し、熟考する能力」と定義されている▶3。これは、「自ら」が「目標」を設定し、「書かれたテキスト」は「理解」されるにとどまらず、設定した各々の目標のために「利用」されなければならない、ということを意味している。

　一方、国語の読解テストに、「下線部で作者は何を述べたかったのか」を問うお決まりの問題がある。センター試験ならば、5つの選択肢から「正しい」答えを選ばなくてはならない。この問題では、作者の「言いたいこと」が出題者により前もって想定され、回答者はその「意図」を読み取らなければならない。つまり、下線部の内容に賛成か反対かは関係なく、読む人が作者（または登場人物など）に「共感」できる能力が問われているのである。

　書き手の意図を「正しく」読み取ることが求められる従来の国語の読解問題では、「正解」に疑問を挟むことが許されなかった。言い換えれば、作者（author）は意味を決定する権威（authority）として君臨し、読者は作者に従順であることが求められていた。一方、PISA調査のような読解力が意味しているのは、書かれたものの意味の決定権が、著者という「神」的な存在からそれぞれの読み手に譲渡されたということだ▶4。具体的には、作者自身がテキストの言いたいことを決定するのではなく、読者それぞれの読み方が許されるのである。

　結局、PISA調査におけるかつての「衝撃」とは、従来の国語教育がめざした「言葉から相手の意図を読み取り、相手に共感する能力」と、「テキストを各々が自分のために利用する、個人ベースの言語能力」という、異なったコミュニケーション能力モデルが出会った衝撃だったのだ。

▶1　ただしPISA調査の結果も文化的要因に左右され、例えば、九九をリズムで丸暗記しやすい日本語は「数学的リテラシー」の測定に有利に働く。大谷泰照（2007）『日本人にとって英語とは何か──異文化理解のあり方を問う』大修館書店。

▶2　国立教育政策研究所『平均得点及び順位の推移　調査概要　結果概要』。
https://www.nier.go.jp/kokusai/pisa/pdf/2015/01_point.pdf

▶3　文部科学省（2005）『読解力向上に関する指導資料──PISA調査（読解力）の結果分析と改善の方向』。
http://www.mext.go.jp/a_menu/shotou/gakuryoku/siryo/05122201/001.htm

▶4　ロラン・バルト／花輪光訳（1979）「作者の死」『物語の構造分析』みすず書房、79-89頁。

表Ⅶ-1　PISA調査における日本の学力の推移 ▶2

| 実施年度（参加国数*） | 科学リテラシー | 数学 | 読解力 |
|---|---|---|---|
| 2000年度（31カ国） | 2位 | 1位 | 8位 |
| 2003年度（40カ国） | 2位 | 6位 | 14位 |
| 2006年度（57カ国） | 6位 | 10位 | 15位 |
| 2009年度（65カ国） | 5位 | 9位 | 8位 |
| 2012年度（65カ国） | 4位 | 7位 | 4位 |
| 2015年度（70カ国） | 2位 | 5位 | 8位 |

＊　国際的な実施基準を満たした国の数。

## 2 これからのコミュニケーション能力

たしかに著者の意図を読み取る能力や情報を効果的に利用する能力はどちらも必要だろう。問題は、コミュニケーション能力をめぐる今日の議論のほとんどが、そうした能力を要請する時代的制約や文脈に対して批判的なまなざしを向けることなく、それらに同調する必要性だけが繰り返されていることにある。私たちはつい、自分は主体的にコミュニケーション「している」と考え、コミュニケーションを単なるスキルとみなしてしまう。しかし実際は、私たちが認識しているものすべてが、コミュニケーションによる産物なのである。

人間の主体性を無批判に想定する「人間中心主義」ではなく、コミュニケーションの作用そのものに焦点をあてた新しいコミュニケーション能力の捉え方がある[5]。つまり、クリティカル・シンキングや判断保留を通し、物事をいったんコミュニケーションの磁場に還元して「分析する」能力である。板場良久は新しいコミュニケーション能力観をこう表現する。「人を媒介しながら、人の感性や志向を動かしていく時代の精神などに介入し、逆にそれを動かしていくこともコミュニケーション能力なのである。境界線の向こう側の異文化を学ぶだけでなく、何がその境界線の存在を実感させるのかを問える能力。そこにその境界線を引いたままにしておくことで、どのような文化政治（管理）が行なわれているのかも問える能力」[6]だと。

新入社員に求められているコミュニケーション能力は、積極的かつ従順に会社に適応する人間中心主義的な能力であった（Ⅶ-4）。しかし、かつてのナチス・ドイツが民主主義に基づく「主体的選択」によって実現したように、よかれと思って「選んだ」結果が悲劇をもたらすこともあれば、逆に、前提にされていた「主体的」な選択がじつは時代の空気に「流されていた」だけだったということもある。現在のように複雑なコミュニケーションが織りなす社会においては特に、「コミュニケーション→世界」という動的な関係が見えにくい。

新しいコミュニケーション能力を育成する言語教育では、何かを読んで無批判に感化されたり、「主体的」な言語活動がもたらす帰結に無頓着にならず、「現実」がどのようにコミュニケーションによって編まれているのかを読み取る、広い意味での「読み」が求められる。さらに、分析のあと言語を通して社会と接続し、時代の要請や流れを構成する行為者として身を置きつつ、必要であれば言説や規範をずらすために参与するような「活動」[7]の仕方も重要である。

むろん、教育とはそもそもパターナリズム（温情主義）であり、ある一定の価値観を教え込むという意味で権力の発動である[8]。したがって、ここに書かれた内容も鵜呑みにせず、自分なりの分析を怠ってはならない。ことばを読んでいるこの瞬間、本書そして目の前に広がっている世界とどう対峙するかによって、みなさんのコミュニケーション能力がすでに試されている。

（吉武正樹）

▷5 板場良久（2010）「新しいコミュニケーション能力」池田理知子編『よくわかる異文化コミュニケーション』ミネルヴァ書房，34-35頁。

▷6 板場（2010：35）。

▷7 ハンナ・アレント／志水速雄訳（1994）『人間の条件』筑摩書房。

▷8 宮台真司＆福田弘輝＆堀内進之介（2007）『幸福論──〈共生〉の不可能の不可避について』日本放送出版協会。

## Ⅶ 教育

# 6 国際教育とコミュニケーション

## 1 国際化時代における教育とコミュニケーション

　国際教育とは、「国際化した社会において、地球的視野に立って、主体的に行動するために必要と考えられる態度・能力の基礎を育成するための教育」のことである。その呼び名は、ユネスコが「国際教育・勧告」や「国際教育・指針」において「国際理解」「国際協力」「国際平和」を統合した教育の名称として用いているInternational Educationから来ている。日本では「外国を知らなければならない」という焦りが強かったためか「国際理解教育」と呼ばれることが多く、国際交流のイメージを描きやすい。

　たしかに、子どもたちの異文化に対する気づきや感受性は、こうした直接の体験や対話から生まれることも多い。しかし、国際教育が「国際協力」や「国際平和」、「開発教育」や「持続可能な開発のための教育（ESD：Education for Sustainable Development）」も含む以上、異文化間の対人コミュニケーションから高次の「国際コミュニケーション」へと接続しなければならない。それは、人間同士の裸の付き合いに留まらず、国際政治や紛争、各国のエゴといったハードリアリティに向き合うことでもある。

　ここでいう「国際コミュニケーション」には2つの意味合いがある。1つは、人、モノ、貨幣、情報、価値などあらゆるものが国境を越えて行き来する「現象」という意味で、もう1つは、ある国民国家に所属しつつも、国家の「際」に立ち、超国家的な視点から国内外の事象を意味づけする「思考」という意味である。「国際教育を国際コミュニケーションへ接続する」とは、前者の「現象」を後者の「思考」で捉えることだといえよう。

## 2 「つながりの思考」としての国際コミュニケーション

　国境を越えて日本にやってくるものにカカオがある。特別番組『世界がもしも100人の村だったら4』によると、日本はチョコレートの原料であるカカオの7割をガーナから輸入しており、それを収穫しているのは出稼ぎの子どもたちだという。彼らは学校にも行けず、大人の厳しい監視のもと朝から晩まで働き、私たちの楽しみのためにひたすらカカオの実を採り、割って中身を取り出している。番組に登場した幼い2人の兄弟はその実が何になるのかも知らない。

　この場合、国際教育が求める地球的視野に立った主体的な行為とは、「チョコ

▷1　文部科学省（2009）『初等中等教育における国際教育推進検討会報告──国際社会を生きる人材を育成するために』3頁。

▷2　例えば、「国際教育・勧告」の正式名称は「国際理解、国際協力および国際平和のための教育ならびに人権および基本的自由についての教育に関する勧告」であり、重要語句（Significance of Terms）の1つに「国際教育」という名称の説明がある。

▷3　エリック・M・クレーマー／吉武正樹他訳（2007）「『地球都市』の出現とコミュニケーション」『改訂新版　多文化社会と異文化コミュニケーション』三修社、87-107頁。

▷4　フジテレビ系にて2006年6月3日放送。http://www.fujitv.co.jp/ichioshi06/060603sekai/index2.html

レートを食べるのをやめよう」というナイーブな「べき」論を唱えることではない。というのも，国際貿易という金銭の流れが絡んでいる以上，チョコレートの消費量が激減することは間接的に子どもたちを用なしにし，今以上に追い詰めるかもしれないからだ。

　一見他者の問題に映るものを私とつなげて考えてみることを，「つながりの思考」と呼んでおこう。具体的には，私たちの食とガーナの幼い兄弟を「つなげて」考えること，ガーナの教育政策や日本による国際協力，さらには資本主義経済における搾取構造や経済格差の問題を連続したものとして捉えることである。こうした「つながりの思考」を通じて「私」と「他者」の間に，そして「私たち」と社会システムとの間に連続性を見出すことが不可欠であろう。

### ③ 小学校英語活動のソフトランディング

　日本の国際教育の一翼を担うものとして登場したのが小学校外国語活動である。日本には英語力を国際人の資質と考える偏向があり，外国語活動といっても実質は英語活動となっている。日本の国際教育が英語教育の延長と思われがちな異文化コミュニケーションの一部として語られる所以もここにある。

　英語活動には陥りやすい2つの落とし穴がある。1つは，「日本（＝自文化）」対「世界（＝異文化）」という二分法に基づく文化観，もう1つは日本と世界を結ぶのは英語であるという言語観である。こうした価値観のために，英語活動で扱う文化は英語圏または西欧に縮減され，しかも「国外」に限定される。

　これらの誤解を解くには，欧米文化に固執せず，欧米以外や近隣諸国に目を向け，さらに，そもそも異質性とは「国境」を越えなくともごく身近にあることに気づくことが重要である。日本には多くの外国人労働者が居住し，日本語力不足の子どものためにワールドルームを設ける学校も増えている。また，2014年に国内で生まれた新生児の29人に1人の親は外国籍だという。「『英語（あるいは欧米言語）を教えることがイコール国際教育である』という間違った考えから脱却」するためにも，「文化的・言語的な多様性が身近にあるという現実」から出発すべきであろう。外国語指導助手（ALT）はことばも価値観も異なる究極の「他者」として子どもたちの前に現われるが，さらにはそうした「他者」に留まらず，これまで「同じことばを話す仲間」と思っていたクラスメートなどの身近な「他者」とつながる活動へ展開することも重要であろう。

　「私」と「他者」を結ぶ線は，実際の糸や実線のようにモノとして目に見える線ではない。コミュニケーションの線とは「つながりの思考」によってあえて見ようとしなければ見えない「意味」としての線である。日本人意識や英語に囚われすぎず，他者とのつながりを社会システムとの関係のなかで考えた上で，具体的な行為のオプションを探ることが必要だ（Ⅶ-5参照）。国の「際」に立つための教育とはこうしたコミュニケーションの連鎖である。

（吉武正樹）

▷5　中学校の外国語教育が原則英語であるため，外国語活動も原則英語となっている。その導入に関しては賛否両論があるが，政策をソフトランディングさせることもコミュニケーション学の実践的な課題であろう。

▷6　「新生児の29人に1人は親が外国人　過去最高水準に　2014年」産経ニュース（2016年3月5日）。https://www.sankei.com/life/news/160305/lif1603050030-n1.html

▷7　寺島隆吉（2009）『英語教育が亡びるとき——「英語で授業」のイデオロギー』明石書店，17頁。

## Ⅶ 教育

# 7 コミュニケーションの基盤としての母語

### 1 認識を可能にする母語

　動物には，生まれて短い間に学習したことが長期にわたって持続する「刷り込み」という現象がある。人間の場合も，生まれてすぐことばを学びはじめ，教わった価値観や行動様式がその人の一生に大きな影響を与える。教育といえば学校教育を想像しがちだが，家庭教育もそれに劣らず，もしくはそれ以上に，ヒトが人間になるうえで大きな意味をもっている。

　なかでも母語を教えることは，人間の認識の核になる重要な教育である。そもそも人は名前というものを何1つ知らないで生まれてくる。まわりの物がそこに存在していることは手探りや見かけでわかるとしても，それが一体「何」なのか，つまりその物の「意味」など知るよしもない。ことばをもたない赤ん坊にとって，世界はまだ意味をなさない，単なる物理的な刺激の連続にしかすぎない。

　母語とは，そうした「無意味」な刺激を「意味」のあるまとまりとして「見る」ために，最初に与えられる「色眼鏡」である。手を「手」と認識するにも，すでに「手」ということばを知らなければ，どこからが手でどこからが腕なのかわからないし，「指」や「爪」や「指紋」ということばを知らずして，手のひらを身体の一部として輪郭を与え切り取ることはできない。

　逆に，手のひらの中心部を仮に手相学で「平中（ひらなか）」と呼ぶと教えたならば（注意：これは私のたとえである），それまで目に入らなかったはずの「平中」が手のひらに「現われ」，「見える」ようになるはずだ。「平中」を知らない人に「君の平中はきれいだね」と言っても「意味」をなさず，ましてや「平中」を「見る」こともできないだろう。

　このように母語を教わるとは，どのような切り取り方でも可能な「世界」を，そのことばに従って切り取るための色眼鏡を，身体の一部として取り込んでいくことなのである。

### 2 「使い方」を「使いながら」教わる

　私たちはどうやって母語を学んでいったのだろうか。赤ん坊はどうやって母語を教わるのだろうか。もちろん，親が子に連体詞がどうだ，カ行五段活用がどうだという文法的な説明はしない。そもそも，母語を話しているとき私たち

は文法など必要ない（意識しない）し、「〜は」と「〜が」の使い方の区別さえうまく説明できない。こうした文法とは、あくまでも事後的に編み出された規則であり、主として非母語話者のため、あるいは彼（女）らに教え込むためのものである。

　母語を教えることは、数字の「5」の意味を教えるのによく似ている。「5」を知らない人に「5」を教えるとき、「4の後、6の前」という定義を説明する人はいない。おそらく、まず手を広げ、指を一本ずつ「1, 2, 3, 4, 5。これが5だよ」と数えて見せるだろう。そして、いろいろなものを一緒に数えてみる。「5」の意味を教えるには、「5」の辞書的な意味ではなく、その「使い方」を実際に「使いながら」覚えさせるのである。

　赤ん坊に「桜」の意味を教える場面を例にとろう。まず親は、対象である桜を指さし注目させ、「桜がきれいだねぇ」とか「桜を見てごらん」という発話を重ねていく。散歩やテレビで桜を目にするごとにそれを繰り返し、次第に赤ん坊はピンクのひらひらとしたものを見たら「さ・く・ら」という音を出す習慣を身につけていく。赤ん坊が梅を桜と間違えたら、「あれはね、梅よ。『う・め』」と訂正するだろう。こうして赤ん坊は、いつ「さ・く・ら」と発音し、いつ「う・め」と発音すればよいかを同時に覚え、次第に世界をより細かく切り取って認識することを、母語とともに学んでいく。つまり、私たちは母語をその「使い方」を「使いながら」学ぶのである。

## 3　母語を通して共同体の一員へ

　自分の「母」を選べないように、私たちは「母」語を選ぶことができない。たまたま産み落とされた言語共同体のことばが母語となるのであり、親が子に母語を教えるということは、その言語共同体の文化を継承していくことなのである。母語を共有する人たちは、母語を通じて同じ作法で世界を見ている（意味づけしている）。何に意味があり、何にないのかは、その言語共同体で何に名前が与えられ、何にないのかと等しい。手のひらの真ん中に名前がないのは、その話者にとってそこに名前を与えることに意味がないからである。反対に、手相占い師にとってそこに手相の核心があろうものなら、何かしらの名前が与えられるはずである。

　よくことばはコミュニケーションの「ツール」だと言われるが、そうではない。時間軸で見ても、「まず私があって言語を（道具として）利用する」のではなく、私より先に言語（共同体）が存在し、私がその色に染められていくのである。母語はコミュニケーションの基盤となるものであり、母語を学ぶことは、つまり、その言語共同体で生きていくためにその成員になることである。私たちは地面に立つとき「どこか」に立たなければならないように、母語とはそうした不可避の立脚点に似ている。

（吉武正樹）

▷1　田中克彦（1981）『ことばと国家』岩波書店。
▷2　ルートヴィッヒ・ウィトゲンシュタイン／藤本隆志訳（1976）『ウィトゲンシュタイン全集8　哲学探究』大修館書店。

▷3　鈴木孝夫（1973）『ことばと文化』岩波書店。

## Ⅶ 教育

# 8 生活を学ぶこと ◁1

◁1 科研費（21530553）の助成を受けた研究内容を含む。

◁2 本木善子＆松岡英子（2006）「中学校家庭科におけるエネルギー・環境教育の実践」『教育実践研究』7号，121-130頁。

◁3 本木＆松岡（2006：122）。

### 1 「消費者」を育てる教育

　現在の学校教育は，子どもたちをどう育てようとしているのだろうか。その手がかりをつかむために，長野県のある中学２年の家庭科の授業をみてみよう。単元名「私たちの暮らしと環境・エネルギー——暮らし方を見直そう」というこの授業は，目標として次の３つを掲げている。(1)「環境やエネルギーと自分の生活とのかかわりを考える視点から，自分の生活を点検することが大切であることに気づく」。(2)「自分の家族の生活をふり返り，環境やエネルギーに配慮した生活の工夫ができる」。(3)「ものを消費する消費者としての立場で，問題の解決や実践ができる」。そして具体的には，エコクッキングの実践やエコバック作りを行ない，エネルギーや環境を考えた生活スタイルを提案する，といった内容になっている。エネルギー問題を考え，自らの生活を見直させることを目標に行なわれたはずだったが，結局この授業を通して生徒が学んだのは，賢い「消費者」になることだったのではないだろうか。

　家庭科教育は，「生活者」を育成することを目標としているにもかかわらず，「消費者」にとどまる内容になっている場合が少なくない。しかし，これは何も家庭科に限ったことではない。学校教育を通して「消費者」が作られていく様子は，どの教科でも見ることができる。それどころか，むしろ受験に関係のある教科の方が，将来実入りのよい職業に就き，よい暮らしをするために必要だからという直接的な動機が透けて見え，消費社会を維持することに多分に寄与しているといえる。消費社会自体を問い直す姿勢がなければ，例えば先の家庭科における暮らしとエネルギーの授業のように「消費者」の育成で終わってしまい，エネルギー問題への根源的な問いを発することにはつながっていかない。

### 2 「消費者」から「生活者」へ

　では，「消費者」としての学習と「生活者」としての学習はどう違うのだろうか。私たちが毎日使っている電気を考えることで，比較してみよう。

　まず，電気を無駄にしないために何ができるのかを考えることは，「消費者」としての学習である。ここでは，当たり前に電気が使える生活が前提としてあり，その枠組みを変えるという発想にはつながらない。しかも，こうした学習だけでは，例えば昼間のピーク時に合わせて電気の供給量は決められているか

ら，夜間のあまった電気を有効活用しなければならない，といったレトリックにたやすく乗せられてしまうかもしれない。そして，結局は電気の消費量を増やしてしまうという皮肉な結果をも招きかねないのだ。

　一方，「生活者」としての学習は，電気が当たり前に使える私たちの生活がどういった仕組みによって成り立っているのかを考えるだろう。都市部で使われている電気のほとんどが地方の発電所で作られているという地域格差の問題や，原子力発電所から送られてくる電気は，その原料となるウランの採掘現場や原発工場内で働く人びとの被曝の危険に晒された生活なしには成り立たない，というところまで踏み込んで考える必要がある。そうなると，単に節電する賢い「消費者」で終わる学習では不十分であり，代替エネルギーのことや大量生産・消費の仕組みの矛盾にまで踏み込む学習が求められることがわかるだろう。

## ❸ 関係性を学ぶ

「生活者」としての学習を実践している授業がある。風雪によって倒された自然木からバターナイフを作る試みが，石川県のある中学の技術科の選択履修授業ではなされている。指導案には，製作前に「里山と今回製作するバターナイフのつながりについて学ぶ」ことが記されており，ものづくりを通して里山と私たちのつながりを考えさせることが授業の目標の1つとなっていることがわかる。

　熊本県における小・中学校の水俣病学習で多くの学校が参考にしているという通称「青本」と呼ばれている教材では，「水俣病の苦しみと怒り」「水俣病の構造と歴史」「わたしたちと環境」という3つの柱を総合的に学ばせようという工夫が施されており，そこでは自らの生活と水俣病とのつながりを必然的に考えざるを得ない。消費中心の近代社会が生み出したひずみが水俣病であり，だからこそ私たち1人ひとりの生活と水俣病は密接な関係があるのだ。そのことを意識して作られたのが，この教材だといえる。

「生活者」としての学習とは，他者とのかかわりを学ぶことである。他者と自分の生活がどのようにつながっているのかを見極めることだ。一見すると水俣病患者と私たちとは何のかかわりもないように見えるが，加害企業であるチッソが生産するものを便利だとして使う行為が，加害企業を容認し水俣病発症の一翼を担うことになってしまった構図は，今の私たちの生活に通じるものがある。例えば，新しい「公害」とも呼ばれる化学物質過敏症に苦しむ人びとにとって，私たちは加害者かもしれない。そうした見えない関係性を可視化してくれるのが，「生活者」としての学習であり，そこでは想像力を働かせることによって，他者とのつながりを見出していくことが求められる。その「想像の共同性」を現出していくことこそが，「生活者」としての学習なのではないか。

（池田理知子）

▷4 岳野公人＆守田弘道（2008）「木材加工を通した環境教育に関する授業実践」『金沢大学人間社会学域学校教育学類教育実践研究』34号，43-48頁。

▷5 水俣芦北公害研究サークル編（2007）『水俣病・授業実践のために　学習材・資料編〈2007 改訂版〉』水俣芦北公害研究サークル，21-22頁。

▷6 **化学物質過敏症**
様々な種類の微量化学物質に反応し，頭痛や吐き気，めまい，発疹などの症状が出て，重症になると仕事や学校に行けなくなる。防虫剤や芳香剤，香水，整髪料，合成洗剤といった身近な化学物質を含む製品に対して反応するため，日常生活を送ること自体が困難になる。石川哲＆宮田幹夫（1999）『化学物質過敏症――ここまできた診断・治療・予防法』かもがわ出版を参照。

▷7 苅谷剛彦（2005）「『学ぶ意味』をどう再生するか」苅谷剛彦＆西研『考えあう技術――教育と社会を哲学する』筑摩書房，262頁。

## Ⅶ 教　育

## 9　教育とメディア

### 1　漫画が教える歴史

　インターネット上のＱ＆Ａのサイトで，次のような質問が寄せられていた。「小学生の娘ですが，来年から歴史の授業が始まります。(中略) そこで，まずはマンガで興味を持たせたいと思っています。歴史を学ぶことができて，女の子でも抵抗なく読めそうな歴史モノのマンガをごぞんじであれば教えてください」。この親は意図的に漫画を読ませようとしているが，そうでなくとも子どもは学校で習う前から漫画やゲーム，アニメを通じて歴史や文学作品に触れている。江戸時代の剣豪たちの戦いを描いたアニメ『修羅の刻』や，平安貴族の生活を描いた少女小説で後に漫画化された『なんて素敵にジャパネスク』，様々な戦国武将が登場するゲーム『戦国BASARA』など歴史を題材にしたものは多い。筆者らの世代だと，漫画『あさきゆめみし』で『源氏物語』の世界を楽しみ，漫画『ベルサイユのばら』でフランス革命の経緯を知った人が少なくなかったはずだ。

　こうしたメディアを通して歴史や文学を学ぶことの是非は別にして，様々なメディアから情報を得ることのできる時代に私たちが生きていることは間違いない。そういった状況のなかで，「教える」というコミュニケーション行為も変わっていかざるを得ないのではないだろうか。

### 2　「教える」ということ

　「教える」ということは，単に知識を伝達することではない。知識とは，そもそも何らかの蓄えられたもので，それを引き出して渡せるかのように思うこと自体が間違いである。知識とはむしろ，それを身に付けることで新たな世界が広がるきっかけを作ってくれるもの，と捉えた方がよい。だとするならば，知識を伝える行為とは，新たなものの見方への気づきを促すものだということができる。

　しかもそれは，教師から生徒への一方向の流れに留まらない。苅谷剛彦と西研は，「『知識』は前提に『共有』をもっている」とし，学習者は教わった情報の意味をどう関連づけ，どうやってもう一度活用することができるかを学びあい考えあおうとするのだという。しかし，これはいわゆる学んでいる者，つまり生徒や学習者にだけ起こることではない。教える側とされる教師にも起こり得

▷1　http://oshiete. goo. ne.jp/qa/4958057.html

▷2　ヘーゲルの「知」に対する考え方を引用して「知識」＝「詰め込み」ではないと説く苅谷剛彦と西研の議論を参照した。苅谷剛彦＆西研 (2005)『考えあう技術——教育と社会を哲学する』筑摩書房, 141-143頁。

▷3　苅谷＆西 (2005: 153-155)。

る。教師が伝える情報が学びあいの場でどう広がっていくのか，教師すらも予想がつかない。教師も生徒との関係のなかで，新たな見方や考え方に気づかされるのだ。特に，これまで様々なメディアを通してすでに何らかの情報を得，ある一定の見方に晒されてきた生徒に対峙する場合，学びあう姿勢をもたなければ，教えることはできない。つまり，生徒の世界観を広げることはできないだろうし，ましてや自らも既存の枠組みにはまったままになってしまうだろう。生徒も教師もマルチメディアな時代を生きているからこそ，お互いに学びあう姿勢が大事になってくるのだ。

## 3 マルチメディア時代の教育

　マルチメディア時代の教育は新たな可能性を生み出す。例えば，テッサ・モーリス＝スズキは，スティーヴン・スピルバーグ監督の映画『アミスタッド』▷4を取り上げ，その可能性を示す。▷5 1839年に実際に起こった事件を題材に作られたこの映画は，映画というメディアの制約のなかで，ある出来事がハイライトされ，いくつかの史実がまったく触れられないという「脚色」が施される。結局，この映画は米国の視点で語られた歴史物語となってしまったのだ。そして，この映画を観た多くの人びとは，仮にこの映画にしか触れていなければ，その物語こそがアミスタッド事件の「史実」だと思い込んでしまう危険性がある。しかし，逆に映画の影響力が大きかったからこそ，この事件を取り上げた小説や，雑誌，新聞，インターネット上のウェブサイトの記事などが映画の公開以降多く書かれ，「史実」との違いが指摘されるということが起こったのだった。

　そのなかでも，米国国立公文書館のサイトでは，アミスタッド事件関連の資料を紹介するだけでなく，こうした資料を用いた教育現場での授業実践の提案を行なっている。▷6 例えば，そのサイトでは，「スピルバーグの映画を観て，この事件の関係者……のそれぞれの役割，動機，主張などを比較・評価してみよう」▷7と勧めているが，このエクササイズは漫画やアニメにすでに晒されている生徒たちと向き合う際のヒントを与えてくれる。

　例えば，『はだしのゲン』▷8が描く戦争と，小林よしのりの漫画が描写する世界▷9とのギャップは，共に議論を深めていくなかでお互いに確認していけばよいし，そこから原爆投下や第二次世界大戦の意味，核がもたらした戦後の世界などを共に考えていくことができるはずだ。また，韓国や北朝鮮，中国をバッシングするネット上のサイトなどの状況に対しても同様である。モーリス＝スズキは，「インターネットのようなメディアが過去についての認識をどんなふうに形成するのかを察知する感受性を育てることが必要である」としており，▷10そうした感受性を育むためには，教育現場での教師と生徒，そして生徒どうしのお互いのものの見方を確認しあう作業がいっそう大事になってくるに違いない。教育そのものもメディアなのである（Ⅱ-1 参照）。　　　　　　　　　　　（池田理知子）

▷4　スペインの奴隷商人に拉致されたアフリカ人たちが，米国に連れてこられる途中で反乱を起こした事件を扱った映画。

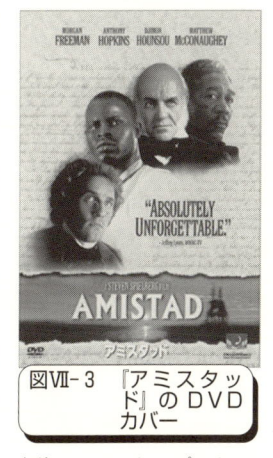

図Ⅶ-3　『アミスタッド』のDVDカバー
出所：ユニバーサル・ピクチャーズ・ジャパン提供。

▷5　テッサ・モーリス＝スズキ（2004）『過去は死なない――メディア・記憶・歴史』岩波書店。

▷6　http://www.archives.gov/education/lessons/amistad/

▷7　http://www.archives.gov/education/lessons/amistad/activities.html
モーリス＝スズキ（2004：258）を参照。

▷8　1970年代に書かれた中沢啓治の漫画で，原爆投下後の広島でたくましく生きる主人公ゲンの様子が描かれている。

▷9　『ゴーマニズム宣言』や『新・ゴーマニズム宣言SPECIAL戦争論』などがある。

▷10　モーリス＝スズキ（2004：274）。

## Ⅶ 教育

# 10 広がる教育の機会[1]

▷1 科研費（21530553）の助成を受けた研究内容を含む。

▷2 新井郁男（2010）「社会教育と生涯教育・生涯学習との関係」『社会教育』65巻2号，6頁。

### 1 生涯教育から生涯学習

　最近は，「生涯教育」という言葉の代わりに，「生涯学習」が使われるようになったという[2]。こうした変化がなぜ起こったのかを考えると，どうも「教育」の一般的なイメージと不可分なように思えてならない。そのイメージとは，私たちが思い描くいわゆる「学校」，つまり近代以降の教育システムである。「教育」とは必ずしも学校教育だけを意味するものではないし，ましてや決められた学級で一斉に同じことを学ぶ体制を指すわけではないにもかかわらず（Ⅶ-2参照），狭義の「教育」しかイメージできない人が圧倒的に多い。だからこそ，「学習」の方が「生涯」との組み合わせとしては相応しいということになってしまうのだろうが，本来は安易に組み合わせを変えるのではなく，「教育」のイメージそのものを問題にすべきだったのかもしれない。少子高齢化が現実のものとなり（Ⅲ-5の表Ⅲ-1参照），団塊の世代が大量に現役を退いたことで，様々な生涯教育／学習が実践されている今だからこそ，「教育」の意味も含めて，具体的なその中身を議論する必要があるはずだ。ここではスタディツアーを例に，生涯教育／学習の意味を考えてみたい。

### 2 スタディツアー

▷3 スタディツアー研究会編（1998）『スタディツアー・ワークキャンプ　ハンドブック』スタディツアー研究会。

▷4 出口雅子（2001）「スタディツアーって何？」『開発教育』44号，44頁。

▷5 山中速人（2001）「オルタナティブツーリズムとしてのスタディツアー――その現状と課題」『開発教育』44号，11-12頁。

　資格の取得から趣味の範疇を出ないものなど，生涯教育／学習には多様なプログラムがある。「国際協力・交流市民団体（NGO）などが相互理解や体験学習を目的として行なう」スタディツアー（ST）[3]も，そうしたプログラムの1つの形態とみなすことができる。高校生から定年退職者までと，参加者層が広がってきているのが最近の傾向らしく[4]，実際，筆者が2008年に参加したSTも20代から70代までと，様々な人たちが参加していた。訪問先は海外が主流とはいえ，国内の様々な場所を訪れるものも少なくない。形態も，訪問先での見学が主なものや，現地でのボランティア活動を行なうものなど多岐に渡っている。
　山中速人は，STを「マス・ツーリズムに対する対抗的文脈の中に位置づけ」[5]る。つまり，オルタナティブ・ツーリズムとして捉え，娯楽と遊行が主流となるマス・ツーリズムが対象としないような場所で，社会の諸問題を学習しようとするのがSTだとしている。そして，その学習の中身には，現地の人たちや問題の関係者から話を聞くといったことが含まれ，参加者はその問題に対しあ

る一定の見方や評価をするように導かれることになる。しかし、そうした「誘導」は、マス・ツーリズムが現地に対して新植民地主義的な搾取や剝奪を無意識のうちに行なっているという認識から発しているため、参加者も積極的にそれを評価するのだとする。

一方で、STの様々な課題も山中は指摘する[6]。そのなかの1つが、現地での受け入れ先が固定化されているため、参加者が多様な経験をすることができず、自由な視点・解釈がそれによって奪われかねないという懸念である。例えば、受け入れ先の先住民族の文化がその地域の伝統文化であると紹介された場合、他民族からみるとそれは必ずしも妥当な見方であるとは限らないが、参加者がそうした別の見方に触れる機会はそこでは生まれない。

### 3 現場に立つこと、出会うこと

STも、パックツアーのように決められたスケジュールをこなしていくだけの効率性を重視した旅と変わらなくなってしまう危険性を孕む。限られた時間の中で多くを学んで欲しいという主催者側の思いから過剰なスケジュールとなり、参加者は十分に問題を考える時間をもてなくなってしまう、ということになりかねない。先に触れた筆者が参加したSTも[7]、まさにそうしたものだった。バスでの移動中や夕方宿に到着後も講義が用意された過密スケジュールは、多くの参加者を疲れさせた。

しかしこのSTで、筆者は貴重な出会いを体験している。ただし、そのことに気が付くまでに、かなりの時間を要したことも確かだった。ツアーの最後、疲労がピークに達していたときにまるで付録のように組み込まれていたプログラム（少なくともそのときの筆者にはそう思えた）での経験がなぜか気になり、後にそのことの意味を真剣に考えはじめたことがその契機となった。家族を襲った新潟水俣病の悲惨な出来事と自身の病との闘いを淡々と話す語り部と、疲労から居眠りをしている人たちもいた筆者らのグループ、という「不幸な出会い」だった[8]。しかし、「不幸」だったからこそ、筆者は1年後に新潟水俣病の語り部の講話を再び聞きに行ったのだった。ツアーに参加していなければ、こうした出会いも生まれなかったに違いない。

様々なSTを企画しているアジア太平洋資料センターの越田清和は、アイヌ・モシリへの旅で「アンタたちはアイヌを見に来たのか」と言われた経験を語っている[9]。これは、「わざわざ難しい理屈をつけてやってくるあなたたちは何者ですか、という問いだ」と彼は言う。しかし、それでも旅から学ぶことは大きいとも言う。出会いの意味を考えること、そして現場に身を晒すこと、そのことの意義は小さくない。「教育」とは、引き出す／引き出される関係を創り出すことであり、教育の機会はあらゆるところにあるに違いない。その「出会い」を生かすかどうかは、私たち自身に委ねられているのだ。（池田理知子）

▷6 山中（2001：12-13）。

▷7 あるNPOが主催したツアーで、柏崎・刈羽原発が位置する地域を訪れ、そこで原発再開に反対している人たちの話を聞いたり、地震の被害の実態を確認することが主な目的であった。

▷8 池田理知子（2010）「水俣病との『不幸な出会い』と、その後」『魂うつれ』40号、26-27頁。

▷9 越田清和（2001）「自分と社会のつながりを見つめなおす旅——エクスポージャー」『開発教育』44号、39頁。

# コラム 5

# 教育と権力

## 1 教育における暗黙の力

　教育は力関係を抜きにして語ることができない。「教育」の「教」という象形文字が土に座った子どもを鞭打つことを意味していたように、教育は、教える側（社会を代表する側）と教わる側（社会化する側）との間に生じる力関係を抜きに理解できない。けれども、これまでの教育に関するコミュニケーション論は、力関係よりも、むしろ、当事者個人のコミュニケーション・スキルを重視し、教師が生徒をいかに導き、善良で賢いコミュニケーターに育てていくかという方法論を主要課題としてきた。このような教育コミュニケーション論は、教育論者の思い描く理想的なコミュニケーター像に教師や生徒を近づけようとするものであった。したがって、理想とは正反対の「いじめ」などについては、当事者個人の性格や感じ方、人間関係作りの仕方などに現象を起因させる語りを繰り返してきた。これは、人間にスポットライトを当てる人間中心主義(ヒューマニズム)の言説空間のなかでは説得力をもつ語りであった。

　このような従来の教育論には限界もあり、別の研究アプローチも必要となっている。人間中心主義的な教育論の限界とは、それが人間をコミュニケーションの始点の位置に置くため、コミュニケーションの健全性の原因を個々の人間（の心理や技能）に求める点にある。つまり、人間がある特定のコミュニケーションをするよう条件づけられているという視点を欠いているのである。言い換えると、教師が生徒を導いていくという視点が強調され、教師がコミュニケーション過程の始点として照射されたため、まずは教師をなんとかしなくてはならないという論調の語りが支配的だったのである。そこでは、教師の語りが特定の権力関係を維持する思想を媒介したり、教師の語りを正当化する暗黙の権力が作用したりするという視点が軽視されてきたため、生徒たちは、そうした力を見抜くよりも、既存の権力関係や秩序を維持するための力に従属するように仕向けられる。この従順さを促すコミュニケーションには、少なくとも2種類あるだろう。

## 2 不問教育

　1つは、物事の存在を問わせない教育である。これは、抽象的なものを具体的なものと錯覚させることを前提とする。例えば算数の時間に、教師が生徒に「二等分」の意味を教えたうえで、実際に長方形の紙を二等分するよう指示したとしよう。通常、生徒はこれを無理な要求として拒絶できない。「二等分は可能だ」という暗黙の了解に基づいて進行しているからである。つまり、「二等分する」ことなど現実には不可能であると思うより、命令を遂行できることが求められているのである。実際には、「二等分に近いもの」しか実現できないにもかかわらず、生徒たちは、現実的に存在しないものが、あたかも存在しうるかのごとく、「二等分」を遂行しようと振る舞うように訓練される。

　こうした存在を疑いのないものとして受容せよという要求に1つひとつ応えていけるようになることが、「社会化」の一部であり、それは通常、一般常識を身に

付けることを意味する。これは，コミュニケーションを円滑に遂行するために必要な了解事項かもしれない。けれども，コミュニケーションが円滑に進めばよいというわけでもない。たしかに，「二等分できる」と思い，それを実行することが問題になることはないだろう。しかし，注意すべきは，「二等分」させようとする要求が，「二等分」する前から「二等分」された状態があることを前提としている点である。つまり，それは，単に「二等分」させるのではなく，予め存在する「二等分」された状態を再現せよとの要求なのだ。

このことを把握しておく意味は大きい。なぜなら，この種のコミュニケーションが，「分かれているので分けられる」という発想を助長し，「分けたので分かれている」という視点を隠蔽しておく効果があるからである。「二等分されているので二等分できる，したがって二等分せよ」という要求が理不尽に思えないのは，このためである。「分かれている」という前提から出発するコミュニケーション。このようなコミュニケーションは，「なぜ分かれているのか」とか「なぜ線引きされているのか」といった疑問を封じる方向で作用することを知る必要があるのだ。

私たちは，様々に線引きされたカテゴリーの内外で，また，境界線を横断しながら生活している。それは学歴であったり，国境であったりする。しかし，こうしたカテゴリーは，単に「分かれている」から存在するのではない。「分けたので分かれている」のである。「分けた」のであれば，「分け直す」可能性もある。最初から「分かれている」のではないという教育を教育現場がやりはじめなくて，どこがやるというのだろうか。

## 3　権威者の語り

私たちを従順な主体にするコミュニケーションのもう1つは，権威者の語りである。権威者に言われると，それらしく聞こえることがあるが，注意も必要だ。大橋洋一は次のような例をあげている。

たとえばある大学の先生が，予備校教育の悪口をいって，「予備校では受験テクニックを優先して○×式の発想しか教えないが，大学では○×式の発想ではなく，複雑で柔軟な思考を重視するのだ」と語ったとします。（略）この大学教師は大学では○×式では教えないといっておきながら，予備校教育は×，大学教育は○という，まさに○×式の発想で語っているのです。▶2

以上は仮定的な例だが，現実を見渡すと，そのような語りが平然と市民権を得ているのではないだろうか。例えば，子どもの人間形成の過程で，友だちと「分け隔てなく」協力し合えるようになっていくことを教育目標として掲げる教育論者は多いだろう。しかし，このような語りは矛盾していないだろうか。つまり，このような教育論のなかに，その論理を崩壊する素材を見出せるのである。具体的に指摘すると，この発話そのものが，「分け隔てない」子どもと「分け隔てる」子どもを分け隔てたうえで，「前者」を模範的な子どもとしているのである。したがって，このような発話を無批判に受容・消化していく子どもたちが，分け隔てなく接するようになるかは疑問である。

以上のことからいえることは，教育現場の当事者のコミュニケーション・スキルを向上させたり，心理的・技能的な問題を解決させたりするための処方箋とは別次元の教育コミュニケーション論の展開が必要だということなのではないだろうか。

　　　　　　　　　　　　　　　　（板場良久）

▶1　人間中心主義的な教育コミュニケーション論に，松本茂編著（1999）『生徒を変えるコミュニケーション活動——自己表現活動の留意点と進め方』教育出版などがある。
▶2　大橋洋一（1995）『新文学入門—— T・イーグルトン「文学とは何か」を読む』岩波書店，139-140頁。
▶3　例えば山口満は，「子どもたちが主体的に，分け隔てなく，協働し合ってひとつのものを創造すること」を教育理念としている。山口満（2001）『新版　特別活動と人間形成』学文社，193頁。

## VIII 精神

# 1 心理から精神へ

### 1 意識とは別次元にある夢・無意識

　現代社会は容赦なく変化する人間関係への対処を求める。学級制度では，自分の意思とは別に選ばれたクラスメートと付き合わなければならないし，クラス編成があるたびに再び新たな人間関係を意識的に築かなければならない。自由選択科目が増える高等教育でも，クラスメートを自ら選ぶことはほぼ不可能である。多くの時間を過ごす職場でも，同僚や取引相手，顧客を自分の意思で選べない。このように私たちは，生まれたときから見慣れた人とだけ暮らしていくことなど不可能な社会に生きている。そこでは当然，人間関係上のトラブルも起こるし，トラブル回避の気遣いもするだろう。このように不確実な情況で求められてきたのが，自他がどんな人であるかを把握する方法，例えば各種適性検査であり，血液型別の性格・相性診断のようなものであり，また，リーダーの人心術のようなものである。

　その結果，私たちは，診断や検査の可能な性格や志向性といった心の属性を理解の対象とし，その理解を基本にしながら語り合うことも多くなった。しかし，自分や他人の心的なものに意識を集めるときに死角に隠れるものがある。それが無意識である[1]。もちろん，無意識というものを意識のことばで理解することは難しいが，論理として，あるいは精神的な悩みにアプローチする技法として，それを想定することは可能とされている。この意識と無意識の関係を理解するための初歩的事象が，私たちがみる夢である。

### 2 夢でもあり得る現実

　コミュニケーションのできない睡眠中のことは本書と無関係に思えるかもしれないが，そこにはコミュニケーションを理解する手がかりが隠されている。それが夢である。夢は荒唐無稽で非現実的である場合が多いが，それは，意識（自我）によって抑圧された無意識が意識のなかに出ようとするものだからである。つまり，本来意識的でないものが意識の表現手段を使いながら出現するのだ。また，睡眠中に受ける不快な刺激によってその都度目覚めないように，それらを夢に取り込んで寝続けることも，夢が支離滅裂になる要因とされる[2]。

　しかし，睡眠の途中で目覚めてしまう場合もあり，その解釈を巡って，議論が分かれている。例えば，ある男の夢に，死んだはずの息子が炎に包まれなが

[1] ここでいう「無意識」とは，単に今ここで意識できないことではない。単に忘れてしまっていることで，ちょっとしたきっかけで思い出せるようなものは「前意識」と呼ぶ。ここでいう「無意識」とは，思い出し得る「前意識」とは異なり，精神の奥深くで抑圧された位置から「意識」を突き動かす関係にあるものを指す。したがって，意識できる心の動きや状態のみによって，精神全体を語りつくすことはできないとされている。

[2] 夢や意識／無意識を概説したものとして，竹田青嗣＆山竹伸二（2008）『フロイト思想を読む』日本放送出版協会（特に序章）が参考になる。

ら現われ，燃えていることに気づけと父親に迫った。このことで男が目覚めたら，実際に何かが燃えていたという事例がある。彼が目覚めたのは，外的刺激（現実の煙）が夢に取り込めないほど大きくなったからだというのがジグムント・フロイトの説明である。しかしスラヴォイ・ジジェクは，そうではないと言う。むしろ，息子の死を回避できなかった父親の自責の念（真実）を隠蔽し続けるために目覚めたと解釈する。つまり，目覚めることで〈罪な父親〉という現実を隠し，「眠り」続けるのだと言う。いずれにせよ，ここで重要なことは，意識中心の現実と無意識が現われようとする夢とが結びついているということであり，また，夢に本当のことが隠されているかもしれないということであろう。現実が真実であり夢が虚構であるとは言い切れない。その逆の可能性すらある。私たちが意識的に行なうコミュニケーションにおいて認識する世界は虚構(フィクション)でもあり得ることを示しているのだ。

▷3 Storey, John (2006). *Cultural Theory and Popular Culture: An Introduction.* University of Georgia Press, p. 84.

### 3 意識中心主義からの脱却

　従来のコミュニケーション論は，心すなわち意識・意思・感情・性格・志向性といったものを出発点にしていた。心に浮かぶことを言語などの記号を用い伝える相互作用をコミュニケーションと考える傾向があった。こうした考えは，大衆社会にも浸透した。例えば，心の優先性を表わす「ことばは心を越えない」といったセリフは訴求力をもち続けてきた。つまり，現実を認識する心が先にあり，その伝え合いがコミュニケーションだという考えである。

　しかし，上述したように，ある現実を認識している意識では気づきにくいものがあり，それが意識を気づきにくい形で突き動かしてもいる。例えば，誰かを「低脳」と罵るとき，それは罵られた者の頭脳について語る以上に，罵った本人の精神状態について語っている。つまり，罵った本人にとって「低脳」は嫌なことばであること，自分も言われ得ることばであること，自分がそう呼ばれる恐怖を抑圧している可能性があることなどが示されるのだ。換言すると，他者を「低脳」と定義することで，自分がそうではないという前提を作り，本当は自分が「低脳」かもしれない恐怖を抑圧できるのである。しかし本人は，通常，こうした恐怖が自意識を突き動かしていることに気づいていない。ここからも，意識できる心的なものが先にあるのではないことがわかるし，意識は方向づけられているとすらいえるのだ。

▷4 社会が人間心理の理解を中心に物事を捉える傾向を分析したものに，樫村愛子（2003）『「心理学化する社会」の臨床社会学』世織書房および斎藤環（2003）『心理学化する社会——なぜ，トラウマと癒しが求められるのか』PHP研究所などがある。また，ことばに関する学問とりわけ言語学における心理主義の問題については，田中克彦（1993）『言語学とは何か』岩波書店の「第2章　アメリカの言語学」に詳しい。

　なお，ここで注意すべき点は，このような視点でコミュニケーションにおける無意識を「特定」することがコミュニケーション学の目的ではないということである。むしろ，無意識という次元を「想定」することで，意識的に交わされたことばの次元を表層に置き，それを突き動かしている深い意味，当事者も気づかない解釈を論理的に構築していくことで，批判的介入の可能性を開いていける点が重要なのである。

（板場良久）

# VIII 精神

## 2 〈現実〉と私たちを介する位相

### 1 精神分析とコミュニケーション

　精神分析と聞くと，私たちは，精神的病理に対して施される医学的治療方法の1つとして捉えることが多い。しかし，これを病理学的問題として捉えることなく，コミュニケーションの問題であると言った人びとがいる。ジグムント・フロイトであり，それを継承したと自負するジャック・ラカンであり，その後ラカンの考え方を文化研究やフェミニズム研究に応用した人びとである。▶1

　この分析家たちは，私たちが精神的疾患を患うのは，〈現実〉を捉えそこなっている時であると考えた。▶2　そのような時，〈現実〉は私たちを正常に機能させてくれない。その〈現実〉に妙に執着してしまったり，逆にその〈現実〉に対して恐怖さえもってしまったりする。どちらにしても，その〈現実〉を動かしがたいものとして考える時，私たちは無力感にさいなまれる。その一方で，〈現実〉に対して私たち自身が何かできると思う時，私たちは治癒できるのである。したがって，ラカンは，〈現実〉をより的確に捉えるため，私たちと〈現実〉の間を取りもつものを3つの位相，界（オーダー）に分け，それぞれことばやコミュニケーションの果たす役割を示した。▶3

### 2 現実界・想像界・象徴界

　まず，現実界と呼ばれるものがある。これは，ことばにできない〈現実〉を記す表現不可能な領域である。映画『俺は，君のためにこそ死に行く』（石原慎太郎総監督，2007）を例にとってみよう。これは，アジア太平洋戦争末期に自爆攻撃を仕掛ける命令を受けた特別攻撃隊員を描いた映画である。しかし，この命令を隊員たちがどのように受け止め，直前にどのような恐怖に直面したのかを，現在に生きる私たちが正確に想像することは不可能である。彼らの生きた〈現実〉は，当事者だけが語ることができる経験なのである。この経験の前で私たちのことばは無力である。その時私たちは，決して陳腐なことばを与えることなどできない圧倒的な現実界の存在に気がつく。▶4

　想像界は，現実界を解釈しようとする際に登場する〈現実〉である。ことばにする際，その作業を拒む現実界があるのだが，それを自分のものとして制御下に置こうとした時に想像界は顕れる。現実界はことばにされることを望んでいるかもしれないが，ことばの制御下にはない。想像界は，解釈者のために〈現

▶1　大衆文化を事例に使用しながら，難解なラカンの思想を紹介したのがジジェクである（ジジェクは，必ずしもラカンと同じことを言っているわけではないので注意が必要であるが）。ジジェクの楽しさは，彼のハリウッド映画の批評にあるといっても過言ではない。スラヴォイ・ジジェク／鈴木晶訳（2001）『汝の兆候を楽しめ――ハリウッドvsラカン』筑摩書房。

▶2　〈　〉を使用し，〈現実〉と標記した場合，それは客観的な現実を示さない。精神分析における現実は，常にここで紹介する3つの位相すなわち界を通じたものでしかないためである。したがって，現実は常に〈　〉を付して表記する。

▶3　3つの位相を，日本語訳では「界」と訳しているので，それに従うことにした。英語訳では，秩序を意味する「オーダー（order）」と翻訳されていたので，ルビにそれを残すことにした。

▶4　この現実界は，死者のために留保しておかなくてはならない領域であると説いた映画監督がいる。彼は映画『SHOAH』において，ホロコースト映画にありがちな残虐シーンを決して描かない。クロード・ランズマン／高橋哲哉訳（1995）「ホロコースト，不可能な表象」鵜飼哲＆高橋哲哉編『ショアーの衝撃』未来社，120-125頁。

実〉を意味あるものにする位相でもある。例えば、戦争体験に関して、自分の経験した過去の断片を寄せ集めてきて、自分が思い出したいように歴史・記憶を作り上げることなどは典型的である。特攻の記憶に話を引き付けるなら、それは若者に語り継ぐべき美談として提示されることもある。想像界は、記憶が自分を勝手に支配する領域であるため、そこで作られた独自の記憶は自分が安住できる美しい物語にもなるのだ。想像界においては、本来、語ることなど不可能な現実界にあるものが、繰り返し語られる美談になるのである。

象徴界は、想像界を介することで解釈した〈現実〉を自分のものとして囲い込むことができない時に、顕在化してくる。特攻の記憶の例に戻るが、米国人にとって特攻とは、イスラム原理主義者による自爆テロと同じ狂信的な行為である。したがって、特攻を神聖な命令として考える人にとっては、この米国人の思考回路は、特攻を冒瀆しているとさえ思うことがある。その一方、多くの日本人にとって、自爆テロは米国人が考えるように狂信的で理解できない行為である。そして、特攻の記憶は、ここでは米国人という他者のまなざしを通してみると、急に奇妙なものに思えてくるのである。しかし、特攻という行為は、多くの日本人にとって自爆テロとはまったく異なる次元にある、日本人の名誉を奏でる物語でなくてはならない。象徴界とは、好むと好まざるにかかわらず、他者との関係性が出来上がる象徴のネットワークの中にあるものであるが、それ故に、自分だけの解釈を特攻に与えることができないことをそこで知るのである。自分だけの解釈など象徴界においてはあり得ない。[5]それを認識したところから、さらに自分だけに引き付けた内容をもつことに執着するのである。言ってみれば、他者の存在ゆえに、自分が執着・発話してしまう位相、界に突入することになる。ここでは自分は自分のことばの主人ではあり得ない。ラカンはこれを象徴界と名づけた。そして、この象徴界を経験することによって、神経症的に自我に執着する精神を治癒しようとしたのである。それは、自分勝手な解釈が成立し得ないことを認識する作業といってもいい。[6]

## 3　3つの界とコミュニケーション学

従来、現実界とコミュニケーションとの関係は、ことばやコミュニケーションが現実界を再現するものとして考えられ、詩的表現などで表象可能なものとしてきた。また、想像界は、解釈する人間の力に信頼を置くため、人間中心主義（＝人文主義）的である。象徴界においては、自分が発話の主人になるのではなく、発話の「構え」が向けられる自分以外の存在――他者、聴衆、象徴のネットワーク――によって発話が促される。コミュニケーションとは、自分だけが話す主体である時には発生せず、自分以外の存在が自分を発話に促す時に起こるものである。この考え方は、コミュニケーション学の中でも、聴衆、文脈、歴史などを分析の中に加えるレトリック学との親和性が高い。　　　（藤巻光浩）

▷5　特攻の中には、数名の朝鮮籍をもつ隊員も存在したことはよく知られている。彼らは、石原監督の映画だけでなく、映画『ホタル』（降旗康男監督、2001）の中にも登場する。その1人は、「自分は朝鮮民族の誇りのために死ぬ」と言うのである。この役割と台詞は、『パッチギ Love & Peace』（井筒和幸監督、2007）に登場する特攻隊員のパロディ的役割と比較すると面白い。

▷6　ことばが自分の主人であることを認識する作業を精神分析とラカンは位置づける。つまり、精神分析と患者を「話させることにある」(Lacan 1977：11)。

## VIII 精 神

## 3 言語世界における「精神」の生成と運動

### 1 「精神」の二面性

　私たちは、「精神」という言葉に触れながら、日々の生活を送っている。しかし、その働きの結果によって、喜んだり、悲しんだりしているはずなのに、それ自体が一体どのようなものであるのかについては、特に深く意識する機会は少ないように思われる。「私は心の命ずるままに生きた」や「あの人は鋼のような精神のもち主だ」といった表現から考えてみると、私たちは「精神」を、あるときは人間の奥底の「存在」そのものとして、またあるときは人間のもっている「もの」として、それを認識していることがわかる。

　「精神」ということばが、人間の「存在」でもあり所有する「もの」でもあるという二面性は、じつは人間の言語活動のあり方と深く関係している。私たちは常にことばを用いて様々な対象を意味づける。それは自分の気持ちが外へと向かっている状態であり、ある景色を見て感動するのも、例えば「美しい」という意味づけの作用の結果といえる。しかしここで、言語化の対象がひとたび自分自身に及ぶと、どうなるだろうか。そこには対象としての自分と、自己を対象化しようとしている自分とが同時に存在する。ここで、鏡の前に立って考えてみよう。そこに映し出されている「私」とそれを見つめている「私」、はたしてこれら2つの「私」は同じものなのだろうか。ここには次元の異なった事がらを、同じ「私」ということば（概念）で括ってしまうために生じてくる混乱がある。[1]「対象化する私」と「対象化される私」は同じものではない。私たちが、「精神」といった問題と向き合う際には、「対象化する私＝存在」と「対象化される私＝もの」いう、同様の問題に直面するのだ。

### 2 コミュニケーションと「精神分析」

　それでは、「精神」はコミュニケーションとどのように関連してくるのだろうか。私たちは、「存在としての精神」とは、「意味を付ける主体（行為者）」であり、「ものとしての精神」とは、「意味を付けられる客体（対象）」であるということに、注目しなければならない。つまり、「精神」のもつ二面性とは、「意味」を媒介として成立している関係であることに気づく必要がある。

　この「精神」の働きと、ことばによって生まれてくる意味との関連性を考え抜いた人物が、フランスの精神科医、ラカン（Lacan, J., 1901-1981）である。彼

▶1　浅野智彦（2001）『自己の物語論的接近』勁草書房。

は、フロイト（Freud, S., 1856-1939）によって創始された「精神分析」理論の本質を、人間の言語活動との関係で大きく発展させたことで知られている。「精神分析」とは、クライアントにとって意識的には納得のいかない自分自身の行動や症状を、その人自身が気づいていない「無意識」の働きとの関係において明らかにしようとするものである。そしてこの「無意識」の働きが、ことばの意味の反作用によって形作られるという指摘をしたのがラカンである。ここで、誰か大切な人の写真に向かって、「好き！」「嫌い！」などのことばを発してみよう。するとその都度、そのことばに応じて、何らかの心のざわめきを多少なりとも感じ取ることができるであろう。それらが無意識の働きの一端であり、次の瞬間の意識的な発言にも作用する。

このようなラカンの精神分析理論に照らし合わせながら、「精神」に関するコミュニケーションの問題点について、掘り下げて考えていくことは重要であり、そのためにはことばと人間が結び付いた一番初めの場所での出来事を、確認しておく必要がある。

## ③ 精神分析的視点から見た言語活動のはじまり

私たちは生まれてしばらくの間、母（あるいはその代理）との深い一体感のなかで生存している。そこでは「私」と「あなた」という区別はなく、母は自分自身の一部と感じられている。しかし、赤ん坊に一定の間隔で生じてくる空腹等の生理的欲求を、母が瞬時にすべて完璧に満たすことは不可能である。そこで赤ん坊に一時的な欲求不満の状態が生じる。▷2 これが、赤ん坊のなかに、母は自分の一部ではないという感覚を芽生えさせ、自分の力の及ばない誰か「他者」がそこにいるという感覚を生む。そして次第にこれらの感覚は、世話をしてくれる母に常にそばにいてほしいという願望となる。▷3 母はこのような場で、赤ん坊の空腹を知らせる泣き声や、授乳による心地よさを示す生理的作用に対して、「はーい」「まんま」などのことばを伴った反応を示す。▷4 そして、赤ん坊はこの母の「声」と母の存在とを次第に重ね合わせることができるようになっていく。それは赤ん坊にとって、不快を取り除き、快を持続させようとする母という「対象（他者）を望むこと」のはじまりであり、▷5 母からの働きかけによって生理的欲求をことばによる要求へと変容させることを学ぶ言語活動のはじまりともなる。「精神」の二面性は、この「対象（他者）を望むこと」と、その言語化によって生じてきた「ことば」をその起源としている。コミュニケーション学で「精神」を考えるときには、このことばの「意味」によって結び付けられた「対象化する私＝意味付ける私」と「対象化される私＝意味付けられる私」という二重性に、十分な注意を払う必要がある。

（北本晃治）

▷2 物理的に限られた力しかもたない母親が、どれだけ素早く赤ん坊の欲求を満たそうとしても、その欲求不満と満足との間には、必然的なずれが生じる。このずれこそが、赤ん坊の「意識」の芽生えにとって、重要な役割を果たす。

▷3 他者から独立した自分という感覚は、あくまでも欲求不満という「違和感」を通して、母が自分の一部ではないという感覚を経験した後に生まれてくるものである。独立した「主体」として他者を感じられるようになるのは、この初めの母とのやり取りが成立した後である。

▷4 母親が世話をする際に、赤ん坊の発音可能な音声（あーあー、まんま、など）を無意識的に真似たりするが、赤ん坊は次第にその音声と母の存在とを重ね合わせることができるようになっていく。初めに赤ん坊の発する声を真似るのは母親の方であり、それを二次的に赤ん坊が授乳などの意味と結びつけて、自ら発語できるようになると考えられる。

▷5 赤ん坊の空腹が解消されるときにともなう乳房への口唇の快感は、空腹でなくとも母の存在を望むようになるもととなる。

## VIII 精神

## 4 「自我」の問題点

### 1 感情・感覚の「違和感」

　話の内容自体に特に不満はないのだが，相手の話し方がなぜか癇にさわる。他者に対して，このような感情・感覚をこれまでに抱いた人は少なからずいるであろう。相手に対する情報の有無やその質にかかわらず，自分のなかに生じてくるこのような「違和感」をともなった心の働きは，その場の対人関係におけるコミュニケーションのあり方を，大きく左右する。この「違和感」は一体どこからやってくるのだろうか。

### 2 「内在化された他者」と「自我」

　私たちの現在のコミュニケーションのあり方は，過去に出会った様々な人びととの交流を通して取り入れられた他者の言動のパターンと，大きく関係している。ここで個人のなかで何らかの影響をもつようになった他者の言動パターンを，「内在化された他者」と呼ぶことにしよう。私たちが，今，相手と何らかのコミュニケーションを行なうということは，自分のなかに刻まれているそのような「内在化された他者」と，相手のなかに刻まれているそれらとが，相互に作用し合うことに等しい。この「内在化された他者」には，その人の生育過程における家庭や社会のあり方が，大きくかかわっていることは容易に想像がつくであろう。そして，それらの環境との相互作用を通して取り入れられた「内在化された他者」は，他者との出会いに応じて，自己のなかに重なり合って降り積もる形で構成される。これらの反応パターンの集まりに，人格的統一感を与えているものが，「私」という意識，すなわち，「自我」である。「自我」は，「私」が個人として存在していることを，言葉によって表現するものであり，自己の内的な整合性を求めようとする。ここで重要なことは，これらの蓄積されている「内在化された他者」と「自我」との関係性である。つまり，それらには「自我」とうまく調和しているものと，そうではないものとが考えられ，特に後者が，コミュニケーションに影響した場合，「自我」にとっては大きな違和感として感じられる。

　初めに述べた「癇にさわる」といった感情・感覚は，この「自我」と整合的に働かなかった「内在化された他者」に起因するものであり，両者のすれ違いがその「違和感」を生んだと考えられる。この複数の「内在化された他者」を統合

▷1　ジョージ・H・ミード／河村望訳（1995）『精神・自我・社会』（デューイー＝ミード著作集6）人間の科学新社。他者との交流によって，相手の反応パターンを自らのなかに取り入れていく過程を「役割取得」と呼ぶ。

▷2　このような偏った反応体系が，いわゆるコンプレックスと呼ばれるものである。しかし，都合のよいものだけを認識するという同様の反応体系も「自我」はもっており，この意味で，「自我」こそが最大のコンプレックスだともいえる。

する「自我」とは，人間が近代社会における個人として成立するうえで，たしかに重要なものではあるが，これを「精神」の中心にある普遍的な実体として考えることには，大きな問題がある。Ⅷ-3で述べた「精神分析」は，この過去の「内在化された他者」と個人の「自我」との関係に問題がある場合に，現在から過去にさかのぼって，ある症状の原因となっていると思われるクライアントが気づいていない意味関係に働きかける試みである。コミュニケーション学は，様々な「内在化された他者」を取りまとめる「自我」の意味作用自体をも考察の対象とするところに大きな特徴がある。すなわち，そこでは，この一見自明な「自我」による意味づけの作用が，社会化の過程で無意識的に取り入れられた「内在化された他者」との関係において，どのようにして形成されたのかに焦点が当たる。

▷3　精神分析家とクライアントの間で生じる感情・感覚レベルでの交流は特に「転移」と呼ばれ，それはクライアントの無意識的な「内在化された他者」に働きかけるきっかけとなる。

## 3　近代的「自我」と社会との関係性

私たちは日々，自己の中心としての「私」という「自我」意識を，当然のものとして日常生活を送っている。個性を追求する現代社会では，それは絶対的なものとして存在し，自分らしさというアイデンティティを求めるうえでの根源であると考えられている。このような日常生活を当たり前と考え，特にそこに疑問を感じないようなあり方を「自然的態度」と呼ぶ。しかし，そのような態度では，様々な現象の背後で働いている隠れた社会的作用は見えてこないであろう。じつはこのような「自我」も，決して自然に出来上がったものではなく，様々な要因によって形成された近代社会に特徴的なものである。私たちは，自分自身の視点を決定している自らの「自我」のあり方が，時代背景によって大きな影響を受けている点に気づく必要がある。

地場に根ざした伝統的な社会から近代社会への移行にともなって，見ず知らずの人びとが集まる「コスモポリタン都市」が形成されるに至る。このなかで生活する私たちは，未知の人びととの出会いの不安から，様々な儀礼的な交流法を編み出さなければならなくなった。そしてそのような場が，人びとが必要に応じて部分的に交流する「公」の領域となるに従って，自己を十分に開示できる「私」の領域が必要となる。これは伝統的な社会にあった全体性の分裂による，それまで人びとの存在を十全に保証してきた「安住の地の喪失」を意味している。昔の伝統社会のような疑う必要のない将来像をもつことができなくなった現代人は，常に「私」という個別性を意識して，社会のなかでのその場に応じた複数のアイデンティティ（例えば，男，会社員，部長，ボランティアなど）を必要とする存在へと仕立てられていく。このような様々な複数のアイデンティティをもつようになった自己は，それらを統合し意味づける強力な「自我」が必要となる。私たちは，意味をとりまとめているこの「自我」の働きの自明性自体を，まずは問題としていかなければならないであろう。　　　（北本晃治）

▷4　エドムント・フッサール／渡辺二郎訳（1979）『イデーンⅠ　純現象学と現象学的哲学のための諸構想』みすず書房。

▷5　リチャード・セネット／北山克彦＆高階悟訳（1991）『公共性の喪失』晶文社。

▷6　ピーター・L・バーガー＆ブリジット・バーガー＆ハンスフリード・ケルナー／高山真知子＆馬場伸也＆馬場恭子訳（1977）『故郷喪失者たち──近代化と日常意識』新曜社。

▷7　アンソニー・ギデンズ／秋吉美都＆安藤太郎＆筒井淳也訳（2005）『モダニティーと自己アイデンティティ──後期近代における自己と社会』ハーベスト社。

## VIII 精神

## 5 語りに語られる主体

### 1 日常的なメッセージから読みとれるもの

「先週，家族みんなで食事に出かけたの。なんか変に気を使って疲れちゃった。一家団欒って大切だと思うけど，大変なのよね」。私たちは，このような何気ない語りから，「先週家族全員が食事に出かけたこと」に加えて，「家族の集まりで気を使う人」「家族の団欒に意義を感じる人」「家族の団欒に大きな労力の必要性を感じる人」といった話者の特徴を読み取ることができる。このような話をしている当の本人と，その人によって話された「語り」とは，どのような関係にあるのだろうか。

### 2 ことばを話す人間と「主人の語り」

私たちは，日常的に様々な形の「語り」によってコミュニケーションを行なっている。そしてそれぞれの「語り」のあり方は，状況や人間関係に応じて多様である。それでは，これらの「語り」には，一体どのような種類のものが考えられるのであろうか。ラカンはそれを「四つの語り」のタイプに分類し，それらの最も基本型をなすものとして，「主人の語り」をあげている。[1]

この「主人の語り」の特徴は，以下の4点にまとめることができる。

①「私」という自我意識を中心とした語りである。
②ことばをコミュニケーションの手段（道具）として用いる。
③自己の感情・感覚には，ことばで表わすことのできない部分が常にある。
④自己の中のことばにすることのできない感情・感覚が，次の新たな言語活動の無意識的な原因や対象となる。

私たちが普段行なう「語り」の多くは，基本的にこのような特徴を備えたものであると考えられる。ここでは，「私」という意識の存在は自明のものであり，「私」が思うこと，「私」が考えることが，ことばによって表現される。しかし自己の感情・感覚には無意識の部分も多く，「私」という自我意識によってすべてが捉えられるものではない。したがって，ことばで何かを話した後には，常にその反作用として「何かが言い足りない」という新たな感情・感覚が生じてきて，それを埋め合わせるために，さらにことばを紡いでいかなければならなくなる。

それでは，この「欠如感」が生じてくる根源的理由とは，どのようなものであ

▷1 これらの「四つの語り（語らい）」は，記号式によってそれぞれが相対的に規定，説明されている。詳しくは，ジャック・ラカン／佐々木孝次＆市村卓彦訳（1985）「ラジオフォニー」『ディスクール』弘文堂，43-192頁；佐々木孝次（1984）『ラカンの世界』弘文堂；新宮一成（1995）『ラカンの精神分析』講談社などを参照のこと。

ろうか。私たちは生まれて間もない頃，身体的なかかわりを通して，母（あるいはその代理）との深い一体感を経験する。そうした関係性のなかで，私たちの最初のことばは習得される（Ⅷ-3 参照）。言語活動のはじまりには，この人間が常に戻りたいと願う母子一体感が存在している。そして，この一体感は，すでに失われたものであるにもかかわらず，再現不可能な理想となって，その後の私たちの言語活動に無意識的な影響を与えている。それが「何かが足りない」「それがほしい」という感情・感覚の根源である。「私」という自我意識がことばを話すことで，この無意識的欠如感が様々な形に変化しながら，さらなる言語活動を陰で導いていく。「主人の語り」とは，このような人間のコミュニケーションの基本形態である。

### 3 「言表行為の主体」と「言表内容の主体」

さて，ここではじめの「家族での外食」の例にもどって考えてみよう。この話をしている話者の存在そのものを「言表行為の主体」，話の内容を「言表内容の主体」と呼ぶ。言表とは，文字通りことばで表現されたものを指している。「言表行為」に「主体」がつくのは理解できるが，「言表内容」にも「主体」がつくのはなぜだろうか。それは初めの例で示したように，発話内容から話者に関する情報が読み取れるからである。つまり，「言表内容」は「言表行為の主体」を，常に部分的に表象しているものとして考えることができる。私たちが何かを語る時，それはどのような発話であっても，必ず自分自身のこと（例えば，興味の所在，視点の定め方，好き嫌いなど）を明示的，暗示的に表わしている。

ここで「主人の語り」について再考しよう。なぜ「主人」なのか。その対極にあるのは「奴隷」である。この語りでは，ことばは意味伝達のための手段，すなわち道具である。それは，私たちの意のままに操ることができ，意味伝達という労働を強いることができるという意味で，「奴隷」にたとえることができる。それが「私」という自我意識を中心とした語りが「主人の語り」と呼ばれる理由である。しかし，この自我意識は「言表行為の主体」の一部でしかない。それにもかかわらず，そこで用いられたことばが部分的ではあっても，「言表行為の主体」そのものを反映するのは，この「私」という自我意識が自己のなかの無意識的な要素にも，気づかないうちに影響を受けているからである。

はじめの例に示された3つの文からなる発話は，「出来事」→「気持ち」→「評価」と，先行する文で言い足りなかった部分の感情・感覚が基となって，「私」という自我意識によって次々と言語化された「主人の語り」として考えることができる。そしてそれらの発話内容は，「言表行為の主体」としての話者が，一体どのような人であるのかについても示している。私たちは，自らの「語り」によって，じつは常に自分自身のことが語られているということを忘れず，その意味づけのあり方を，さらに捉えなおしてみる必要がある。　　（北本晃治）

▷2 この欠如感が，言語世界にポジティブな形で現われてきたものが，「夢」や「希望」である。それは，究極的には満たされることがないにもかかわらず，人びとの根源的な欲望を導く。

▷3 ジャック・ラカン／小出浩之&新宮一成&鈴木国文&小川豊昭訳（2000）『精神分析の四基本概念』岩波書店。

▷4 ここの例でいえば，例えば「私」はどうして「一家団欒」ということにこだわるのかを問い直し，何によってこのようなイメージを刷り込まれたのかを考えてみることができる。この前提となっている「常識」のあり方が変化すれば，「出来事」に対する「気持ち」や「評価」も当然異なってくる。

## VIII 精神

# 6 閉塞感と日常的不安

## 1 逃げ場のない世界

　私たちは今日，非常に利便性の高い生活様式に慣れ親しんでいる。地球上のあらゆる場所から，様々な情報を瞬時に引き出すインターネットは，それを象徴する最もよい例であろう。しかしその一方で，21世紀の現代社会を生きる人びとは，経済的な不況にともなう未来の見えない閉塞感と，そこから生じてくる継続的な不安に苛まれているように思われる。このような閉塞感と，簡単にはその対象の特定を許さない漠然とした重苦しい不安は，一体どこからやってくるのだろうか。

## 2 現代社会の特徴

　まずは，現代社会の特徴について考えてみよう。私たちは一般に，お互いの合意と了解に基づいた関係性からなる社会を理想として描いている。しかし現実には，人びとは様々な社会システムのパーツとして管理され，消耗品として非人間的な扱いを被っている場合が多いのも事実ではないだろうか[1]。職業としての労働は，個人の意思よりも外的な力によって与えられた義務である。そしてそのような圧力のもとでは，人間は主体性を発揮できずに，自己にとって無意味な部分労働を強いられる[2]。しかし，私たちの多くはこのような状況に置かれているにもかかわらず，そのことを覆い隠すためにつくられた巧妙な権力の仕組みに基づいた「常識」によって，問題の核心を認識することが難しくなっている。そこでは，使用者と労働者の関係は，双方の一応の同意を前提とするものであるため，労働者側に不都合なことが生じたとしても，契約項目以外は「自己責任」として切り捨てられる。それがたとえ多くの社会的弱者にとってはじめから不利な契約であったとしても，それに対して，独自で抵抗のすべを見出すことは困難である。

　インターネットなどの電子技術をはじめとする様々なテクノロジーの進歩は，人びとをこのような不本意な部分労働から解放し，誰にでも同等のコミュニケーション手段を保障することで，世界規模の相互依存的な適材適所の人的ネットワークをもつ「地球村」を創造するはずであった[3]。しかしそれが，万人のための多様で開かれた機会と可能性を創出するというのは幻想であり，実際には，そのネットワーク設立の度合いに従って，地域の情報や経済の格差と，

▷1　ハーバーマスはこのような状況を「生活世界の植民地化」と呼ぶ。ユルゲン・ハーバーマス／丸山高司訳（1987）『コミュニケイション的行為の理論（下）』未来社。
▷2　エミール・デュルケム／井伊玄太郎訳（1989）『社会分業論』講談社。
▷3　マーシャル・マクルーハン／森常二訳（1986）『グーテンベルクの銀河系——活字人間の形成』みすず書房。

技術をもつ専門家とそうでない者との間の新たな権力構造を生み出すことになってしまう。ここには，資本主義と科学技術の発展がもたらしたグローバリゼーションという大きな流れがある。そして，それは現在も，人びとをそのなかにしっかりと取り込みながら，日々その影響を強めつつあるように思われる。

▷4 エリック・M・クレーマー／吉武正樹＆伊佐雅子＆丸山真純訳（2007）「『世界都市』の出現とコミュニケーション」伊佐雅子監訳『改訂新版 多文化社会と異文化コミュニケーション』三修社，95-116頁。

## 3 現代社会を特徴づける「大学の語り」

さて，私たちはこのような状況をどのように考えるべきであろうか。はじめに，Ⅷ-5で指摘した「四つの語り」の中から，「主人(あるじ)の語り」に続いて，「大学の語り」について理解しておこう。

「大学の語り」には，以下の特徴がある。
①1人ひとりの「私」という自我意識は問題とされない。
②ことばや記号，数字による，誰にでも当てはまる客観的な語りである。
③対象は，明確な形で定義づけられる。
④定義からもれ落ちたものは無視される。

ここには，テクノロジーが発達した近代の支配的な「語り」のあり方が示されており，その意味するところは「科学の語り」である。この語りは，一般に「客観性」「論理性」「普遍性」といった特徴をもち，その発信者にかかわらず，誰にでも当てはまるものと考えられる。これに最も該当する発話内容は，科学的データや技術であり，広義では，それらに基づく統一的な規格をもった生産品も含まれる。私たちの生活の多くは，この語りによって規定されている。

このような「大学（科学）の語り」が優勢な現代社会で，最も恐ろしいことは，科学的データや技術のひとり歩きである。そこでは人間は置き去りにされるか，あるいは，それらに奉仕するだけの存在となってしまう場合が多い。現代人は，科学の進歩に遅れを取らぬように，日々大量の情報に向かい合わなければならなくなった。そして，ありとあらゆる種類の商品は，私たちの欲望を日々刺激し続けている。大量の情報を前にして，いったいどうしてよいのかわからなくなったり，結果的に欲しくもないものを買ってしまったりした経験は誰もがもつであろう。そして，売れる情報や商品の開発のために，質の高い労働を安価で提供することを強いる効率主義も，「大学の語り」によって生み出されていることを忘れてはならない。経営のための人びとの切り捨てや，過重労働の強制は，システムに内在する矛盾が人びとに向けられた結果である。

現代社会において人びとが感じている閉塞感とは，このような状況に封じこめられた感覚を指すのであろう。さらに，システムの「ひとり歩き」のなかでは，閉塞感の原因は真には特定されず，それが日常的な不安を生じさせる。私たちは直面する「大学の語り」が，結果的に誰に利益をもたらしているのか，そして，その対象の定義から何がもれ落ちたのかを，しっかりと考えてみなければならない。

（北本晃治）

▷5 作田啓一（2009）「殺人禁止の掟とその効力」『Becoming』23号，BC出版。
▷6 ラカンは，「精神分析」を教える部局を大学の中につくるという現実的な問題に直面していたため，このような名前が付けられたと考えられる。「大学」は「科学」と読み替えた方が，その意味は理解しやすい。新宮一成（1995）『ラカンの精神分析』講談社。
▷7 現代社会では，製品の科学的データ，生産過程に採用された技術の名称と説明，適切な価格が，人びとに大きな説得力をもつ要素である。「科学的データや技術のひとり歩き」とは，これらの要素を向上させることが，それに関連する人間的な側面を超えて，最優先事項（自己目的）となることを指す。そのことで，生産者や消費者の言動は大きな影響を受ける。

## VIII 精神

## 7 精神の働きに寄り添うコミュニケーション

### 1 「聴くこと」の働き

　苦しい時に，何も言わずただじっと話に耳を傾けてくれる友人。たとえそれが問題に対する直接の解決をもたらすものでなかったとしても，それだけで心の重荷が随分と軽くなるような気がする。このような友人を1人でももつ者は幸せである。私たちは，時として容易に解くことのできない心の葛藤を抱え，1人で考えれば考えるほど袋小路にはまってしまうという経験をする。そのとき，このような友人の深みのある傾聴にその語りをあずけると，心のしこりが次第にとれ，問題の核となっているものが自分のなかに自然と浮かび上がってくる。そして，そのことを感じ取ったり，考えたりする余裕が生まれてくる。ここでは，この黙って話に耳を傾けている友人が，一体どのような役割を果たしているのかについて，考えてみることにしよう。

### 2 無意識の表現としての「ヒステリーの語り」

　ラカンの「四つの語り」の中で，「主人（あるじ）の語り」と「大学（科学）の語り」が，意識的作用を問題としているのに対して，残りの2つのタイプでは，無意識的作用に焦点が当たる。
　まず，その1つである「ヒステリーの語り」の特徴を見てみよう。
　①「私」という自我意識が揺らぐ。
　②整合的に意味を把握することが困難な語りである。
　③ことばにすることが難しい感情・感覚が，身体的症状として表出しようとする。
　④頑なな自我意識に対する無意識的反作用である。
　これは自分のなかで，何かが勝手に語りはじめる現象である。突然の胸騒ぎや，ことばにすることが困難な重苦しい感覚に襲われるといった経験は，誰もがもつであろう。そして，そのことを誰かに打ち明けたくとも，わけのわからない思いに真剣に耳を傾けてくれる人を見つけることは難しい。もし誰かに話して変に思われたらどうしよう，そう考えてこのような気持ちを心に秘めたまま，日々の生活を過ごしている人も多いのではないだろうか。これは誰にでも備わった精神の働きであり，比較的程度の軽いものは，単なるその人の「性格的傾向」として考えられ，重いものは，「病理」として診断・治療の対象とな

▶1 「主人（あるじ）の語り」では，「私」という自我意識が中心であり，「大学の語り」では，誰の意識にも明瞭な客観的な言葉に焦点が当たる。一方ここの「ヒステリーの語り」と次の「分析家の語り」では，ことばで表現することの困難な無意識的な感情・感覚が問題となる。

▶2 Ⅷ-6で指摘したように，現代社会で人びとが感じている「閉塞感」や「日常的不安」も，ことばにすることが困難な感情・感覚をその核としている。この意味で，このような思いを抱えている現代人は，常に同様の「ヒステリーの語り」に巻き込まれる可能性をもっている。

る。ここで,「ヒステリーの語り」が,自我意識自体に影響している点に注目しよう。この語りにはポジティブな面があり,そのなかの抑圧されている要素を捉えることができれば,より柔軟な意味づけができる自我意識を再構築する端緒ともなり得る。しかしそのためには,「ヒステリーの語り」を適切に反映してくれる他者と,さらなるタイプの語りのあり方が必要である。▷3

## ❸ 分析的関係性とは

そのもう1つの語りのタイプは,「分析家の語り」と呼ばれる。
この語りの特徴は,以下のものである。
①「私」という自我意識は自明のものとされない。
②身体的非言語コミュニケーションが重視され,語るよりも聴くことに重点が置かれる。
③ことばで語ることのできない感情・感覚に焦点が当たる。
④対象への先入観は,注意深く考察,対処される。

この語りは,分析家が心理臨床でクライアントと向かい合う際の治療的アプローチである。ここには前述の「ヒステリーの語り」への対応法が示されている。▷4 分析家は,クライアントのことばにならない感情・感覚を説明するための知(理論)をもつ人である。しかし臨床面接の場で,それらを直接的に説明することはあまりない。むしろ指導的態度を控え,分析家はただひたすらクライアントの話に耳を傾ける。すると分析家の存在は,無意識的に様々な語りへと急きたてていた感情・感覚(語り得ぬ思い)自体への気づきを,クライアントにもたらす助けとなる。▷5

ここで重要なのは,クライアントがこれまで自明のものとして省みなかった自らの自我意識のあり方を,捉え直すことである。クライアントの自我意識は,ある意味体系に囚われており,分析家は,クライアントがそこから脱出するために必要な,まもられた時間と空間を提供している。ここで分析家が徹しているのは,過去から現在にわたって作用しているクライアントの物事に対する先入観や固定概念を変容させる触媒としての役割である。

初めの友人の例に戻って考えてみよう。私たちが心を許せる友人に悩みを聞いてもらう時,解決策が出なくとも,心が軽くなる気がするのは,自らの「ヒステリーの語り」に対して,友人が「分析家の語り」を知らない間に実践していたからである。それは,人の温かさや思いやりからなる「心の安らぐ場」を提供する。しかし,私たちはここからさらに一歩踏み出さなければならない。それは自らに対し「分析家の語り」を実践することである。私たちは,自分自身のものの見方を自明のものとせず,それが囚われている常識を捉え直してみる必要がある。常識とは人びとが共有する先入観であり,私たちの感情・感覚のあり方に大きく作用しているからである。▷6

(北本晃治)

▷3 「ヒステリーの語り」の身近な例として,酒を飲んでいつも同じ愚痴を繰り返しこぼしているところを想像してみよう。このようなとき,自分を冷静に見つめられる場ができれば,そんなことをしている馬鹿らしさに気づき,現実の自分を新たに定義し(例えば,「過去の出来事を言い訳にして自分を甘やかしていた私」),相対化するきっかけを得る。

▷4 このような面接場面においては,意識的な自我の語りや,客観性をまとった常識的な語りも,その背後にある微細な感情・感覚の動きとともに,注意,傾聴の対象となる。したがって,ここでは「主人の語り」や「大学の語り」からも,無意識的要素が表出する「ヒステリーの語り」が,積極的に誘導される環境がある。

▷5 Ⅷ-4 で述べたように,自我には,自己の内的な整合性を求める性質があるため,それに都合の悪いことは抑圧される仕組みとなっている。したがって分析家の性急な指摘は,たとえ正しくとも,無視されるか怒りをかう可能性が高い。自発的な気づきへの配慮が必要となる。

▷6 コミュニケーション学は,社会的意味体系に内在する先入観や固定概念を問い直すために「分析家の語り」を実践する。まずは,自らの感情・感覚を吟味することで,そう感じさせた自己の認識パターンを捉えることが大切である。その認識パターンは必ず社会的意味体系と関連しており,考察の端緒となる。

## Ⅷ　精　神

## 8　分析的視点の重要性

### 1　支配的な語りを越えて

　私たちは，困難な問題に直面した時，その問題に「科学的」分析をほどこし，何とかその原因を特定（それが不可能な場合には想定）して打開しようとする。しかし，どのような「科学的」な方法も，じつは目に見えない価値体系や権力構造から，様々な影響を受けている点に注意しなければならない。現代は，「客観性」「論理性」「普遍性」を強調する「大学（科学）の語り」が，大きな力をもつ時代である。これらは資本主義と結び付き，グローバリゼーションの大きな流れを形作っている。科学的なことばやデータを示されると，人びとは簡単には反論できなくなる。「大学の語り」が作り出す「常識」は，人びとの思考パターンや言動をコントロールする一方で，そこでことばを与えられなかった感情・感覚は蓄積されて無意識的な影響を及ぼす。このような「語り」によって正当化される効率主義に基づいた締め付けから，「閉塞感」や「日常的不安」が，結果的に生み出されていることは，Ⅷ-6 で指摘した通りである。

　私たちコミュニケーション学を学ぶ者にとって大切なことは，「大学の語り」が抑圧していることばにならない人びとの感情・感覚に焦点を当て，それらを1つひとつ丁寧に掘り起こしていくことであろう。では，人びとの日常的な意識の下に潜んでいるそのような要素を捉えるためには，どのような点に注意しなければならないのだろうか。

### 2　「分析家の語り」の焦点

　「大学の語り」が作り出す様々な常識を，それに拘束された日常的な意識で捉え返すことは難しい。そこで必要となってくるのが「分析家の語り」である（Ⅷ-7 参照）。ここでは，それが特に焦点を当てる「聴くこと」と「無意識」の働きについて，さらに考えてみることにしよう。

　まず「聴くこと」については，2つのレベルを考慮しなければならない。それは客体レベルと主体レベルでの聴き取りである。前者は，相手が話すことばの意味を，そのまま受けとる一般的な聴き方である。後者は，相手の話すことばを，すべて話者自身を表象するものとする聴き方である。例えば，ある人が何かについて話をしているとき，客体レベルで解釈すれば，その内容は「何か」についての情報である。しかしこれを主体レベルで解釈すると，その話は「何か」

を話題として選んだ本人の視点や思考パターンを示すものとなる。つまり，すべての発話は，話者自身が自らのことばによって「語る局面」と，話者自身が「語られる局面」の両方を含むものとして捉えることができる（Ⅷ-5 参照）。

次に「無意識」という側面に注目しよう。この話者の「語られる局面」から考えると，話者にそのように「語らせているもの」を想定できる。これが話者の視点や思考パターンを無意識的に左右するもので，過去の様々な経験のなかで内在化されたと考えられる。それらは，話者にとって自明となった意味づけのあり方と，意識下に抑圧されて意味づけの体系からもれ落ちた感情・感覚からなる。前者のなかで他者と共有されているものが常識であり，後者のなかで個人の意識的な意味づけに干渉してくるようになったものがコンプレックスである。

「分析家の語り」では，語りに寄り添いながら，まもられた空間のなかで相手が自らへの気づきを深めることに主眼が置かれる。そこでは，意味づけを行なう話者の自我意識を自明のものとはせず，それに無意識的に「語らせているもの」に焦点が当たる。この「語らせているもの」を考える際に，「常識」への囚われと「コンプレックス」という2つの方向性が特に重要となる。

### 3 分析的視点の応用

ここで1つの例を考えてみよう。育児に追われるある女性が，その親しい友人に次のように語ったとする。

> 私，疲れてくるとイライラして，いつも子どもに八つ当たりしてしまうの。きっと母性本能が弱いんだと思うわ。悪い母親なの。まわりのお母さんたちが，みんな偉くて遠い存在に感じられて，子どもなんか生むんじゃなかったっていう思いがこみ上げてきて，ひどく落ち込んじゃうの。

この発話のなかの「語らせているもの」とは何であろうか。それらを「コンプレックス」という視点から見れば，「イライラ」「八つ当たり」「落ち込み」といった不本意な感情・感覚の原因は，彼女自身の育てられ方のなかにおいて解釈できるかもしれない。彼女の母親がこれらの感情・感覚の起源であり，悪い母親から受けた幼児期の体験がコンプレックスとなって，現在の自分の言動を拘束しているという考えである。しかしこの考え方は十分ではない。それは，良い母親像，悪い母親像というのは，社会的な意味関係のなかで決まるからである。この語りのなかの「母性本能」という，「大学の語り」でも用いられることばに注目しよう。じつはこの概念は，近代化の流れのなかで，社会の安定運営のための役割関係を都合よく規定するために生み出されたものである。この認識は女性の役割意識を再定義し，異なった感情・感覚を生む可能性をもたらす。これが，「常識」に潜む先入観を問題とする方向性である。私たちは，人間とことばの関係にも，常に十分な注意を払う必要があるのだ。（北本晃治）

▷1 「母性本能」ということばは，学術用語ではないが，私たちが一般に客観的と考える議論（大学の語り）のなかにも登場する。
▷2 母性愛は本能ではなく，母子間の日常的なふれあいによって育まれた愛情である。それを「本能」とするのは，近代家族を管理するために女性を役割関係に縛りつけるイデオロギーであり，近代の作り出した幻想である。エリザベート・バダンテール／鈴木晶訳(1991)『母性という神話』筑摩書房。
▷3 「コンプレックス」は個人の自我意識（価値体系）から抑圧された感情・感覚を核として形成される。しかしこの女性は，社会の支配的価値意識を反映した育児環境から，「閉塞感」や「日常的不安」を被り，それが「コンプレックス」の形成に影響している可能性も指摘できる。その価値意識自体が変化すれば，そこで抑圧される感情・感覚も当然変化する。
▷4 客観的な意味をもつと考えられる「大学の語り」の語彙にも，政治的な意図が介在している場合が多い。例えば「標準」ということばを使用することで，それから逸脱する人やものは例外化され，見えにくくなるか，あるいは逆に非難の対象となる可能性がある。私たちは，ことばが現実を表わすだけではなく，ことばが現実を作り出す側面にも注意を払わなければならない。

# Ⅷ 精神

## 9 「知っているはずの主体」とオーディエンス

### 1 「知っているはずの主体」はどこにでもいる

　最近，サッカーや野球などの日本代表チームは「サムライ・ジャパン」などと言われるようになった。しかし，よく考えてみると，これは妙な表現である。明治維新を境に国民国家としての日本ができ，江戸時代の身分制度「士農工商」が撤廃された。その国家には「侍」はいなくなったため，「日本」を標榜しようとする「サムライ・ジャパン」という表現は矛盾に満ちている。江戸時代の侍階級は全人口のほんの数パーセントしか占めておらず，ほとんどが農民であったことを考えれば，「百姓(ペザント)ジャパン」の方がしっくりくる。

　このような思索は，「サムライ」とか「百姓」ということばを史実に対応させようとするところからきている。しかし，たとえ矛盾があることを指摘しても，「サムライ・ジャパン」は定着してゆくだろう。したがって，ここでは史実に対応するものを探す歴史家の行なう作業ではなく，別のアプローチをかけてみたい。

　「サムライ」という表現は，誰かに向かって発話されたものである。この発話を向けられる人の存在を，「知っているはずの主体（sujet supposé savoir, "sss"と略す）」という。ラカンの精神分析に独特なこの表現は，分析者も含む「聞き手」を表わす。ここでの聞き手は，精神分析という独特の状況下では，分析者を指すことが多いが必ずしもそうではない。患者（被分析者）が自分の症状を訴える際に，その発話を向ける相手をすべて「sss」というのである。また，sssは目の前にいないこともあり，想像上の相手であることもある。発話あるところsssあり，ということである。この考え方に即してみると，「サムライ」ということばは，sssに向かって発話されたことになる。

### 2 オーディエンスがつなぐコミュニケーション学とsss

　sssの存在は，大転換を起こす。なぜなら，「サムライ」という表現や表象を史実と照らし合わせて真偽に関する判断を下すのではなく，sssの存在によって生まれたもの，つまりsssが発話した人間とどのような関係をもっているのかを見ることができるからである。ここでは，発話された現在において，つまりsssとの関係の中に意義を見出そうとするのである。

　sssは，コミュニケーション学においては，発話を構成する要素の1つに相

▷1　Lacan, Jacques (1978). *The Four Fundamental Concepts of Psycho-Analysis* (A. Sheridan, trans.). Norton, p. 232.

▷2　初学者にとって，この「大転換」は認識しづらいのかもしれない。私たちは通常，ことばの意味を考えるとき，ことばが事実に突き合わせて一致しているのかどうかをみてから，そのことばが正しいのかどうかを判断する。この判断は，論理実証主義（Logical Positivism）に基づき，私たちの知識の有効性を確約するものとして信頼を勝ち取ってきた。しかし，一旦sss概念を導入すると，ことばはsssによって引き出されるものとして考えられ，この判断の根拠が揺らぎ始める。いわば，知識の有効性を判断する基準が，変化しようとしているのである。

▷3　コミュニケーション学におけるレトリック学とは，コミュニケーションがオーディエンスのような相手や社会的文脈が発話の条件として存在していることを前提とし，いかなる発話が可能で，または不可能なのかを理論的に捉え，それを実際の発話に役立てる学術領域である。紀元前5世紀の古代ギリシャに起源をもち，「市（公）民教育」を担い，その後，市民革命を経て現在に至っている。このため，言語教育によく利用される「コミュニケー

当する。それは，オーディエンスである。とりわけレトリック学においては，発話者の意図よりもさらに重要なものとして，オーディエンスに着目するようになった。カイム・ペレルマンらは，このオーディエンスを2つに分類している。1つは「具体的オーディエンス」で，発話者の目の前にいる具体的な存在である。もう1つは，自分の発話を理解することができる存在として推定される「普遍的オーディエンス」である。レトリック学は，どちらのオーディエンスにしろ，オーディエンスが存在しないところ意味のある発話は成り立たないことを前提としている。ここに精神分析とレトリック学の接点を見出すことができる。

ラカンの貢献は独特である。第1に，sss という考え方は，具体的オーディエンスと普遍的オーディエンスの境界線を取り払う。なぜなら，オーディエンスは，具体的であるにしろ普遍的であるにしろ，発話者が置かれる立場には変化がないためである。具体的オーディンスを目の前にしても，発話者が自分の発話をオーディエンスがどの程度理解できるのかわからないために，手探りで発話しなくてはならないのである。第2に，sss には，オーディエンスの存在というよりも，発話を引き出す「機能」の方に着眼点がある。これは，実際にオーディエンスが存在するのかしないのかは関係ないというペレルマンらの「普遍的オーディエンス」の考えと一致する。オーディエンスは，まさしく発話者の何か重要な秘密を「知っているはずの主体」として，発話者の頭のなかに勝手に登場し，発話を「引き出して」いるのである。ここでは，存在そのものが問題となるのではなく，発話者との関係を結び，発話を導くという機能を果たすのがオーディエンスであり，sss なのである。

## 3 発話の間主観性から考える方法論

sss は，発話者の外にいる存在ではあるが，発話を引き出す機能を行使する点において，発話は sss との関係のなかで意義をもつ。これは，発話の意義・意味が，間主観的であることの証拠である。意義・意味は，発話者とオーディエンスの真ん中において生じる。したがって，発話においては，sss が誰であると推定され，どのような関係性がそこで結ばれ，そして sss からどのような認識を得よう（つまり，秘密を引き出そう）としているのかを探る必要がある。

さて，歴史的には破綻している「サムライ・ジャパン」とは，どのような sss を想定し，どのような関係を発話者と sss の間に結び，そして何を訴えているのであろうか。

（藤巻光浩）

ション教育」や表現方法を研究する「修辞学」とは一線を画す。なぜなら，語学教育的コミュニケーションやそれと連動する修辞学は，市民教育には関心がないからである。これは，強調しても強調しすぎることはない。
▷4 Perelman, Chaim & Olbrechts-Tyteca, L. (1969). *The New Rhetoric: A Treatise on Argumentation* (J. Wilkinson & P. Weever, trans.). University of Notre Dame Press, pp. 31-35.

▷5 Lacan (1978：232).
▷6 自分が一方的に発話しても，共有できる「何か」が存在しなくては，相手は理解できない。その発話は主観的であるために，相手に理解されないのである。外国語を事例に取ればわかりやすい。異なることばを話していては，発話は理解されないし，認識さえされないかもしれない。発話が意味・意義をもつ時，それは間主観的となる。ここでは「間主観」は理解可能性を示している。
▷7 オリンピックなど国別対抗競技においては，国家の特色を出すことが脅迫的に求められる。しかし，身体能力が高くなければ，一流のアスリートになることはできない。また，より良いパフォーマンスを求めて結局，どこも似たようなプレースタイルを求めることも多い。ここで，特色が失われそうな気持になることで，逆にこれに固執することもある。いずれにしても，「サムライ」という発話は，過去に遡って特徴を言い表わそうとしたものではなく，「いま，ここ」で求められるものである。

## VIII 精神

## 10 認識の及ばぬ次元

### 1 コミュニケーションにおける「思わぬこと」

「心にもないことを言う」ことなど、できないはずだ。本音であれ、建て前であれ、「言うこと」は心のなかに出てくるからである。しかし、この表現が有効であるのは、それが比喩だからである。「心にもない」と思えるほど、自分の考えや本心からかけ離れているという意味の誇張表現なのである。裏返すと、実際には、自分の考えとまったく異なるものも心にあるのだ。「心にもないこと」は表現できない。上手か下手かは別に、意識的に表現できるものは、本当のことであったり虚偽のことであったりするが、どれも心に浮かぶものなのである。

けれども、意識できること以外のことがコミュニケートされることはよくあることだ。それは本人が気づかずに与えている印象であったり、何らかの精神的兆候であったりする。印象の表現について、アーヴィン・ゴッフマンは、"give" と "give off" を使い分けながら、ある印象を意図的に与えること（give）と、意図せぬ印象を与えてしまうこと（give off ＝放つ）とを分けている。つまり、自分が与える印象は自分の意のままにコントロールしたいけれども、なかなかそうもいかないのである。また、自分は本当のことや無邪気なことを話しているつもりでも、それとは別のことがコミュニケートされることもある。例えば、自分がいかに友人を大切にする人間であるかを語れば語るほど、友人が自分の気を良くしてくれる点が強調されてしまい、友人がそのための手段であるかのような印象を与えてしまうことがある。つまり、本当に大切なのは自分の快楽や精神安定であることが暴露されてしまうのである。これは、友だち思いである自己を熱心に語る本人にとって不本意な印象であろうが、ことばに見え隠れする形で、この自己中心性がコミュニケートされてしまう例である。

### 2 気づきにくいことに気づくこと

コミュニケーションは「知覚・感情・思考の伝達」であるとは言い切れない。知覚・感情・思考のように意識されるもの以外のことも重層的に起こっているからである。人間不信をほのめかす人でも、人が作ったものを飲食し、人が作った道路や階段を利用するが、それらがどれも人間が作ったものであることを意識することはないだろう。自己嫌悪に陥ったと言う人も、その状態から抜け出したいと思っている点で自己愛があるはずだが、そこは意識されにくい。いろ

▷1 Goffman, Erving (1959). *The Presentation of Self in Everyday Life.* Anchor Books, p. 2. ゴッフマンは、このなかで、相手に与えてしまう（give off）ことに、行為者の兆候も含めている点が興味深い。

▷2 新村出編（1998）「コミュニケーション」『広辞苑』第5版，岩波書店．

いろな考え方があっていいと気軽に主張する人は，いろいろあってはいけないという考え方も認めるのかどうかは意識していないはずだ。常に疑ってかかれと助言する思索的な人は，常に疑うことが本当に可能なのかどうかについては疑っていないだろう。そして，こうしたことを1つひとつ疑わない方がいい場合もよくある。なぜなら，このようなジレンマを常に意識したり指摘されたりしていたら，自己像は不安定になってしまうからだ。自罰的なことを言いながら保たれる自己愛，自信がないと言う発言を支えられるだけの自信，優劣をつけずに多様性を擁護しようと言う人が醸し出す優越感，自分の思慮深さを表現する際に見え隠れする思慮深くない自己。私たちは，自分や他人が誰であるかという認識に基づいてコミュニケーションするが，それとは矛盾するものも同時に抱え込んでいる可能性が常にあり，それに気づかないことで自己の統一性を保っているかもしれないのだ。

## ❸ 「セルフ・コントロール」の多元性

　しかし，意識の及ばないことも起こるコミュニケーションを学ぶ私たちは，意識されるものだけでコミュニケーションが行なわれているという立場をとることはできない。また，意識されないものが何であるかを考えてみることに意味がある場合も多いのではないだろうか。例えば，人の悪口を矢継ぎ早に言う人の話を聞きながら，この人は自分の悪口もどこかで言っているのではないかと不安に思ったことはないだろうか。つまり，自分が何かについて語るとき自分についても語ってしまっている可能性を考えることは，思ったことを上手に伝えるだけのコミュニケーションから抜け出し，複眼的な立場からコミュニケーションを見つめ直せるようになるのではないだろうか。
　「セルフ・コントロール」という価値が流通している。だが，それには限界もある。その原因の1つは「意思の弱さ」であるが，それだけではない。個人の意思とは別次元で精神に及ぼす作用があるからだ。また逆に，セルフ・コントロールができている場合でも，意思の力によるものと，無自覚に自己の欲動を制御しているものとがある。したがって，私たちのコミュニケーションでは自分の認識の及ぶもの以外のことも起こっているという想定が必要だ。自意識だけでコミュニケーションが生じているというわけではないのだから。
　なお，ここで再確認しておきたいことがある。それは，無自覚に作用する無意識が意識的なコミュニケーションに影響していると意識することは，どのような無意識が働いているかを発見するためではないということだ。それは私たちにはできないことである。そうではなく，無意識を含めた精神分析の知見を考慮する目的は，私たちの意識，すなわち社会認識のレベルを高め，表面的な意味以外の意味を批判的に提示していくことなのである。

（板場良久）

## コラム6

# 夢と現実

## 1　理想としての「夢」

　夢は，現実ではないものを表わす比喩としてよく用いられる。例えば，まだ実現していない目標を「夢」ということばで表現する。このような「夢」はポジティブな意味で用いられる。例えば，「夢」をもち，その実現に向けて日々努力する子どもたちを非難することは稀であるし，「夢」が叶ったことを喜ぶのも普通の反応である。また，たとえ「夢」が叶わなくても，その過程で様々なことを学び成長する子どもたちの姿をみて望ましくないと思う大人は少ないだろう。つまり，比喩としての「夢」には，それを実現する喜びやそれに向けた努力の価値が予め内蔵されているのである。したがって，「夢」に向かって努力することは，子どもたちの精神が健全であることを含意している。

　さて，問題は，比喩としての「夢」が常に意識できること，思い描けることを意味している点である。つまり，無意識的なものが意識に現われようとする夢本来の性質は失われている。言い換えると，本来の夢が理路整然と思い描けないものであるのに対し，比喩としての「夢」は常に意識の対象であり，「もしかしたら実現できそうなこと」として思い描けるものである。そして，比喩としての「夢」が比喩であることすら忘れられるほど一般的に語られるとき，「夢」は「現実」の対概念として，「理想」「あり得ないこと」「実現するかもしれないこと」などを意味するようになり，「理想と現実」や「虚構と真実」といった二項対立概念を再生産する。その結果，一方で，私たちは「現実」を虚構でないこと，本当のこと，フィクションではないこととして理解し，他方で，「夢」を現実とは異なる世界や状況，まだ実現されていないこと，本当ではないこととして理解する。したがって，例えば，現実に問題がある場合，それが解決された状況を「夢」として思い描き，その実現に向けて取り組む動機および運動を形成していくということはよくあることだ[1]。しかし，「夢と現実」をそのような単純な対比で捉えられるのだろうか。私たちの知っている「現実」が本当のことで，「夢」が実現されていないことであるという認識は十分な理解といえるだろうか。

## 2　夢の国としてのディズニーランド

　ディズニーランドは「夢がかなう場所」である[2]。それは子どもにとって夢の国だ。ディズニーランドでは，日常の現実では出会えないアニメのキャラクターたちと直に触れ合うことができる。また，こうしたキャラクターたちの世界が子ども向けの世界であるがゆえに，大人の現実逃避先としても楽しめるファンタジー空間がディズニーランドである。つまり，ここで想定されている構図は，子ども的な夢の国であるディズニーランドの外側に大人たちが運営する現実世界があるということである。しかし，本当にそうだろうか。

　ジャン・ボードリヤールによれば，ディズニーランドを取り囲む現実世界が大人っぽいものだというのは嘘である。むしろ，ディズニーランドには，その外側の現実世界を運営する大人たちが子ども染みていることを隠蔽する機能があるという。例えば，大人たちは，

社会的で献身的な振る舞いをしながらも、自分に利益のありそうなことを中心に行動することが多く、内実は子どものように自己中心的である。どんなに没我的に行動しているように見えても、自分に何らかのメリットがあるので、そのような行動を続けている大人たち。たとえ金銭的なメリットがなくても、個人の名誉が期待できるので、社会貢献をする大人たち。そして、どのような個人的メリットも期待できなくなると、途端にそれまでの行動が続かなくなる大人たち。このように、じつは子どもっぽい大人たちで運営されているのが米国社会なのではないかとボードリヤールは問いかける。つまり、本当は子どもっぽい大人たちが運営するアメリカの真の姿が、明らかに子どもっぽいディズニーランドの存在によって、覆い隠されるというのだ。「子どもの国」というコンセプトで作られたディズニーランドは子どもっぽいアメリカ人たちの作る現実世界が投影された場所であるというのである。これにしたがえば、「夢と現実」は二律背反の関係にあるのではなく、夢（虚構）の世界なのにそれが現実でもあり得ることになるのだ。[3]

## 3　自己の現実認識とコミュニケーション

社会的な規範を身につけつつも、自分の「夢」に向かって突き進むことを奨励されながら育った私たちは、大人になる長い道のりの様々な機会において「現実」を思い知らされる。そして、「なりたい自分」としての「夢」を断念または修正し、それらを現実的に達成できそうな「目標」として掲げるようになる。そのとき、「夢」ということばを断念することもあるだろうし、「現実的な夢」と捉え直すこともあるだろう。いずれにせよ、私たちはこのような過程を経ながら己を知り、現実的な自己認識に至るのである。

けれども、私たちが思い知らされる現実の自己は、私たちの自意識によって必ずしも正しく把握できているわけではない。むしろ、自分が他者と関係を取り結ぶなかで、自分にとって都合の良い自己の認識をしており、そのことに気づいていないこともある。例えば、斎藤環によると、「自罰的なことばかり言う人が、ぜんぜん謙虚じゃなくて、むしろかたくななことが多いのは、その人にとって『自罰』のほうが『都合がいい』事情があるからだ」[4]という。

私たちは大人になる過程で、自分たちが生きていく文化が定めるマナーや規範を身につけ、文化人として振る舞うようになっていく。したがって、大人になることは、文化や文明の領域に生きること、すなわち野蛮や自然と一線を画した存在になることを意味する。このため私たちは、自己を常に進歩する文化の側の存在として認識し、野蛮や自然を私たちの眼差しの対象あるいは文明の利器によって乗り越える対象とみなしがちだ。しかし、私たちは本当に野蛮と対置しているのだろうか。仲正昌樹は述べる。

> 西洋料理で、直接手で触れないで、ナイフやフォークを巧みに使って肉を食べるのは、人間が肉食獣であると言えるし、皮製のバッグやベルト、毛皮のコートが芸術的な高級品として扱われるのは、殺戮を美化する行為と取ることができる。[5]

自分の野蛮な姿など夢でしか出会えないと思うかもしれないが、それは現実の自分でもあり得るのだ。

（板場良久）

▷1　例えば、米国における人種差別撤廃に向けた市民権運動でキング牧師が披露した「私には夢がある（I Have a Dream）」という演説は、「夢」を思い描き語り合うことが現状を動かし得ることを示すものであり、今後も語り継がれるであろう名演説である。
▷2　これは東京ディズニーランドを運営するディズニーリゾートの現在のキャッチフレーズである。以下のオフィシャル・ウェブサイトを参照した。（アクセス日：2010年9月28日）http://www.tokyodisneyresort.co.jp/top.html
▷3　Baudrillard, Jean (1983). *Simulations*. Semiotext (e), p. 25.
▷4　斎藤環（2003）『心理学化する社会——なぜ、トラウマと癒しが求められるのか』PHP研究所、171頁。
▷5　仲正昌樹『「不自由」論——「何でも自己決定」の限界』筑摩書房、36-37頁。

## IX 社会思想としてのコミュニケーション

# 1 コミュニケーションする思想，思想するコミュニケーション

## 1 「コミュニケーション」はどのように存在するのか

　コミュニケーションということばは一見，「思想」と無縁に思われがちである。なぜなら，簡便性や非政治的な響きをもつ「コミュニケーション」ということばと，思想ということばが喚起するその複雑性や政治性は，まったく相互関係のないものに見えるからである。一般的に，コミュニケーションは，例えば友人との会話や夫婦の会話などに限定して考えられるため，政治・思想的なものとは無関係に捉えられてしまう。しかし，本当は「コミュニケーションする」ことのなかには，1人ひとりの考え方に強く影響や変化を及ぼす契機がある。

　まずコミュニケーションは，一般的には前向きなことばである。この前向きさは，反実仮想的な将来を当然のものとして推定する近代思考から生まれている。明日を含む将来は，この行為に従事することにより，明るく光が当てられる存在になる。将来像と現在，過去とのギャップを現在において認識した人間が，前向きな意味のコミュニケーションを使用することによって，さらなる明るい将来を考えることができるようになるという考え方がここにある。つまり，近代思考によって裏打ちされた未来志向型の行為だともいえる。そのために，過去や現在は否定されることもある。現在や過去が不十分なものと考えられる時，「コミュニケーションする」ことが求められ，将来の思想・ビジョンが出来上がる，ということである。

　その一方で，コミュニケーションのもつ前向きな含みを当然のものとして扱ってしまうとき，それは，密かに私たちに対して強大な作用を及ぼしてくる。例えば，15世紀にアメリカ大陸に上陸したキリスト教宣教師たちのように，先住民族に対して「あなた方は遅れている（つまり，野蛮だ）。だから，英語やキリスト教を学びなさい」と述べるのは，相手に一方的で「前向き」なコミュニケーションを促していることになる。▷1 ここでは，先住民族の過去から継承されてきた宗教や文化，そして彼（女）らの実存への敬意などが感じられることはない。この前向きなコミュニケーションは，相手の現在や過去を否定することで成り立つ植民地主義に基づくものということになる。

## 2 コミュニケーション行為の生み出すスクリーン

　コミュニケーションとは，一種の「スクリーン」を作り出す行為といえる。

▷1　例えば，ダニエル・デフォーの『ロビンソン・クルーソー』において，ロビンソンは自分が漂流した南国の島で出会った先住民族の1人フライデーに英語とキリスト教を教え，彼を「文明化」させ，「前向き」なコミュニケーションを植え付ける。そしてこの話は，2人で島の先住民族を倒し，フライデーを英国に連れて帰る帰結を用意する。

▷2　バークのことばを借りるなら，これはことばによって出来上がるスクリーン，つまり，ターミニスティック・スクリーン〈terministic screen：(term＝ことば)＋(screen＝スクリーン)〉である。「ターミニスティック・スクリー

より良い人間関係が作り出せるとか，より良い明日を生きることができるとかといったビジョンを見せるスクリーンが，コミュニケーション行為に従事することにより生み出される。そうなると，コミュニケーションとは必然的にこのスクリーンによって媒介された産物ということになり，そして，「コミュニケーションする」ことで，このスクリーンが再生産されることにもなる。つまり，このようなコミュニケーション行為は，このスクリーンによる媒介を必然的にともない，そして，その結果，スクリーンを通して出来上がる考え方や思考を再生産させることを可能にするのである。[2]

このスクリーンのことをコミュニケーションが成立するために必要な「コンテクスト」と呼ぶこともできる。なぜなら，スクリーンが変わればコミュニケーション行為によって生み出される意味も変わってくるからだ。もし，コミュニケーションに何の違和感も覚えない場合は，このコンテクストとそこで再生産される意味は常に変わらないことになる。いつも同じコミュニケーション，同じコンテクスト，同じビジョンが反復されるだけである。これが，一般的に言われている"〜主義（〜ism）"で表現される思想というものに当たる。このような変化することのない静的な知識生産を「（教条主義的）思想」と呼ぶ。しかし，「コミュニケーションする」ことによって生まれる思想はもっと動的であるはずだ。

## ③ 変化の中で「コミュニケーションする」こと

コミュニケーション学の起源とされる古代ギリシャでは，コミュニケーション行為に求められる行為規範である倫理は，アレテーという徳であった。アレテーとは，「優れること」を意味する公人に求められた徳のことであり，人びとを政治に従事させるための一種の資質として追求された。[3] そして，「公人」とはポリスに住み，ポリスの政治にかかわることで，ポリテイスと呼ばれた。[4]

アレテーは，何に優れることを人びとに求めたのだろうか。それは，公人が刻々と変化する時と場，状況において，最も適切な政治的ビジョンを，ポリスの住民に向かってことばで示し，より善い生を共に生きることであった（共通善）[5]。ここでは，聴衆の考え方も日々変化しているため，とりまくコンテクストも異なってくる。変化してゆくコンテクストのズレを敏感に読み取り，発話（＝コミュニケーション）していたのである。過去や現在を否定することなく，コンテクストのズレのなかで生まれる「いま，ここ」をことばにして提示したのである。[6] したがって，この変化のなかで紡ぎあげられる思想・ビジョンもまた変化せざるを得ない。この変化を可能にする「コミュニケーション」という発話行為が思想や政治ビジョンを生み出し続けるという原理・原則を，コミュニケーション学の根幹にある考え方として本章では位置づけてみたい。[7]

（藤巻光浩）

ン」については以下を参照。Burke, Kenneth (1966). *Language as Symbolic Action*. University of California Press, pp. 44-62.

▷3　家のなかに存在し守るべきものとして，privacyということばがあるが，これは，この徳が欠けた（"de-prive"）状態を指す（〈prive〉＝欠けた）。そのため，アレテーのない人間は，ポリティスに必要な徳の欠けた人間として，私人（イデオテイス）と呼ばれ，政治参加ができなかった。ちなみに，イデオテイスとは，英語の"idiot"の語源である。

▷4　ポリスとは，都市国家を表わすことばである。これは，物理的境界線によってできる都市を示すのではなく，住人が積極的にポリスの命運にかかわることで成立する想像上の境界線に基づく政治体制である。アテネがよく知られている。

▷5　ここで議論されたトピックには，戦争における同盟のあり方や平和を維持するための戦略，オリンピックにおける開会の辞，アティカ地域の歴史の述べ方などがあった。

▷6　ヴェルナー・イエーガーは，政治演説家イソクラテスにとってのレトリックは，単に過去を表象するだけでなく，「いま，ここ」を表象することであると述べている。Jaeger, Werner (1944). *Paideia: The Ideals of Greek Culture Volume III* (G. Highet, trans.). Oxford University Press, p. 78.

▷7　この考え方を洗練されたかたちで知の体系として提示した書としては，以下をあげておく。Burke, Kenneth (1954). *Permanence and Change: An Anatomy of Purpose*. University of California Press.

# IX 社会思想としてのコミュニケーション

## 2 啓蒙主義とコミュニケーション

### 1 コミュニケーションの啓蒙主義との歴史的関係

啓蒙主義とコミュニケーションは深い関係にある。これは、ルネサンス期に現在、コミュニケーション学と呼ばれるものの1つであるレトリック学（レトリケイ）が古代ギリシャ期の精神復興のなかで注目されたことと関係がある。人間を世界の中心に据え、世俗社会を作り上げるうえでコミュニケーションの果たす役割に注目したルネサンス期においては、教会権力下に置かれていたレトリック学が解放されることとなった（部分的ではあったが）。レトリック学は、ことばや表象などの人間のもつ技術やその教育を通して人間の可能性に信頼を置き、精神を教育可能な対象とみなす。『ローマ帝国衰亡史』でエドワード・ギボンが提示した宗教のもつ意味は重要である。宗教は殉教死などにみられるように野蛮の権化のように扱われるのであるが、それは単に人間の精神が社会的に作り出したものでしかないとみなしたのである。つまり、精神は、野蛮のまま放置されるものではなく、教育可能なものとして考えられるようになったのである。そして、そのような人間の心は、理性が使用可能な自然状態にあると考えられるようにもなった。このような人間の捉え方が、絶対王政に対抗する知的・政治的資源としてその後機能することになったのである。

啓蒙主義は、より良い世界に向かうために、絶え間なく進歩し続けることのできる（文明の）プログラムである。人間の能力や可能性を最大限に信頼し、その能力をいかんなく発揮させることで、野蛮、無知蒙昧に対する処方箋とみなされた。この考えにおいて、人間は常に新しく生まれ変わることができ、進歩し続けることが可能となる。これが啓蒙主義の進歩史観である。この進歩史観ゆえに、コミュニケーションは、啓蒙主義との親和性が高い。よりよい知識を作り上げるためには、コミュニケーションが必要不可欠なものとして考えられてきたのである。そして、多くの西洋思想の根幹にこの啓蒙主義は据えられ、寛容、法へ信頼を寄せるリベラリズムの伝統に色濃く継承され、近代社会登場以後、大きな変化も方向転換もたいして経験してこなかった。

このようにルネサンス以後、人間が世界の中心に配置されるという人間中心主義（＝人文主義）が定着してきた。そして、コミュニケーションは、その人文主義に必要不可欠な道具として位置づけられた。例えば、古代ギリシャ語は聖書や古典の読解の道具として復活させられ、国家語は市民革命後知識の民主化

▷1 エドワード・ギボン／中野好夫訳（1995, 1996）『ローマ帝国衰亡史（1, 2, 3）』筑摩書房。
▷2 18世紀、ナポリ大学のレトリック学の教授であったヴィーコは、「人間は社会的存在である」ために、真理などの価値もまた社会的産物でしかないことを指摘し、レトリックが果たしている中心的役割に注目していた。ヴィーコ／清水幾太郎編（1979）『ヴィーコ』中央公論社, 49頁。
▷3 自然状態とは、社会契約を結ぶ以前の状態を示す概念であるが、ある程度の理性の使用が可能であると推定されている。したがって、理性は、誤ることなく使用されるものと考えられている。逆に言えば、理性使用が予め自然状態を規定しているともいえる。このような理性の行為遂行性は、ローマ共和制に活躍したキケロによってすでに認識されていた。Poulakos, John & Poulakos, Takis (1999). *Classical Rhetorical Theory*. Houghton Mifflin Company, p. 159.
▷4 ジョン・ロックは、人間の知覚認識を批判的に活用することを説き、本来的に備わっている考えよりは、新たに獲得する知識の可能性に希望を見出した。ジョン・ロック／大槻春彦訳（1972）『人間知性論 1』岩波書店。

を図るための道具としてあみ出され，遠近法は人間の視点を世界の中心に据える近代視覚を形作る道具として位置づけられたのである。これらは，それぞれ人間の心に理性の光を当てるための道具，つまり手段として定着してきた。理性に基づく知識を獲得するために，理性的規範となる近代的手段に依拠することが，まず前提とされ，生み出されたのである。つまり，読む，話す，見るなどのコミュニケーション行為は，まず規範化され，そして知識を正しく遂行させる目的のために，教育の中で大きな役割を果たすことになった。▷5

## ❷ 人文主義からコミュニケーション中心主義へ

近代理性は常に限界に突き当たるものである。なぜなら，結果を予見できない複雑な世の中は，理性だけで捉えきれるものでは到底ないし，またその理性が植民地支配や人種主義，戦争，虐殺などの悲劇を生み出したこともある。ジグムント・バウマンは，例えば，ホロコーストはまさしく近代理性を発揮した人類によって可能になった歴史的犯罪であると述べる。▷6 このように，近代理性は，自らの能力と可能性のもつ暴力性に対しておののき，その限界を感じ，自信を失うことになる。そして，コミュニケーション不全に陥る。

多くの啓蒙主義者は，このような理性の限界や難問との遭遇こそが人間をさらに進歩させる契機となり得るとする。一方で，ミシェル・フーコーは啓蒙主義とは別の手法で，限界を乗り越えようとした。彼は，『言葉と物』のなかで，啓蒙主義などにおける人間中心主義において使用されてきた「人間」ということば自体がじきに消滅してしまうことを述べた。▷7 この「人間」概念は，近代においてはそれを維持させる道具——上記した近代的手段——によって維持させられてきた。そして，その道具が収められているのが「図書館」であるとフーコーは述べる。▷8 もし，この「図書館」が単なるハコではなく，これも「人間」を近代的存在として存続させる近代的手段にすぎないとしたら，「人間」はいつでも消滅する可能性があるということである。

このテーゼは，コミュニケーション学にとっては大きな契機となった。なぜなら，「人間」概念でさえ近代社会の生み出した歴史的構築物であり，しかもそれは，「図書館」における知識の配置や序列などの形象化（つまり，コミュニケーション）が生み出したものであるがゆえに，そもそも本質としての「人間」は存在しないことになるからである。▷9 啓蒙主義においては，人間の理性が道具であるコミュニケーションを駆使して知識を正しく生み出すと考えられていたのだが，ここでは，コミュニケーションが人間や理性を生み出すことになる。フーコーは，理性を発揮する（と考えられた）「人間」そのもの，そして啓蒙主義を相対化することで，コミュニケーションを世界の中心に据え，限界を乗り越えようとしたのである。

（藤巻光浩）

▷5 例えば，ディドロによる全35巻からなる『百科全書』は，フランス革命以後，新しい知識を人間が獲得し，さらなる進歩へと促すための事典，啓蒙書として定着してゆく。『百科全書』などの規範啓蒙を目的とする知識体系は，その後，近代ミュージアムの誕生を促した。

▷6 Bauman, Zygmunt (1992). *Modernity and the Holocaust*. Polity Press.

▷7 ミシェル・フーコー／渡辺一民他訳 (1977)『言葉と物——人文科学の考古学』新潮社，365-409頁。例えば，私たちは，携帯やメール（古くはテレビ）など，自分以外の存在に依存しないと落ち着かない。自分の精神を自分だけで維持させ，自分の制御下に置くことなどできなくなる時代に突入したという意味において，人間中心主義的自己は普遍的ではなく，歴史的・社会的・政治的構築物なのである。

▷8 Foucault, Michel (1977). "Language to Infinity." In Donald F. Bouchard (ed.), *Language, Counter-memory, Practice: Selected Essays and Interviews by Michel Foucault* (D. F. Bouchard et al, trans.). Cornel University Press, pp. 66-67.

▷9 Foucault (1977 : 67).

# IX 社会思想としてのコミュニケーション

## 3 共和主義と発話

### 1 共和主義とは

"Res publica（直訳は「公共の事柄」）"を日本語として取り入れた「共和主義」とは，漢字の語感からも察することができるように，共に和をめざす思想であるかのようにみえる。しかし，この翻訳は誤りであり，このことばが本来意味するものをそぎ落としてしまっている。正しくは「王政が二度と生まれない」ための公人による公人のための政治体制，つまり，王政を倒した市民革命を踏まえた歴史的意味をもつ。「公共」という語は多義的ではあるが，「和」の意味する付和雷同的な大勢順応主義とは根本的に異なるのである。

公共の事柄にかかわる人びとは，みな公人（＝市民）である。そして，この公人によるかかわりは市民社会を生み出す基となる社会契約と呼ばれる。社会契約は，市民社会を作り上げるうえで，1人ひとりが国民国家などの政体と契約を結ぶ時に生じるものである。ただし，この契約は政体を生み出すことを目的とするが，国家の存在を予め前提とはしない。絶対王政を打倒し身分制を撤廃したフランス革命において生まれた政体は，（建て前として）すべての人びとに開かれ，公人として共通善を生み出す責任を等しく負い政治に参加する，社会契約を果たす時に生まれた。

この意味において，ここでの共和主義は，近代的というよりは古典的である。なぜなら，現在の政治制度としての共和制は，公共の事柄にかかわる人間を選出し，選出された人びとに政治を任せる代議制のことを指し，投票をする公人は政治から自由になることで共和制を維持するからである。しかし，古典的共和主義は，公人が公共の事柄（共通善の模索・創出）に積極的にかかわり，政治に直接かかわることで自由になることを試みるのである。

### 2 一般意思の創出とコミュニケーション

古典的共和主義では，コミュニケーションと密接に結び付く最も重要なコンセプトは，「一般意思の創出」である。これは，啓蒙思想家ルソーが使用した語彙である。彼は，「一般意思」と「全体意思」は異なると言うが，ここでの全体意思とは，選挙や世論など既存の政体のもつ意思の総意のことである。一方，一般意思とは，それぞれの公人による発話が共通善を志向することによって，その発話が共同体の利益を最大限に具現化する可能性がある時に創出されるも

▷1 共和主義は英語で"Republicanism"であるが，米国の政治政党共和党と混同されやすい。米国共和党は，市場原理を徹底させることで，政府の責任負担を極力減らそうとしてきたため，政治体制の責任を掲げるここでの共和主義とは真逆の思想をもつ。

▷2 この政治参加によって公人が獲得する自由を，アレントは「政治的自由」と呼ぶ。ハンナ・アレント／志水速雄訳（1955）『革命について』筑摩書房，38-47頁。

▷3 ジャン・ジャック・ルソー／桑原武夫他訳（1954）『社会契約論』岩波書店，33頁。

▷4 このような発話と主権の発生の相互作用を，マキャベリアン・モーメントと呼ぶ。これは，古代ギリシャ期の政治演説家イソクラテス，ローマ共和制のキケロらの政治思想を経由し，現在まで継承されてきたレ

のである。ルソーは，一般意思が政体によって共有される時，不可分で不可欠なものとなり，そこに主権が生まれる，としたのである。

　これは，あいまいではあるが，非常にレトリカルな含みをもつ説明でもある。なぜなら，一般意思の創出は，単に人々全体を漫然と表現するのではなく，その行為が政治体制との社会契約に従事することと必然的にかかわり，そして，その社会契約が，他のメンバーと共通善を共有するための発話，つまりコミュニケーションのなかにおいて成立するのである。公人が発話する時に，不可避に一般意思が表明され，社会契約が成立する。この意味において共和主義は，公人による一般意思の創出によって国家にしばりをかける憲法理論と深い関係にある。なぜなら，この一般意思の創出は，国家の想像・創造をともなうためである。

## ③ 共和主義の問題点と可能性

　共和主義には問題もある。共和主義が前提とする主権は一般意思の創出にあるということだが，この一般意思が不可分なものとして捉えられ同一化がはかられる時，政体の構成員が単一言語，単一民族であるならば，問題は発生しない。しかし，そのような政体は実際には存在しない。ところが，あたかも存在するかのようにみなされることがある。例えばフランスは強固にこの不可分な一般意思を前提とした「一にして不可分なジャコバン共和国」を作ってきた。一般意思が「一にして不可分」であると位置づけられる時，内部における差異を認めにくい。例えば，フランスの言語政策はきわめて抑圧的であった。ピレネー山脈をまたぐ国境線によって仕切られているフランスバスクとスペインバスクを比較した場合，スペインバスクの方が，圧倒的にその言語や文化を保持している。フランスの同化政策は，共和主義という後ろ盾があったのである。

　一般意思が「一にして不可分な」全体意思として抑圧的になってしまうのであれば，それは国家を縛るものとしてよりも，公人としての国民を縛り，国家による国民への暴力を可能にする。これが，憲法と共和主義の間に，ある矛盾が生まれる場合である。

　一方で，多様な発話が保障される可能性のある場として，一般意思を捉える視点も存在する。一般意思を表出させる私たちの発話行為が，あくまでも私たちが公人で有り続けるための条件であるならば，一般意思を全体意思として硬直させるよりも，常に状況に応じて刷新されるものとしなくてはならない。公人になるということは，政体のために発話し続けることであり，その発話する行為と公民で有り続けることの可能性は，理想的共和主義においては切り離すことができない。ここに，発話するというコミュニケーション行為と，その結果として生まれる「公人」と「市民社会」とを，結び付ける共和主義的可能性がある。

（藤巻光浩）

トリック学的伝統を示すことばでもある。ジョン・G・A・ポーコック／田中秀夫他訳（2008）『マキァヴェリアン・モーメント』名古屋大学出版会。
▷5　憲法の存在意義にかかわる共和主義的論拠に関して，以下を参照。樋口陽一（1999）『憲法と国家──同時代を問う』岩波書店。
▷6　日本においても，未だに「単一民族神話」を信じて疑わない人びとが存在する。日本の場合，明治維新に伴い戸籍制度を整備したが，戸籍に編入する基準はあくまでも居住に基づいて行なわれ，民族としての抽象的な連続性や一体性は，その際に想像・創造された。
▷7　共和主義の問題が典型的に表出した事件が，フランスで起きたイスラムスカーフ事件である。現在（2010年7月），フランス議会では，ライシテ（政数分離）を原則としてイスラム教徒の被りもの（ブルカなど）を公共の場で着用してはならないことが可決された。
▷8　ベンハビブなどは，常に一般意思が「反復」され続け更新され続けることを「民主的反復」と記し，市民の1人ひとりが「法の起草者でもあること」を重視し，共和主義的理想を述べている。セイラ・ベンハビブ（2007）『他者の権利──外国人・居留民・市民』法政大学出版局，17頁。
▷9　このような古典的共和主義の精神は，現在も少しも色あせることなく，1人ひとりが公共の事柄の主体となってゆこうとするNGOやNPOなどの市民団体に脈々と受け継がれている。例えば，国境無き医師団，アムネスティ・インターナショナル，ペシャワール会などのHPを読んでみよう。

## Ⅸ 社会思想としてのコミュニケーション

# 4 ポストモダンとコミュニケーション

## 1 ポストモダニズムとは

　ポストモダニズム（Postmodernism）ということばほど，定義を与えて判断を下す作業に困難をきわめる思想はない。流行としてこのことばや概念を取り入れたケースが多かった日本の場合，すでに流行遅れであるかのような印象を与えることもあれば，その受容が学術領域によって異なることもある。これらの差異は決して客観的な意味におけるものではなく，政治的なそれであることが多いという点である。◀1

　例えば，ポストモダニズムは，「大きな物語」の終焉と関係があるとされてきた。◀2「大きな物語」とは，広範囲に渡り社会を条件づけ，維持させる機能を担うもので，典型的なものとしては，日本の高度経済成長期においていつまでも右肩上がりの成長が続くことを人びとが信じることができた物語があげられる。◀3 それは，あたかも客観的真実であるかのごとく多くの人びとを信じさせることに成功した。したがって，ポストモダニズムとは，この「大きな物語」が終わってしまった後，複数の小さな物語や断片化した価値観が可能になった状態を指す。◀4

## 2 モダンとポストモダンの境界線と反復

　ポストモダンの特徴は以下の通り。◀5 第1に，それは，近代の後にポストモダンが時代としてやってきた，という時代区分を示すものではないということである。「ポスト」という接頭語は，「〜以後」を表わすのであって，近代（モダン）社会到来以後ずっとポストモダンでもあり得るのだ。ということは，近代社会登場以後，人類はモダンを生きてきたのではあるが，それと同時にポストモダンにもすっかり包まれてきたことになる。一方，時代区分としてポストモダンを扱う時，単一的時間軸のなかに，これを配置することになる。つまり，ポストモダンを遂行するのも，モダンを遂行するのも，私たちの視点の置き方に左右されるといってもよい。

　第2に，ポストモダンは，モダンの内包する亀裂のなかに見出すことができるのだが，モダンにすっぽり包まれて生きていると，その亀裂を見出すのは難しい。モダンは，現在，主流派に属すると認識している人びとにとっての常識を生み出し，それを再帰的に維持させ続けているからである。儀礼，教育，メディアなどにより繰り返し遂行されることで，その当然さが定着する。◀6 例えば，

▶1　多くの場合，ポストモダニズムは「大きな物語の終焉」として捉えられてきた。これは，一種の終焉論（"Endism"）として捉えることもできる。終焉論は，ある時代区分（エポック）の終わりを告げる政治的ヘゲモニーでもある。これは新しさ，つまり進歩することに執着するモダン的考えの現われであり，モダンを反復・遂行する政治に私たちを従事させることにもなる。したがって，大衆文化批評の中でポストモダンを論じたフレデリック・ジェイムソンはそれをエポックと捉えるために，終焉論の奏でる物語のなかにおさまってしまった。Gamble, Andrew (2001). *Politics and Fate.* Polity Press.

▶2　日本においては，大塚英志などが唱えたポストモダニズムがそういうものとして定着したために，それは消費文化の文脈において定着してゆくことになる。大塚英志（1989）『定本物語消費論』角川書店。

▶3　大澤真幸（1997）『戦後の思想空間』筑摩書房。

▶4　この意味において，この思想には，脱中心的，反本質主義，反普遍主義，相対的個別主義などの属性が与えられ，特にマイノリティによる「差異の政治」や「アイデンティティの政治」に利してきたという評価もある（Ⅸ-8 2を参照のこと）。

毎年繰り返し建国記念日が国民の休日として顕彰されることによって，建国の記憶は揺るぎのないものとして定着してゆく。こうした構図がモダンを支え，近代国家を維持させてゆくのである。

一方で，これらが当然のものではないことに気がつくと，ポストモダンへの入り口に立つことができる。例えば，米国の建国記念日に相当する日が複数存在することに注目することは重要である。まず，7月4日の独立記念日であるが，ネイティヴ・ハワイアンやアメリカン・インディアンと名指される人びとはどのようにこの日を受け止めるのだろうか。また，コロンブスの日は，そもそも建国記念日として考えられるのか。建国記念日でないとしたら，それはどのような意味づけをもつ記念日なのか。国家の建設は憲法の制定をもってとするならば，そもそも憲法記念日こそが国家の誕生日としてふさわしいのではないか。建国の記憶の意義に関して亀裂を生み出しかねない多くの素朴な疑問が頭のなかをよぎるが，それに対する回答を求めても，「独立記念日はイギリスから北部13州が独立した日，憲法記念日は憲法が発布された日」といったモダン的な回答・コミュニケーションが繰り返される（＝再帰する）だけである。記念日のかたちをとり，毎年反復・遂行され，社会のなかに広く深く浸透していくことにより，はじめてその意義が生まれるのである。

## ③ 「いま，ここ」──モダンに内包されるポストモダンの契機

このような反復・遂行が私たちの社会的現実を生み出していることに気がつくことが，ポストモダンを生きることを意味する。この気づきは，単一的時間軸や場所を生きることになった近代的存在としての「私」や取り巻く社会を，あたかも自分以外の「他者」としてみる視点を可能にする。

モダンは，当然のごとく起源から単線上に存在していたのではなく，「いま，ここ」で反復・遂行されることで可能になってきたのである。この意味で，ポストモダンにおいて「大きな物語」の権威が失墜したということも可能であるが，それは時間を経て段階的にモダンというエポックが終焉したのではなく，じつは当初から権威の失墜の可能性は存在し，それを埋め合わせるために近代的言説やそれにともなう儀礼の反復が求められてきたと考えた方がよさそうだ。つまり，「いま，ここ」は，モダンとポストモダンの間を行き交うための「ちょうつがい」または境界線としての機能を果たしているために，モダンの内に必然的に存在し，そして，その外へと私たちの目を向けさせる契機なのである。「いま，ここ」で，モダンの内包する亀裂を目撃するために発話することが，モダン的なコミュニケーションから抜け出る唯一の方法である。その結果，自分たち以外，つまりモダンの外に配置された「他者」と出会うことができるようになるのである。

（藤巻光浩）

▷5 ここで注意が必要なのは，ポストモダンとポストモダニズムという2つの用語を使い分けることである。まず，"-ism"を使用することにより，この接尾語が付されることばは，時代区分を示し，変化することのない閉じた思想形態を遂行することになる。その一方，形容詞的にポストモダン，モダンということばを使用するときは，それがまだ完了形でないことを示し，変化する可能性があるということになる。

▷6 反復されることで定着するという再帰性はモダンの特徴である。なぜならモダンは均質的な時間や空間を反復可能なものとすることにより，社会制度として定着し拡散することが可能になるためである。例えば，建国記念日，性別役割分業，タイムスケジュール，貨幣制度，文化，民族，国家など。これらは包括的ではないが，当然のものとして何百年も以前から存在していたかのごとく振舞う。アンソニー・ギデンズ／松尾精文他訳（1993）『近代とはいかなる時代か？──モダニティの帰結』而立書房。

▷7 独立記念日は7月4日，憲法記念日は7月17日，コロンブスの日は10月12日。

▷8 エリック・ホブズボウム＆T・レンジャー編／前川啓治他訳（1992）『創られた伝統』紀伊國屋書店。ジョン・E・ボドナー／野村達朗他訳（1997）『鎮魂と祝祭のアメリカ──歴史の記憶と愛国主義』青木書店。

## IX 社会思想としてのコミュニケーション

# 5 リベラリズムと発話

## 1 リベラリズムとは

　リベラリズム（Liberalism）とは，日本語では自由主義と翻訳され，文字通り「自由」を原則・基盤とする思想である。しかし，「自由」ということばは，その抽象性に加えて，多様な意味をもつためにわかりにくい。近代的意味における「自由」とは，権力作用からの解放を指す（解放の自由）。また，政治などの公的生活から逃避して，私的領域に安住する自由もある（政治からの自由）。いずれにしても，自分たちの自由が可能になる領域の拡大を試みる人びとのことをリベラリスト（Liberalists）と呼ぶ。

　リベラリズムは，「公・私二元論」を前提としてきた。「私」が可能になるのは「家」のなかであり，これを私的領域と呼ぶ。リベラリストたちは，これがプライベートなものとして介入されないことで自由，信仰，財産に対する自らの自己決定権を保障しようとしてきたのである。一方で，「公」においては，上記の3つの自己決定権を相互に守ろうとするために，私的領域に相互に介入しないことを原則とする。よって，お互いの「政治からの自由」を尊重し合う寛容の精神の重要性が説かれてきた。そして，コミュニケーションという発話を「私」に帰属されるべき「言論の自由」の問題の一部として捉えてきたコミュニケーション学は，リベラリズムとの親和性が高い。

## 2 リベラリズムへの批判とその後

　しかし，この不可侵とされる私的領域である「家」こそが，例えば，家父長制の温床であるとフェミニストから指摘を受けると，リベラリズムは，単純な「公・私二元論」における「私」の自由を唱えることが困難になった。これを批判したことにより，機会均等や普通選挙制の施行をめざすことに限定したリベラリズム的な第一波フェミニズムは，私的領域における性別役割分業の解体までをも射程に入れる第二波フェミニズムと，袂を分かつことにもなったのである（Ⅳ-9 参照）。

　また，国民国家との関係においても，リベラリズム的自由が，マイノリティへの構造的暴力の温床となっているという指摘も登場した。例えば，「自由」を享受する権利主体，つまり「公人（＝市民）」になるための資格は，国家語の流暢さが十分であることや国民らしさが求められる一方，マイノリティらしさは

▷1　絶対王政に対して立ち上がり，市民意識に目覚めた人びとが市民革命を起こした。その際，「自由」「平等」「博愛」が，市民意識を支える概念・思想として誕生した。また，東西冷戦構造のなか，旧ソ連の共産主義に対して，「自由民主主義」ということばに特定の意味が付与された。現在，「自由」は，イスラム教国家，朝鮮民主主義人民共和国との比較・対照を通して，独特の歴史的意味が付与されている。「自由」は，歴史的・政治的・社会的コンテクストにおいて配置されることで具体的な意味をもつ。
▷2　リベラリズムとは，共和主義も多文化主義もコミュニタリアンも含む。80年代以後定着してきたもう1つのリベラリズムに，リバタリアニズムがある。これは一言でいえば，個人の自由を最大限に拡大するというベクトルをもつ。例えば，ロバート・ノージック／嶋津格訳 (1985)『アナーキー・国家・ユートピア——国家の正当性とその限界（上・下）』木鐸社。
▷3　ジョン・スチュアート・ミル／塩尻公明&木村健康訳 (1971)『自由論』岩波書店。
▷4　例えば，家事は私的領域にある労働として考えられるとき，それに対して対価が生じない。なぜなら，「家」内にある労働力が財産の1つとして囲われるた

消し去らなければならなかった。あるいは、わかりやすい「マイノリティらしさ」が逆に求められ、二級市民の扱いを受けることもある。例えば、文化継承を遂行するために土地を相続しようとするネイティヴ・ハワイアンは、4分の1以上の血統を維持しなくてはならないが、米国政府による同化政策により実際にはそれは困難である。ネイティヴ・ハワイアンの土地はグローバル資本によって主流派の「私」的時間の充実（つまり、ヴァケーション）に利用されるため、実際には彼らの文化継承は構造的に不可能なのである。つまり、「自由」概念は、主流派の私的権利を守るために必要とされてきたのだが、マイノリティの私的領域には逆に介入し、支配しようとする。「自由」の抱える矛盾は、マイノリティに押し付けられるのである。

リベラリズムに対する批判に応えようとしたのが、チャールズ・テイラーの「多文化主義」というコンセプトである。テイラーは他者からの承認を得てはじめて「個々のアイデンティティ」は意味をもつとする。このようなアイデンティティをもつことを必要条件として位置づけ、相互に政治的承認を与え合うことを提唱した点において、テイラーは「私」だけに固執する古典的リベラリズムから一歩踏み出ようと試みたのである。

これに対して、ウィリアム・コノリーは、自己と他者との間にある差異・関係性こそが、新しい自己を生み出さざるを得ない源泉となることを示唆した。コノリーは、アイデンティティを本来化させ固定化させることのない、「戦闘的リベラリズム」の必要性を説いたのである。この戦闘的リベラリズムは、私的領域が他者との関係性によって変化し得ることを示し、公的領域の審級も受けることの可能性を提示したため重要である。「公・私二元論」を強固に守ろうとしてきたリベラリズムは、その内部から変化している。

## ❸ コミュニケーション学とリベラリズム

残念ながら、米国で興隆してきたコミュニケーション学は旧態依然としたリベラリズム的思想を背景に発達してきた事実を否定できない。例えば、「公・私」の境界線は、「公」を扱うレトリック学やメディア研究と、「私」を扱う対人コミュニケーションという領域に分類されてきた。今もなお、この境界線は強固なものとして定着しており、学術体系として再生産され続けている。

その一方で、「公・私」の境界線を流動化させるための方法論として、その境界線を記述する**クリティカル・レトリック**からはじまる批評実践が、クィア（Ⅳ-8 参照）やポストコロニアルなどの領域と共鳴しあうことによって発達してきた。ここにおけるコミュニケーションとは、単に「私」を表現するものではなく、「私」と「公」の間の境界線を解体し、再構築する発話や実践にあるといっても過言ではない。

（藤巻光浩）

▷5 米国においては、セネカ・フォールズにおける大会で、女性の参政権を自分たちの社会運動の中核にすえることを決議したときから第一波フェミニズムははじまったといわれている。第一波フェミニズムは公的領域における男女平等のみを掲げ、「公・私二元論」を脱臼・再接合しようとしないため、他のフェミニズムとは異なる。

▷6 Kauanui, J. Kehaulani (2008). *Hawaiian Blood: Colonialism and the Politics of Sovereignty and Indigeneity.* Duke University Press.

▷7 チャールズ・テイラー（1996）「承認をめぐる政治」チャールズ・テイラー他編／佐々木毅&辻康夫&向山恭一訳『マルチカルチュラリズム』岩波書店, 41頁。

▷8 ウィリアム・コノリー／杉田敦&齋藤純一&権左武志訳（1998）『アイデンティティ＼差異──他者性の政治』岩波書店, 343頁。

▷9 「戦闘的」という表現は、誤解を招きそうなので一言付け加えるが、これは他者に向けられる「戦闘」ではなく、むしろ自己が自身に戻ることができないことを認識し、苦悩する自己自身の戦闘（"agony＜agonistic"）を指す。コノリー（1989：172）。

▷10 **クリティカル・レトリック** リベラリズムの文脈においては、レトリックに「自由」を指示し表現させる隠喩としての機能を与えるのではなく、「自由」を生産し、その生産のなかから新たな「自由」概念を再編成しようとする批判的試みである。McKerrow, Raymie (1989). "Critical Rhetoric: Theory and Praxis." *Communication Monograph*, 56, 91-111.

## IX 社会思想としてのコミュニケーション

# 6 コミュニタリアンと発話

## 1 コミュニタリアニズムとは

　日本語で共同体主義と訳されるコミュニタリアニズム（Communitarianism）は，コミュニケーションと同じ「共に」という意味の接頭語〈com-〉をもち，コミュニケーションと相性がよさそうにみえる。共同体において育まれる価値観を重視し，それを資源に教会やPTA，そして会社や組合などの共同体を形成しようとするのがコミュニタリアニズムである。ウィリアム・キムリッカによれば，コミュニタリアンにとっての自己理解とは，「自己がすでに共同体のなかに埋め込まれ（embedded）……『状況化されている（situated）』ため，社会的関係から切り離すことはできない」。つまり，共同体が育む価値観や倫理観の方に比重が置かれるため，個人の極端な自由を忌避する傾向がある。それでも，個人の自由を侵害しないことを原則とする政治ビジョンも合わせもつバランスのとれた思想であるため，80年代以後，説得力をもち続けている。

　この流行の先がけとなったのが，80年代に米国でよく読まれたアラスデア・マッキンタイアの『美徳なき時代』である。マッキンタイアは，啓蒙主義の凋落した現在，再度古代ギリシャのポリスのような共同体に生きることこそが，人間の徳を磨くことになると説く。この意味において，共和主義ときわめて親和性の高い思想である（IX-3参照）。

## 2 コミュニタリアンの政治

　コミュニタリアンの論客には，チャールズ・テイラーやマイケル・ウォルツァーなどがいる。批評理論を教える米国のコミュニケーション学部の一部では，ウォルツァーがよく読まれていた時代がある。彼の批評手法は，共同体のなかで育むことができる徳のなかから，社会批評を遂行する視点を提示する。彼によれば，社会批評家とは，「個人として生きてはいるが（共同体の）構成員でもある。多くの場合，公共の場で他の構成員に向かって発話し，（自分たちの）共同体生活やそれを条件づけるものに対して，集合的に反省することを促す」役割を担っている。

　その一方で，世界中のコミュニケーション学者を含む社会批評家たちを失望させたのも，彼であった。彼は，9.11以後，米国政府によるアフガニスタンとイラク攻撃を擁護した知識人の1人だからである。彼の論拠は，正義とはあく

▷1　ウィリアム・キムリッカ／千葉眞他訳（2005）『新版　現代政治理論』日本経済評論社，321頁。
▷2　一方，（共同体主義と対比される）リベラリズムは自己決定や自由に関して，共同体の影響を極力抑えようとする。例えば，ジョン・ロールズは，自己利害に介入することのない「中立国家」という概念をもち出し，共通善に対応する「正義」概念を育む社会制度を構想した。この争点に関しては，コミュニタリアンとリベラリストとの間で論争がある。コミュニタリアンからはサンデルを，リベラリストからはロールズを参照のこと。マイケル・サンデル／菊池理夫訳（1992）『自由主義と正義の限界』三嶺書房。ジョン・ロールズ／田中成明他訳（1979）『公正としての正義』木鐸社。
▷3　アラスデア・マッキンタイア／篠崎榮訳（1993）『美徳なき時代』みすず書房。その他にも，ロバート・N・ベラー他／島薗進他訳（1991）『心の習慣──アメリカ個人主義のゆくえ』みすず書房，がある。
▷4　マッキンタイアが，米国コミュニケーション学部でよく読まれたのは決して偶然ではない。それは，彼がアリストテレスに注目し，ポリスを政治共同体としてみなし，そこで育まれる共通善を生き方の指針としたためである。その視点

までも共同体内で決定されるべきものであり，普遍的正義は存在しないことを前提とする。そして，共同体のなかで相対化されうる正義が，個々人の価値観を構成するために，米国的正義が歴史的構築物（コンストラクト）として存在することを唱える。[5]したがって，米国的正義に関して共同体としての合意があれば，それは相手を攻撃し得るという考え方につながるのである。[6]もちろん，ウォルツァーは，米国的正義が相対化され得るのと同様に，他の正義も相対化され得ることに意識的であるため，複数主義（プルーラリズム，pluralism）も唱える。

しかし，彼の複数主義は，共同体・価値観の離齬が生み出されることによって，コミュニタリアニズム的な弁証法が発動されるための道具でしかなかった。また，多文化主義を唱えるキムリッカは以下のように述べる。「自己決定は，社会的役割の内側で遂行されるのであり，（その）外で遂行されるものではない」。[7]これは，コミュニタリアンが，共同体別の相対主義に基づいて価値判断を下すことがよくわかるくだりであり，彼（女）らが外部の思想を指向するのではなく，内向きの思想をもっていることがわかる。彼（女）らの考える個人と共同体の間にある緊張や軋轢が生み出す争点が，他の争点の可能性を排除するためである。例えば，2010年9月11日にコーランを燃やすと宣言した米国人牧師の問題を，「言論の自由」や「寛容」というリベラリズムの原則によって対処しようとするのは，「イスラム報道」がそれ自体でセンセーショナルになる傾向をもつ西洋社会の固有の問題を覆い隠すのである。[8]コミュニタリアンは共同体の外にある他者を逆に利用し，自分たちのコミュニティの視点だけを妥当とする相対主義的思想でしかないことが多い。

### 3 コミュニタリアニズムとコミュニケーション学の行方

「個人 vs. 共同体」「私 vs. 公」というリベラリズム的二項対立の図式を，ある意味で乗り超えているのがコミュニタリアニズムである。なぜなら，前述したように，個人の自由を侵害しないことが前提であるコミュニタリアンにとり，この2つの間にコンフリクトは存在しないからである。コミュニタリアンの考える図式は，共同体のなかに，まず「個人」が存在し，その「個人」は共同体の意見に決して異を唱えない。さらに，全体主義的でもなく，共産主義的でもなく，バランスがとれているように見える。

しかし，コミュニタリアンを自認するウォルツァーがアフガニスタン・イラク攻撃を擁護したとなっては，コミュニケーション学の倫理的礎が揺らいでしまう。なぜなら，コミュニタリアン的な価値観を基準として政治ビジョンを作るという考え方は，どんなに共通善がすばらしいとしても，それが他者の眼からの批判に耐え得るのかという問題提起に対して，寛容の精神というリベラリズム的応答以外の答えを出していないからである。私たちは，コミュニタリアン的思想が露呈した問題を，今後真剣に精査してゆく必要に迫られている。

（藤巻光浩）

は，まさしく米国コミュニケーション学の根幹にある共和主義的かつコミュニタリアン的コミュニケーション学，つまり，レトリック学の基盤でもあったし，今もその傾向は強い。

▷5 Walzer, Michael (1993). *Interpretation and Social Criticism*. Harvard University Press, p. 35. この他にも，社会批評実践の書として，Walzer, Michael (1988). *The Company of Critics: Social Criticism and Political Commitment in the Twentieth Century*. Basic Books がある。彼は，社会批評において「批判的距離（Critical Distance）」を取ることを一貫して提唱する。しかし，第一次インティファーダが勃発する80年代に，マーティン・ブーバーなどのユダヤ人知識人に依拠し続け，パレスチナの作家ガッサン・カナファーニーに着目することはなかった。その批判的距離の取り方に，米国コミュニタリアンの限界を強く感じる。ガッサーン・カナファーニー／黒田寿郎＆奴田原睦明訳 (1988)『現代アラブ小説集7 太陽の男たち／ハイファに戻って』河出書房新社。

▷6 マイケル・ウォルツァー／駒村圭吾他訳 (2008)『戦争を論ずる——正戦のモラル・リアリティ』風行社，185-201頁。

▷7 キムリッカ（2005：321）。

▷8 エドワード・W・サイード／浅井信雄他訳 (2003)『イスラム報道』みすず書房。

## IX 社会思想としてのコミュニケーション

# 7 多文化主義と発話

## 1 多文化主義とは

　多文化主義（Multiculturalism）は，多文化共生社会などということばと一体化するかたちで，日本においてはポジティブな社会のビジョンとして定着しつつある。社会の構成員の1人ひとりの差異をそのまま認め合い，共に生きてゆくことを理想としたスローガンであり，またその思想である。チャールズ・テイラーによれば，多様な文化やアイデンティティがそれぞれの価値を等しく保持しているという前提に立ち，「特殊性を認め，さらに涵養さえしなければならない」のが多文化主義である。[1]

　思想的には，この考え方はリベラリズムの延長線上にある。なぜなら，リベラリズムが信仰や言論などの個人の自由を最大限に保障しようとするものならば，差異が刻印される人びともまた差異を表現する自由を追求できなければならないからだ。また，これはお互いがアイデンティティを等しく表現し合うという価値観を共同体内で共有することを試みるため，コミュニタリアン的でもある。自分の民族的なアイデンティティをネガティブなものとして受け止めざるを得なかった人びとが，多文化主義においては，プライドさえもつことができるようになる。したがって，多文化主義社会とは，「平等な承認をめぐる政治にこそあり，そこで，すべての人間が等しく尊敬を受ける価値があるという観念にもとづいている」社会のことである。[2]

## 2 多文化主義と「アイデンティティの政治」

　多文化主義は，「アイデンティティの政治（identity politics）」の季節の到来を告げることとなった。「アイデンティティの政治」とは，それぞれのアイデンティティを標榜する人びとが，政治的利益実現を目的とし利益調整のための交渉・議論に従事する実践のことをいう。したがって，多文化主義における発話は，アイデンティティを表現し，それに基づいた利益調整のための議論を展開するなかでなされる。その結果，多くのマイノリティの立場にある人びとが，自分たちの利益を全面に出し，主流派のもつ様々な既得権まで奪うかのようにみえた。[3]

▶1　チャールズ・テイラー／佐々木毅他訳（1996）「承認をめぐる政治」『マルチカルチュラリズム』岩波書店，60頁。

▶2　テイラー（1996：58）。

▶3　その結果，多文化主義は，「文化戦争」と呼ばれる事態にまで発展した（IX-8 2参照）。例えば，主流派WASP層のなかには，過剰に反応した人びとも多く存在する。ホロコーストを教える歴史教科書に対して，それはホモセクシュアルの権利にまで話が及んでしまうため，多文化主義教育の一環としてホロコーストを教えるのは望ましくないという意見まで出された。

## ③ アイデンティティは個人的なものか

　テイラーのように，アイデンティティを，リベラル・コミュニタリアン的に調整可能なものとして提示しつつも個人の核にあるものとして主張するのは，じつは大きな政治的判断をともなう。これは，アイデンティティの形成過程を争点としないことを意味するためである。しかも，それを問題のないものとして，主流派にも定着させてしまう帰結を招く。例えば，自分の髪の毛が赤くて子どものころいじめられた「白人」のトラウマまで「アイデンティティの政治」に参加する資格となってしまう。本来，マイノリティのための実践であったものが，そうでない者たちの声をあげさせる場ともなり，アイデンティティの政治の水増しが行われることになる。そして，結局「寛容」の精神，つまりリベラリズムの求める価値観や徳だけが再生産されてしまうことになる。その結果，それぞれのアイデンティティは，他者からの目撃を受けるだけにとどまる。

　ここにおいて，他者のトラウマを「目撃する」という意味において，目撃と寛容は同じ意味をもつことばになる。その結果，商業・観光主義的に，トラウマなどが映画化されたり博物館に展示され，他者の痛みやトラウマは巷に溢れることになった。アイデンティティの政治は，結局，トラウマの目撃を促すことを通じて，マイノリティの可視化をさらに推し進め，寛容の精神の下に「善意の無視（benign neglect）」を受け，その結果，アイデンティティは単に私的なものとして宗教と同等の扱いを受け，政治的な力を奪われることにもなった。

## ④ 批判的多文化主義と発話の可能性

　このように多文化主義には否定的な評価がついてまわるが，それでも，このことばを利用した戦略的な批評がなされることで，批判的可能性を広げることができる。まず，多文化主義においては，文化やアイデンティティを数えることが可能な存在として扱わないことが重要である。なぜなら，これらは常に生成の過程にあり，最終的なプロダクツ（＝産物）として結晶しないからである。プロダクツとしてアイデンティティが結晶したようにみえるときは，何らかの作用によりそれがプロダクツにみえるようになっているのである。

　次に，個人のアイデンティティを歴史的・社会的・政治的作用と不可避にかかわるものとして，他者や社会との交渉の行われる場（トポイ）を見出す作業こそが，重要なアジェンダとなる。自分自身にとり私的と考えられるアイデンティティは，いかに他者と共有可能なのか，そして共有できない時はどのような作用の元に共有できないのか，という議論にまで展開してゆくことが大切である。「発話」は，単なるアイデンティティを表現するだけのものではなく，それを作り上げてゆく交渉実践そのものである。

（藤巻光浩）

▷4　商業主義的多文化主義も政治的認識を獲得することができる可能性があるため必要である，という議論もあるが，実際はそんなに単純なものではない。商業・観光主義的に主流派文化に迎合するとき，マイノリティの連帯が分断されてきた事例には事欠かないことも押さえなくてはならない。

▷5　トポイとはギリシャ語で場所を表わすことばである。これは，物理的に存在する場を示すだけではなく，議論を可能にする機会であるとかその条件などの位相をも含むことばである。

▷6　「個人的なことは政治的なこと（the personal is political）」というテーゼがあるが，これは個人の核として位置づけられるアイデンティティ概念の前提を学び捨てるために出てきたテーゼであり，信仰や言論の自由のようにアイデンティティを表現するというリベラリズム的使用法とは異なる文脈から生まれたことも注意しなくてはならない。このテーゼは，私的領域と公的領域の境界線を再定義するためのものであって，私的領域の拡大を意味しない。

## IX 社会思想としてのコミュニケーション

# 8 文化戦争とコミュニケーション

### 1 文化戦争とは

　通常，文化戦争（Culture War）とは，80年代の米国においてロナルド・レーガンが大統領に就任した後，福祉分野における国家の役割が最小限に抑制され，民主党支持者の一部が共和党支持に転じたことに端を発し，左翼理念の混乱が起きた結果生じたものであると言われている。また，ベトナム戦争以後，米国建国の思想的基盤に対する信頼が揺らぎ，とくに左派の政治的・イデオロギー的立ち位置に混乱が生じ，米国の自画像や価値観に関して，「何が米国的なのか」という不安の中から多くの政治的争点が生まれたこととも深い関係がある。この2つの相乗効果により，理想の米国の自画像や倫理観などが問われ，多くの論客や政治家，大学生や退役軍人などが，新聞紙上や他のメディアにおいて意見を戦わせた。なかでも，90年代にクリントン政権による女性のリプロダクティヴ・ライツやレズビアン＆ゲイ・ライツの促進などの進歩的な政策に対して，パット・ブキャナンが，米国の「核となる価値観を守るべき」として宣戦布告をしたことが「文化戦争」ということばが定着するきっかけとなった。

　トッド・ギトリンによれば，文化戦争とは，米国の価値観に関して，左派と右派の議論のすみ分けが不明瞭になったときに生じたものである。例えば，米国史の記述が1492年からはじまり，奴隷制の問題に言及し，黒人学生の自尊心を回復するために必要であるという視点から編纂された歴史教科書に対して，右派は，この記述は一部の人間の悲劇だけに言及するため公平性に欠けるという議論を展開する。これに対して，左派は，特定の人種グループの子弟の民族的名誉回復やアイデンティティに配慮して，このような記述は必要不可欠であるとする。このように，従来は左派が使用していた「平等」や「公正」などという語彙を右派が使用し，その一方で，特定のアイデンティティをもつ者やそれを支持する左派が，その特殊性に配慮するように求めたため，ギトリンは，この現象を「正体不明の戦い」とし，「文化戦争」ということばを充てている。

### 2 文化戦争とポストモダニズム

　文化戦争に否定的な見解をもつ人びとは，ポストモダニズムという思想，またはこのことばにも否定的な見解をもっている。様々な立場に置かれる人びとが，それぞれの世界観や歴史観に則して意見を述べるようになったために，普

▷1　米国民主党支持者の中で共和党を支持する，所謂「レーガン・デモクラット」の登場は，まさしく左派イデオロギーの混乱を示している。「文化戦争」の存在は，米国リベラリズム政治思想の臨界点を示すものであり，一度経験してしまったら後には戻れない状況にあるために，今後の展開が注目される。
▷2　「文化戦争」に関する基本的文献は，以下を参照。トッド・ギトリン／疋田三良＆向井俊二＆樋口映美訳（2001）『アメリカの文化戦争——たそがれゆく共通の夢』彩流社。

▷3　ギトリン（2001：17）。
▷4　ここで何度か名前がでたギトリンの場合は，左翼の衰退を嘆くためにあまりに啓蒙主義へとより戻しを図りすぎているのかもしれない。そもそも理性に信頼を置く左翼こそが，文化戦争へと駆り立てられたため，再度，この「理性」の

遍的真理や大きな物語へ寄せていた信頼が揺らいでしまい，文化戦争が起こったという解釈である▷4（Ⅸ-4 1参照）。

　積極的（差別）是正措置（Affirmative Action）撤廃の号令が吹き荒れたのも，文化戦争の文脈においてである。従来，奴隷制などによって迫害を受けてきた人びとの福祉や教育を充実させるために採用された措置であったが，現在は，米国市民の一部だけを優遇するものだという不満の声もあがっている。主流派に属する人びとにとって「不公平」な措置であるという見解が，左派か右派かを問わず示され，これを撤廃する州も登場した▷5。

　また，公正に他者に対して接するために，議長を"chairman"から"chairperson"に変えたり，「黒人」を「アフリカン・アメリカン」，「インディアン」を「ネイティヴ・アメリカン」と呼び換えたりすることで，ことばに政治的に中立的な響きをもたせ，「公平さ」を保とうというポリティカル・コレクトネスの問題もある。しかし，「公平さ」の名の下に，主流派層も「ダッチ・アメリカン」や「ジャーマン・アメリカン」などのように，社会構造上優遇される立場に身を置きながら，「アフリカン・アメリカン」と同等の疑似被害者として振る舞うことが可能になってしまう▷6。つまり，積極的（差別）是正措置の撤廃にしろ，ポリティカル・コレクトネスにしろ，従来の左派が支持していた「公平性」という概念により，逆に主流派保守層の利益に与する帰結を招いてしまったのである。

### 3　文化戦争のゆくえ

　文化戦争は，一見左派が右派を刺激したことで勃発したようにみえるが，じつは，これは保守層が逆に利用してきたものである。「戦争」と認識されたことで，加害者側に立つ単一的なアイデンティティを当然視する人びとと，複合的な背景をもつゆえに被害者の側に配置された人びととの間の関係が対等なものとして受け止められ，政治的承認を受けるための利益の再分配が「公正に」図られようとしている▷7。

　その一方で，文化戦争の生み出す争点にこそ，発話の機会が存在するとも考えられる。この争点においては，上の事例でも示したように右派と左派の思想的ポジションが逆転しているようにみえるため，硬直した教条主義的思想ではなくむしろ偶有性に満ちた思想の可能性が顕在化する。例えば，特定の写真表現が，同性愛的セクシュアリティに満ちている「変態」なのか，それとも「芸術」なのか，という排他的にみえる争点に関しては，どのような社会的条件のもとに，それは「変態」に見え，または「芸術」となるのか，その条件までをも精査することによって，批評家も含む市民たちは文化戦争の争点そのものを相対化させることができるだろう。ここには，本来的なアイデンティティであるとか文化といった概念でさえも再配置させることができる可能性がある▷8。

（藤巻光浩）

もつ歴史性に注目しなくてはならないのである。

▷5　1969年に成立したこの措置であるが，現在では逆差別であるという理由のもとに，カリフォルニア州，ワシントン州，フロリダ州などが続けて撤廃をするための法案を可決した。今後もこの動きは続くとみられている。

▷6　80年代，米国において「ホロコースト」犠牲者が公共の場において政治的認識を求めるために声をあげた。そこで，「ホロコースト」の犠牲者ではない人びとも政治的認識を求めて手をあげたが，そのような多様性を称賛する視点も存在する。以下はその典型的な記述である。Miller, Judith (1990). *One, by One, by One: Facing the Holocaust*. Simon and Schuster.

▷7　しかし，今となっては，このことばがどちらかに属するというわけではなくなった。マイノリティの立場にある者が，例えば積極的差別是正措置の撤廃を求めることもあるからである。誰がどの立場で発言しているのか非常に興味深いので，注意してみてみることを勧める。

▷8　この争点が世間を席巻したのは，[National Endowment of Arts より資金を得た]写真家ロバート・メープルソープの写真展が，ワシントンDCのナショナル・ギャラリーで開催されることになった時であった。また，この論争における文化概念の再配置の可能性を述べたものとして，以下を参照。ジュディス・バトラー／竹村和子訳 (2004)『触発する言葉——言語・権力・行為体』岩波書店。

## IX 社会思想としてのコミュニケーション

# 9 コミュニケーションとデモクラシー

## 1 デモクラシーは必然的「善」なのか

　私たちは，教育を受けメディアに触れ，社会生活を送ってきたなかで，「デモクラシーは到達できるもののなかで最善のシステムである」と信じて疑わなくなっている。世界史の教科書には，古代ギリシャがデモクラシーの発祥の地であるという記述はあるが，他の優れた政治体制に対する言及は皆無である。デモクラシーは，これさえ出てくれば，あたかも問題が解決したかのような錯覚を覚えるほど説得力のあることばである。

　しかし，デモクラシーのモデルとされる古代ギリシャの思想家たちは，デモクラシーをそれほど単純なものとは考えていなかった。アリストテレスが『政治学』のなかで唱えたのは，デモクラシーというよりは貴族制であったし，トゥーキュディデスが書いた『歴史』には，デモクラシーの行き過ぎに留保をつける節「メーロスの対話」がある。彼らにとって，デモクラシーとは，このことばのギリシャ語の成り立ちからもわかるように，デイモス（＝民）がクラテオ（＝統治）するときは，衆愚政治に陥る危険性のあるものである。これが，デマゴーグといわれるもので，民の欲望を受け入れすぎたために，精神が善き徳に到達できなくなってしまう，と考えられていた。つまり，デモクラシーは統治形態の1つにすぎず，むしろデモクラシーが必然的に「善」となるようにみえる時に，注意をしなくてはならないと戒めているのである。

## 2 アレテーと発話行為

　ギリシャ人が信頼を寄せていた徳の1つに，「優れること」を示すアレテーがある。古代ギリシャ期の政治演説家たちは，ギリシャ市民であることに愛着を寄せ，より善いポリス（共通善）のために発話と行為にいそしみ，誰が最も優れたアレテーを発揮するのかを競った。そして，最もよく発話できた者が，最善の市民ということになり，名誉を獲得することができたわけである。

　アリストテレスの著書に，「アテナイ人の国政」がある。この書は，デモクラシーが素晴らしい政治形態で，普遍の真理であることをうたったものではなく，むしろアレテーを発揮したソロンやテミストクレスなどの過去の賢人，つまり最善の公人（＝ポリテイス）の系譜をつづったものである。この書は，アレテー発揮のためには，何が求められているのかを公人やそのリーダーたちに向かっ

▷1　2001年，米国によるアフガニスタン攻撃の後，当時の大統領が「日本やドイツのように，アフガニスタンにデモクラシーを作るのだ」と述べたことは記憶にまだ新しい。
▷2　トゥーキュディデス／小西晴雄訳（1971）『トゥーキュディデス 古典世界文学11』筑摩書房，201-205頁。
▷3　プラトンは『パイドロス』において，民衆の欲望に過剰に迎合することで，私欲を追求する政治家の精神を批判する。その隠喩として，ワインがなかから漏れている樽がでてくる。一方，徳を知る精神は，熟成されたワインを満たす古樽のようなものである。

▷4　Jaeger, Werner (1945). *Paideia: The Ideals of Greek Culture Volume I* (G. Highet, trans.). Oxford University Press, pp. 9-14.
▷5　Poulakos, Takis (1997). *Speaking for Polis: Isocrates' Rhetorical Education*. University of Alabama Press.
▷6　アリストテレス／村川堅太郎訳（1972）「アテナイ人の国制」『アリストテレス全集 17』岩波書店，253-443頁。

て記した一種の君主論でもあり，単なる通史的歴史書ではない。賢人の発揮したアレテーの系譜を通じて，善きポリテイスがいかなる行為や発話を通して徳を発揮したのかを，後世の若者に教授しようとするのである。トゥーキュディデースの『歴史』も同様だが，アレテーの系譜を演説の形態で提示するのは，発話行為がいかにポリスのための最善の行為となるのかを示すためである。

### ❸ 発話行為が生み出すデモクラシーとは

そもそもアレテーが教育を通じて獲得不可能な徳ならば，ポリスの伝統を継承することなど不可能である。実際，プラトンらはそれは教育不可能なものとして一部の人間だけが政治に従事することを可能にする貴族制の方に舵を切っていたのである。しかし，時にはソフィストとして揶揄されることもあった政治演説家らは，アレテーを教育によって育むことができるものとして，その教育哲学を自らの教育の方針とした。これは，教育史上大転換期であった。なぜなら，アレテーは教授可能なものとして，そしてその方法は発話の技術を修練することによって誰でも獲得できるとしたためである。

発話行為が生み出すデモクラシーとは，教育を通じて誰でもアレテーを身につけることができ，そしてこの教育を受けた公人がみなこの徳を発揮することができるようになることを前提とする。なぜなら，この教育観は，アレテーを発揮する人間を血統によって峻別しないため，誰もがその徳を身に付けることができる「開かれた」政治教育の場を作り上げたからである。

それに加え，この徳は過去に存在した理想にしばられた発話をすることを強要しない。過去の理想に縛られるよりも，イソクラテスが「すでに合意された理想ではなく，現在有用と考えられるものに従うべき」と述べるように，現在のポリスの必要性に対応することで生まれる徳を発揮することが求められるのである。したがって，ここでのアレテーとは，過去にすでに理想の域に到達してしまい閉じてしまった知識や徳ではなく，現在における必要性に応じた発話による充足を求め，未完成で開かれている知識を生むための徳なのである。つまり，アレテーの発揮によって可能になる発話とは，さらなる発話による充足を求めるものであり，発話の可能性を閉じることがない。アレテーは，デモクラシーを必然的に善きものにするのではなく，むしろ偶有的なものにするうえで重要な徳なのである。

ここでのデモクラシーとは，多数決ルールに基づくものとして考えられがちであるが，決してそうではない。それは，できるだけ多くの公人による発話を，レトリック学の教育を通して促すものであり，ポリスのあり方を話し続けるための場づくりにあるといっても過言ではない。ここには，合意形成型デモクラシーをはるかに超越していく可能性がある。

（藤巻光浩）

▷7 「アテナイ人の国制」に対して，歴史的な資料としての期待しかもたないのは，君主論というもう1つの文脈を見落とすことになる。君主論は，レトリック学の根幹に据えられるべきジャンルである。イェーガーによれば，このジャンルはイソクラテスの「ピリポスへ」からはじまり，キケロに引き継がれ，マキャベリに引き継がれる。それは，有徳の君主になるための教育を通して，若者が善き公人になるための教育論でもある。

▷8 Jaeger, Werner (1944). "The Prince's Education." *Paideia: The Ideals of Greek Culture Volume III* (G. Hight, trans.). Oxford University Press, pp. 84-105.

▷9 ソフィストたちによる演説教育の方針は衝撃的であった。なぜなら，彼らの教育は，金銭を対価として求めたため，高貴な血筋をもつ者だけでなく，支払い能力のある多くの人びとに開かれたためである。プラトンは，ソフィストらが徳と金銭を交換可能なものにしたため批判したとされているが，実際は，ソフィストらが多くの生徒を獲得したために，見過ごすことができなくなったと考える方が妥当であろう。Jaeger (1945：291).

▷10 Isocrates (1928). "To Nicocles." *Isocrates Volume I* (G. Norlin, trans.). Harvard University Press, p. 69.

▷11 Isocrates (1928). "To Demonicus." *Isocrates Volume I* (G. Norlin, trans.). Harvard University Press, p. 21.

## IX 社会思想としてのコミュニケーション

# 10 偶有性とコミュニケーション思想

### 1 偶有性とは

　偶有性という概念は，「運」を表わす古代ギリシャ語に起源がある。これは，必ずしも幸運だけを意味するのではなく，不運も含む両義的で不確定な状態を示す知識を表わすことばである。まったくどちらに転ぶのかもわからない不安定なモーメントを「運（テュケー）」と言い表わしたのである。

　偶有性は，私たちが扱う知識としては馴染みのないものである。それは，確実で普遍的な知識として定着することを目的とするエピステーメー（知識，科学）とはまったく異なるために，想像しにくい知識なのかもしれない。まず，エピステーメーは，人間の生死に関係なく，朽ちることのない不死身の知識であり，かつ普遍性のあるものとして珍重されてきた。それは，必然性に基づく知識ということも可能である。必然性に基づく知識は，時代が変わっても，場所が移動しても，人類が亡びても，変化することはない。その一方で，偶有性は不安定，不確定であるが故に，変化することが必然的でさえある。必然性に基づく知識であるエピステーメーと，偶有性は対局にある。

### 2 偶有性を原則とするコミュニケーション学

　2006年，全米50以上のラジオ局でスペイン語の米国国歌が流れた。その後，サンフランシスコの街角（ストリート）で，移民たちがスペイン語で唄ったことに対して，ブッシュ前米国大統領が国歌は英語で唄うべきだと反論した[1]。国歌を英語で，つまり国語であるかのごとく振る舞っている英語で唄うことの必然性が，スペイン語で唄うことの「運」によって揺らぎ，しかも，スペイン語で唄うことの可能性が露呈した瞬間であった[2]。一旦，スペイン語で唄うことの可能性が露呈されれば，チャイナ・タウンで北京語や広東語で唄うことの可能性もそこに存在し，またテワ（Tewa）などのインディアンのことばで唄うことの可能性も露呈しはじめる。つまり，米国国歌は他のことばでも唄い得たことがわかってしまったのである。国歌は，国を愛する人びとが，それぞれの母語で唄うという愛着の対象となってもおかしくない[3]。

　米国国歌が，英語で唄うことの必然性があるとき，国歌は「公共」のものとなる。その一方で，国歌をスペイン語で唄うことの可能性が露呈するときも，「公共」のものとなる。ここでは，2つの「公共」をめぐる意味がせめぎ合うことに

[1] ラジオ局の流したヴァージョンは，YouTubeで閲覧可能である（http://www.youtube.com/watch?v=f4gP_pSOCz4）。そこに付されたコメントが興味深い。

[2] スペイン語と英語の境界線は思ったほど強固に引かれているわけではない。この2つは，ゆるやかなグラデーションによる広がりをもっている。2つに数えられることばとして捉えられるときに生じる権力作用に関しては，以下を参照。今福龍太（1997）「バイリンガリズムの政治学」三浦信孝編『多言語主義とは何か』藤原書店，202-225頁。

[3] ここであげられた問いは，スピヴァクとバトラーの対話のなかでも提起された。ジュディス・バトラー＆ガヤトリ・スピヴァク／竹村和子訳（2008）『国家を歌うのは誰か』岩波書店。

なる。1つ目の「公共」は，「政府の」「国家の」という意味を引き連れ，多数派の声だけを反映させ，もしかしたら「共通の」という「公共」の意味をも内包することになる。2つ目の「公共」は，国歌が多くの人に開かれていることを示す「開かれた」という意味を喚起する。どちらも「公共，public」ではあるが，まったく正反対の意味をもつところが興味深い。

ブッシュ前大統領は，前者の「公共」の意味にこだわった。そして，「国歌は英語で唄うべきだ」と言ったその瞬間に，彼のもつ職権と責任において，国歌を何語で唄うことができるか，という可能性まで消し去ることになったのである。しかし，それと同時に，彼が「英語で唄うべき」という一種感情的な反応を示すことにより，「英語以外のことばで国歌を唄うことの可能性を無視できない」または「その可能性を嫌悪する」といった感情の発露も促されたことになる。これは，国歌を英語で唄うという国家的「公共」性が決して必然的なものではなく，むしろ偶有的なものであることが露呈する瞬間でもある。なぜなら，彼の発話は英語以外のことばで唄う可能性が存在することを前提とするからである。

メキシコなどから国境を越えてくる移民たちがスペイン語で米国国歌を唄う時，また，ブッシュ前大統領をはじめとする英語話者である米国人が，「英語」で唄うことを主張する時——どちらの場合も，それぞれの立場から国家に対して，何らかの発話を促されているのである。その発話がいったいどのような「公共」をうたい上げてゆくのかをみてゆく必要がある。保守サイドは，国家において国語を単一言語として配置することを促すなかで，特定の「公共」概念を維持または定着させようとし，移民サイドは，国家ならびに国歌が，多くの母語話者に開かれている可能性をうたい上げようとすることで，別の「公共」概念を作り出そうとしているのである。2つの「公共」を支える意味が，真っ向から対立するのではなく，その内から矛盾を抱え込むことによって，「公共」をめぐる必然的なせめぎ合いを生じさせているのである。

この状態こそが，「コミュニケーション」が起こる場である。なぜなら，それぞれが，国歌を唄うことばが何語であるべきなのかを発話し，交渉し合うことによって，新たな「公共」概念や国家観を生み出そうとしているのである。この偶有的状況，場(トポイ)を確保することは，コミュニケーション学にかかわる私たちにとって重要である。というのも，コミュニケーションを学ぶ私たちは，コミュニケーションが起こる場を，常に確保しなくてはならないからである。もし，国歌は何語で唄うべきで，国家は誰のためのものかという必然的合意が生じる時，偶有的状況や場は消滅し，コミュニケーションは続かなくなってしまう。さらなるコミュニケーションが可能になる偶有的な場，状態を確保し続けることこそが，コミュニケーション学にとって至上の課題である。

（藤巻光浩）

▷4 ビッツァーは，これをレトリカル・シチュエーションと呼んだ。Bitzer, Lloyd F. (1968). "The Rhetorical Situation." *Philosophy & Rhetoric*, 1(1), 25, 1-14.

▷5 ビーセッカーは，この偶有性を，デリダに倣い，「不確実性（undecidability）」と呼ぶ。Biesecker, Barbara (1989). "Rethinking the Rhetorical Situation from Within the Thematic of Difference." *Philosophy & Rhetoric*, 22(2), 110.

▷6 米国国歌を何語で唄うべきかという「問い」のなかに，いまだ姿を見せることのない「言語を迎え入れ，言語を寄せ集める」可能性がある。この可能性のなかに，これから将来に向かって交渉され続ける国家・国歌に関するコミュニカティヴでレトリカルな状況，場を見出すことができる。ジャック・デリダ／守中高明訳 (2001)『たった一つの，私のものではない言葉——他者の単一言語使用』岩波書店, 129頁。

# コラム7

# コミュニカティヴな実践の場としての〈図書館〉

## 1　私小説の「私」化

　ここ10年くらいの間で繰り返し読んだ作品がある。水村美苗が書いた『私小説 from left to right』（新潮社，1995年）だ。これは，通常の日本の小説とは明らかに違う。日本語の小説なのに左から右へと横から読ませる。登場人物たちの会話もしばしば英語に変わる。単なる帰国子女としての経験を生かした「バイリン」小説にもみえる。主人公が，親の仕事の都合で幼少期から米国で暮らし，その後も大学院博士課程に進学。学位修得の試験を受けることを決心したところから物語ははじまる。

　私は，主人公が日本へと帰国するまでの感情の動きや境遇に共感し，長い米国暮らしをした自分の人生を重ねていた。しかし，その後，水村が『日本語が亡びる時』を出版した時に，私は自分の無知を恥じることになった。私は，私小説を文字通り「私小説」化していたのだ。社会や他者との「つながり」を考え，変化させるようなコミュニケーションの問題としてこの作品に向かい合っていなかったのだ。

## 2　読者と〈図書館〉との関係

　本作品は，一言でまとめるならば，〈図書館〉の再-配置を試みる，大胆で，それでいて緻密な構想に裏打ちされたものであった。ここでの〈図書館〉とは，水村のことばを使うならば，「蓄積された書物の総体を抽象的に指す」。それは，例えば，大学や近所にある物理的存在としての図書館とは異なる。これまで人類の歴史において蓄積し，「書」が読者を獲得してきたことによって人びとが知るようになる書物の総体を指す。しかし，〈図書館〉とは読まれるべき言葉とそうでない言葉を選別する機能をもちながら，世界中のあらゆる種類の書籍やフィルムや版画，映像などをすべて収め中立的に振る舞いつつその政治作用を行使する。新聞に掲載されたある記事が，様々な文献や映像などにインターネット上でアクセスすることができることで可能になる〈図書館〉を手放しに称賛したため，彼女は〈図書館〉のもつ政治性に注目したのである。

　読まれるべきものとそうでないものが，じつは読者によって決定され，その結果，〈図書館〉が登場することになるところがポイントである。つまり，「書」は人びとの「読む」行為によりはじめて〈図書館〉において存在感が増す。知へのあくなき欲望に突き動かされる人びとが，英語で文献を読み，そして自分の意見を英語で書き記してゆくことになることで，英語が世界の「普遍語」として定着してゆく。日本人でも理系の研究者や技術者は英語で論文を発表し，今や人文系の学者でさえ英語で発表するようになってきている。英語で出版すれば多くの読者を獲得できるため，さらに議論が展開してゆくことも期待できるからである。〈図書館〉は，英語以外のことばで書かれたものも所蔵するが，それらには英語で書かれたものほど，読者はいないのが実情である。この意味で，水村の考察によれば，現在生まれつつある英語で書かれたものを中心に据える〈図書館〉においては，日本文学は単なる現地語文学の1つになってしまいつつある。

## 3　翻訳の不可能性がひらく〈図書館〉の再-創造

　日本文学者としての水村のこの〈図書館〉への応答は，日本人が「近代文学を読み継がせるのに主眼を置くべき」ということである。日本文学者であれば，このような提案をするのは当然であろう。しかし，私にとって興味深いのは，「英語帝国主義」などの旧態依然とした左翼・道徳的表現に依拠することなく，批判的に英語で書かれた書物を中心に据える〈図書館〉に対峙し，彼女が日本文学の可能性を自分の「書」で切り開こうとしていることである。

　『私小説　from left to right』においては，英語に翻訳されることを拒む日本語のもつ「物質性」を，露わにする部分が多い。ここで，しばしば登場する英語の台詞は，日本語で出版されても英語で出版されても，これらは英語のままということになる。しかし，本作品が英語に翻訳される際，英語のセリフがそのままになってしまっては，2つの間のことばを行き来することによって生まれるニュアンスやそのリアリティの物質性は消滅してしまう。これは，市場原理に任せることによって英語で書かれたものに読者を限定してゆく〈図書館〉のあり方を，翻訳不可能な日本語やそこで生まれるリアリティのもつ物質性を現代日本文学によって継承し，読者を獲得することによって切り崩してゆく作業である。途方もない作業であるが，「書く」人間としてはかけ値の大きい，そして歴史的意義のある作業である。そして，彼女は，世界中の人が日本語で読みたくなるような「日本文学」を創ろうとしているのである。

　私は，この作業のことを「コミュニカティヴな実践」と呼びたい。それは，まず〈図書館〉の存在を「書く」ことと必然的に関わる読者との社会的関係のなかで捉え，そのような〈図書館〉が行使する政治作用を記述する。次に，〈図書館〉のあり方が変化する可能性を，書き手と読み手が新たに創り出す共同体や文脈に関わるものとして追求するのである（しかも，日本語文学を単なる現地語文学から，それ以上のものへと引き上げる，トップダウンの強制をともなわない欲望の再-配置まで試みる）。「書」の問題を，決して「道徳」の問題としてではなく，「書」によって批評するのである。「書く」ことは，読者との関係を築こうとするコミュニカティヴな行為であり，その行為に従事することで，〈図書館〉は決して普遍的な存在ではなく，変化せざるを得ない可能性をもっていることを顕在化させ，その結果，〈図書館〉が再-配置され得ることを提示しているのである。

## 4　研究対象としてのコミュニカティヴな実践

　人の移動にともない生じる「書」や表象には，このようなコミュニカティヴな実践が生まれ得る。観光記や民族誌，留学記なども十分に，この実践に耐えうる質を備え得る（ポストコロニアル文学や亡命者文学などは言うまでもなく）。〈図書館〉が変化せざるを得なくなる契機とは，移動を経験した人びとが新しい形態の「書」や表象を生み出し，それらが新たに読み手を創造し獲得するときに生まれる。このようなコミュニカティヴな実践は研究対象として豊穣である。

（藤巻光治）

▷1　水村美苗（2008）『日本語が亡びるとき——英語の世紀の中で』筑摩書房，125頁。
▷2　水村（2008：317）。
▷3　水村（2008：93）。

# 人名索引

## あ
アドルノ, テオドール　29, 94, 95, 125
アリストテレス　20, 190
アレント, ハンナ　105, 127, 139, 178
アンダーソン, ベネディクト　51, 57
イエーガー, ヴェルナー　175, 190, 191
石田かおり　72, 73
イソクラテス　191
市田泰弘　58
伊藤守　25, 28
ヴィーコ, ジャンバッティスタ　124, 176
ウィトゲンシュタイン, ルードヴィッヒ　143
ウィリアムズ, レイモンド　26, 94, 98
ウェーバー, マックス　3
上野千鶴子　83, 123
ウォルツァー, マイケル　184, 185
内澤旬子　33
内田樹　134, 135, 137
江原由美子　75, 77
エンゲルス, フリードリヒ　106
大澤真幸　136, 180
オースティン, ジョン・L　86
大塚英志　180
大橋由香子　75
大橋洋一　151
岡部朗一　4
荻野美穂　75
小熊英二　47

## か
カーネギー, デール　20
加藤春恵子　69
カナファーニー, ガッサーン　185
苅谷剛彦　131, 145, 146
カント, イマニュエル　120
菅野仁　38
ギアーツ, クリフォード　89
ギデンズ, アンソニー　159, 181
ギトリン, トッド　188
ギボン, エドワード　176
木村護郎クリストフ　107
木村晴美　58
キムリッカ, ウィリアム　184, 185

ギルロイ, ポール　97
クインティリアヌス　124
クリステヴァ, ジュリア　118
グリフィン, エム　82
グロス, エリザベス　11
ケアリー, ジェームス　90, 91
ケルナー, ハンスフリード　159
越田清和　149
ゴッフマン, アーヴィング　48, 170
コノリー, ウィリアム　183

## さ
サイード, エドワード　91, 185
齋藤純一　8, 9
齊藤孝　135
斎藤環　136, 137, 153, 173
酒井直樹　83
サンデル, マイケル　184
ジャゴーズ, アナマリー　83
ジェイミソン, キャスリーン・H　93
ジェイムソン, フレデリック　63, 180
シジェク, スラヴォイ　153
澁谷智子　58, 59
ジョンソン, マーク　124, 125
ジンメル, ゲオルク　38, 39
杉田敦　96
鈴木孝夫　143
スピヴァク, ガヤトリ・C　7, 192
スピルバーグ, スティーヴン　147
スマイス, ダラス　94
スミス, アイリーン・M　34
スミス, W・ユージン　34
セジウィック, イヴ・K　81
セネット, リチャード　47, 159
セルトー, ミシェル・ド　116, 118
ソシュール, フェルディナン・ド　30, 110, 112, 122
ソポクレス　129

## た
戴エイカ　88
タイソン, ロイス　21
高木博志　98, 99
田口ランディ　45
竹村和子　84
多田治　51

立花隆　23
田中克彦　143, 153
田仲康博　51, 91, 96
谷川健一　41
タネン, デボラ　76
鄭暎惠　51
土本典昭　30
デ・パルマ, ブライアン　40
ディドロ, ドニ　177
テイラー, チャールズ　49, 183, 184, 186, 187
デュルケム, エミール　162
デリダ, ジャック　193
トゥーキュディデース　190, 191
トゥレーヌ, アラン　104

## な
仲里効　51
中島梓　137
仲正昌樹　173
中村桃子　76, 102
縄田康光　65
西研　146

## は
ハーヴェイ, デイヴィッド　106
バーガー, ブリジット　159
バーガー, ピーター・L　159
バーク, ケネス　120, 121, 124, 125, 174, 175
パーソンズ, タルコット　52
ハーバーマス, ユルゲン　162
バウマン, ジグムント　123, 177
バダンテール, エリザベート　52, 167
バトラー, ジュディス　85, 189, 192
バフチン, ミハイル　119
バルト, ロラン　138
ビーセッカー, バーバラ　193
ビッツァー, ロイド・F　193
広田照幸　130
フィスク, ジョン　60
フーコー, ミシェル　14, 78, 114, 177
フェアクロー, ノーマン　114, 115
フッサール, エドムント　23, 159
ブラック, エドウィン　90
プラトン　112, 190, 191

## 人名索引

ブルーナ, ディック 46
ブルデュー, ピエール 89, 96, 97, 100-103
古山明男 133
フロイト, ジグムント 153, 154, 157
ヘーゲル 146
ペルクゼン, ウヴェ 118
ベルジー, キャサリン 11, 79
ペレルマン, カイム 169
ベンハビブ, セイラ 179
辺見庸 25
ボーヴォワール, シモーヌ・ド 85
ボードリヤール, ジャン 32, 122, 123, 127, 172, 173
ポウラコス, ジョン 176
ポウラコス, タキス 176, 190
ホール, スチュアート 119
ホブズボウム, エリック 98, 181
ホルクウィスト, マイケル 119
ホルクハイマー, マックス 94, 95, 125
本田由紀 103

### ま

マーヴィン, キャロリン 92
マクルーハン, マーシャル 43, 162
マッキンタイア, アラスデア 184
松本茂 4, 151
マルクス, カール 106
ミード, ジョージ・ハーバート 48, 158
三浦雅士 72
水村美苗 194, 195
ミル, ジョン・スチュアート 182
ムフ, シャンタル 119
メルッチ, アルベルト 104
毛利嘉孝 32, 91, 94, 96, 97, 104, 105
モーリス=スズキ, テッサ 89, 93, 147
本橋哲也 57
森常治 120
森達也 29, 33, 40

### や

柳治男 13, 132
山中速人 148, 149
山根純佳 61

柳美里 53
養老孟司 135
吉見俊哉 26, 88, 96, 100
吉本哲郎 37, 41

### ら・わ

ライアン, デイヴィッド 35, 136
ラカン, ジャック 154-156, 160, 161, 163, 164, 168
ラクラウ, エルネスト 119
李相日 128
リッツア, ジョージ 74, 137
リップマン, ウォルター 36
リントン, ラルフ 46
ルソー, ジャン・ジャック 178
レイコフ, ジョージ 124, 125
レンジャー, テレンス 98
ロールズ, ジョン 184
ロック, ジョン 176
鷲田清一 72
渡邊洋之 91

# 事項索引

## あ

アイデンティティ 11, 47, 48, 50, 51, 159, 183, 186-188
　　——・クライシス 49
　　——の政治 186, 187
アイヌ 47, 149
アイロニー 124, 125
アカー事件 79
アカンフォラ訴訟 80, 81
アクトアップ 104
『悪人』 128
『あさきゆめみし』 146
新しい社会運動 104
新しい雄弁 92, 93
アニメ 146
『アミスタッド』 147
アメリカ・インディアン博物館 89
アルカイダ 25
アレテー 175, 190, 191
安住の地の喪失 159
暗黙の了解 18, 19
家 50, 55, 182
育児休暇 69
意識 152, 153
　　——中心主義 153
　　無—— 152, 153, 157, 160, 164, 165, 167, 171
イスラム 106, 135, 179, 185
異性愛 78, 79
　　——主義 105
逸脱 13
一般意思 178
意味 68, 72, 83, 110, 111, 129, 134, 141, 142
　　——の拡張機能 117
イメージ 44
『イワガミ』 45
隠語 29
隠喩 124, 125
『ウィルとグレイス』 105
『エトワール，または舞台の踊り子』 24
演技 48
「オイディプス王」 129
大きな物語 180, 181

## か

オーディエンス 36, 37, 168, 169
沖縄 47, 91, 96
オキナワン 125
『おくりびと』 63
男脳／女脳 76
男らしさ 68, 69, 78
『おネエMANS』 101
おもてなし 16
親子 52
『オリエンタリズム』 91
女らしさ 68, 69, 78

階級・階層 24, 96, 97, 101, 106, 107
介護 54, 55, 63
化学物質過敏症 145
家族 56-59, 62-65, 54-69
『家族シネマ』 53
語り
　　主人の—— 160, 161, 165
　　大学の—— 163, 165-167
　　ヒステリーの—— 164, 165
　　分析家の—— 165-167
語り部 36, 37
価値 111, 119, 127
学級 132, 152
家庭 52, 53
　　母子—— 65
貨幣 38, 39
カミングアウト 80, 82
慣習行動 100
間主観性 169
換喩（メトニミー） 124, 125
記号 110-129
　　——の恣意性 112
　　——論 112, 113, 115, 119
規範 40, 41, 54, 79
『奇病のかげに』 35
客体 121
教育 130-151
　　——言説 131
　　イエナプラン—— 133
　　学校—— 130, 144
　　家庭科—— 144
　　言語—— 138
　　ゆとり—— 114
共和主義 178, 179
虚構 153, 172
距離の混乱 92
キリスト教宣教師 174
儀礼 91
クィア 82, 83, 183
空間 32, 33, 118, 119
偶有性 192, 193
九相図 62
区分 60, 61
クリティカル・シンキング 139
クローゼット 80
グローバリゼーション 106
グローバル・スタンダード 42, 43
クロス・オーナーシップ 96
ゲイ運動 81
啓蒙主義 176, 177
ゲーム 146
化粧（メーク） 72, 73
血縁関係 50, 65
結婚式 99
決定不可能性 128, 129
血統 50
建国記念日 181
現実 120, 121, 123, 126, 127, 152-154, 172
　　——界 154, 155
『源氏物語』 146
言説（ディスクール，ディスコース） 11, 14, 15, 114, 115, 131
　　——の資源 8, 9
『原発切抜帖』 30, 31
権力 40
公共 178, 193
広告 94, 95, 97
コーダ 58, 59
『コーダの世界』 58
『ゴーマニズム宣言』 147
国際教育 140, 141
国際法 42, 43
国民 47
　　——国家 47, 49, 182
個人 54-69

――主義 3
個性 122
国家 56, 192, 193
孤独死 66
コミュニケーション
　――至上主義 136
　――中心主義 177
　――能力 103, 136-139
　――不全症候群 137
　異文化―― 141
　オーラル・―― 130
　マス・―― 5
コミュニタリアニズム 184, 185
コミュニティ 66
コンプレックス 167

**さ**
在日韓国・朝鮮人 50
在留特別許可 103
裂け目 33
『ザ・コーブ』 90
「サザエさん」 64
サブカルチャー 49
差別 49, 50
サムライ・ジャパン 168, 169
3K 106
死 62, 63
CDA（批判的ディスコース分析，批判的談話分析） 114, 115
シーニュ 112, 113
ジェンダー 49, 68-87, 101
　――・バランス 77
　――・フリー 52, 54, 77
　トランス―― 82
自我 158, 159, 161, 164, 165
自己 46, 47, 61, 121, 183
　――責任 162
『私小説 from left to right』 194
自然的態度 22, 23, 159
自然／文化 76, 77, 85
思想 174, 175
視聴者 94
視聴率 95
自動車損害賠償保障法 12
シニフィアン 11, 112, 113
シニフィエ 11, 112, 113
自分探し 136, 137
シミュレーション 123
社会参加 66
社会文化的実践 114, 115

集会及政社法 102
主体 11, 121, 161
　言表行為の―― 161
　言表内容の―― 161
　行為――（エイジェンシー） 27
　知っているはずの――（sss） 168, 169
出産 74, 75
出自 50
『修羅の刻』 146
手話 58
順位づけ 18
生涯学習 148
商業主義 99
条件づけ 10
常識 22, 68, 69
象徴界 154, 155
象徴暴力 102, 103
消費 89
　――者 144, 145
　――社会 73, 122, 123
　――文化 97
植民地主義 174
女性専用車両 70
女装タレント 81
新参者 31
人種 49, 101
身体 31, 34, 35, 100, 121, 134
　――改造 134
　――加工 72
人文主義 176, 177
スクリーン 174, 175
スタディツアー 148, 149
ステレオタイプ 27, 36, 51, 65
ストーカー 71
スペクタクル化 89
刷り込み 142
生活 144
　――者 144, 145
生産・消費のプロセス 115
精神 152-173
　――活動 116
　――分析 154, 156, 157, 171
性的指向性 →セクシュアリティ
性的少数派 81, 82, 85
性転換 82
制度 12, 13
性同一性障害 101
生物学的性別 77

性別役割分業 52, 55, 68, 77
性暴力 70, 71
生命 60, 61
　――政治 60
セクシュアリティ 49, 68-87, 101
　ヘテロ――（異性愛指向） 79
セクシュアル・ハラスメント（セクハラ） 68, 71
セックス（性別） 77, 78, 85-87
　――とジェンダーの連結 78
節合 119
セルフ・コントロール 171
尖閣諸島 128
『戦国BASARA』 146
戦時性暴力被害者（従軍慰安婦） 70, 71
全体意思 178, 179
「千の風になって」 62
戦略と戦術 116
臓器提供 62
想像界 154, 155
創造の共同体 51
ソフィスト 191

**た**
体育座り 135
太陰太陽暦 42
体外受精 74
第二のペルソナ 90
太陽暦 42
対話 43
他者 46, 47, 51, 61, 121, 136, 137, 157-159, 181, 183
　内在化された―― 158, 159
多文化共生 106
多文化主義 183, 186, 187
　批判的―― 187
多様化／多様性 64, 65, 106
単一民族神話 47
誕生日 60
地域通貨 39
痴漢 70, 71
地球村 43, 162
血筋 57
茶の湯 16, 17
中間階級 104
朝鮮学校 130
著作権（コピーライト） 93
ツーリズム 148
　マス・―― 149

199

伝え合い 4-9
つながりの思考 140
定義 4, 5
抵抗 73, 82, 83, 97, 104
ディズニーランド 172, 173
ディベート 108, 109
提喩（シネクドキ） 124, 125
テクスト 114, 115
テクノロジー 74, 75, 92
デジタル技術 93
デモクラシー 190, 191
テロとの戦い 25
伝統 14, 64, 91, 98
当事者性 37
ドキュメンタリー・フィルム 30
独立記念日 181
都市 25
　　——のなかのムラ 66, 67
図書館 194, 195
トトロの森 127
『となりのトトロ』 127
ドメスティック・バイオレンス 71
共働き 64

な　『なんて素敵にジャパネスク』 146
ナンバ歩き 134
二項対立 27, 60, 81, 85, 87, 101, 185
偽物 36
日本 107
　　——手話 58
ニューカマー 106, 107
人間中心主義（ヒューマニズム） 20, 139, 176
妊娠 61, 75
　　——中絶 60
妊婦 61
ノイズ 7
脳化 135
脳死 62
ノーチャイム 132, 133

は　排除 66, 67
場所 118, 119
パターナリズム（温情主義） 139
『はだしのゲン』 147
バックツアー 149
バックラッシュ 84
パッケージ化 32
初詣 98, 99

『話を聞かない男，地図の読めない女』 76
ハビトゥス 100
　　——的志向 101
パフォーマティヴィティ 86, 87
パブリック・キス 105
バルバンの自殺 79
反企業・ブランド運動 97
反社会性 105
反省的態度 22, 23
ハンセン病 33, 56
ひきこもり 136, 137
PISA調査 138
『人を動かす』 20
避妊 75
被爆者 36
比喩 124
広場恐怖症 102
ファッション 73, 110
フェミニズム 52, 76, 84, 85, 182
　　第1波／第2波—— 84, 182
『武士道』 98
ぷちナショナリスト 9
部落 50
ブランド 110
プロパガンダ 37
文化 11, 16, 17, 85, 88-107
　　——産業 94
　　——実践 91, 100, 105
　　——資本 89, 100
　　——消費 105
　　——戦争 188, 189
　　——表象 91
　　——流通 105
　　聴—— 58, 59
　　日本—— 89, 96
　　ろう—— 58, 59
分節 4
ヘテロセクシズム（異性愛主義） 55, 79
『ベルサイユのばら』 146
偏見 29
法 11-13
報道内容 30
『ボーイズ・ドント・クライ』 86
捕鯨 91, 119
母語 142, 143
ポストコロニアル 183, 195
ポストモダニズム 180, 188

ポストモダン 123, 181
母性 52
　　——本能 167
ホムンクルスの小人 134
ホモフォビア（同性愛嫌悪） 81, 105
ポリティカル・コレクトネス 189
ホロコースト 177
本物／偽物 27, 36, 126, 127

ま　マクドナルド化 74, 137
マルクス主義 96
漫画 146
『ミッフィー』 46
『水俣　MINAMATA』 34
『水俣からの伝言——海と山と町の言葉』 41
水俣病 34-37, 41, 45, 54, 57, 145, 149
民族 49, 51, 101
無買デー 97
メディア 24-45, 48, 49, 146
　　——・コングロマリット 94
　　オルタナティブ・—— 37, 43
　　マス・—— 25, 40, 41, 44, 49, 80, 81, 96
　　マルチ—— 147
メディエーション 26
目の錯覚 19

や　役割 53
優生保護法 56, 57
『ゆで卵』 25
夢 152, 172
予測不可能性 38
夜スペ 131

ら　離婚 64, 65
『リダクテッド　真実の価値』 40
リダクト 40
リベラリズム 182, 183
両性具有 79
領土問題 128, 129
歴史 146
　　——研究 109
レズビアン 82
レトリック 29, 88, 116, 117, 130, 131, 168, 175
　　クリティカル・—— 183
『レベル5』 34
連帯 82, 83

男たちの──（ホモソーシャル）  81
論理実証主義  168

**わ**
『わかりあえない理由』  76
『わたし出すわ』  38, 39

## 執筆者紹介 （氏名／よみがな／生年／現職／主著／よくわかるコミュニケーション学を学ぶ読者へのメッセージ）　＊執筆担当は本文末に明記

**板場良久**（いたば　よしひさ／1964年生まれ） 
獨協大学外国語学部教授
『よくわかる異文化コミュニケーション』（共著・ミネルヴァ書房）
『異文化コミュニケーション研究法』（共著・有斐閣），『異文化コミュニケーションの理論』（共著・有斐閣），『日本のレトリックとコミュニケーション』（共著・三省堂）
「コミュニケーション」という標語が流通するなかで起こっている「思わぬこと」を思えるような立場から新たなコミュニケーションを起こしていきませんか。

**伊藤夏湖**（いとう　なつみ／1985年生まれ）
東京大学大学院学際情報学府学際情報学専攻修士課程
『よくわかる異文化コミュニケーション』（共著・ミネルヴァ書房）
『ヒューマン・コミュニケーション研究』第38号（論文掲載・日本コミュニケーション学会），『放送メディア研究第8号』（論文掲載・NHK放送文化研究所）ローカリティの問題や地域発信のメディアに関心があります。

**池田理知子**（いけだ　りちこ／1958年生まれ） 
福岡女学院大学人文学部教授
『よくわかる異文化コミュニケーション』（編著・ミネルヴァ書房）
『異文化コミュニケーション・入門』（共著・有斐閣），『現代コミュニケーション学』（編著・有斐閣），『メディア・コミュニケーション論』（共編著・ナカニシヤ出版）
「他者」とどのような関係を結び，そこにどういった意味を見出していくのか。コミュニケーション学の課題は私たちの身のまわりにたくさんあります。

**北本晃治**（きたもと　こうじ） 
帝塚山大学全学教育開発センター教授
「ラカン『欲望のグラフ』から見たコミュニケーション教育の本質」『ヒューマン・コミュニケーション研究』第37号（日本コミュニケーション学会），「ラカン的視点を応用したコミュニケーション教育の方法論を考える」『スピーチ・コミュニケーション教育』第20号（日本コミュニケーション学会）
「わたし」という意識を自明のものとせず，その成り立ちをじっくりと考えてみることが大切です。

**青沼　智**（あおぬま　さとる／1964年生まれ）
国際基督教大学教養学部教授
『よくわかる異文化コミュニケーション』（共著・ミネルヴァ書房）
*The Enola Gay in American Memory: A Study of Rhetoric in Historical Controversy*, UMI/ProQuest Information and Learning.
「文化・言語」帝国主義のみならず，帝国主義そのものに対してもっと強く異議を唱える必要性を痛感しています。

**中西満貴典**（なかにし　みきのり／1953年生まれ） 
元　岐阜市立女子短期大学教授
『暴力と戦争（記号学研究23）』（共著・東海大学出版会），『ディスコースを分析する──社会研究のためのテクスト分析』（共訳・くろしお出版）
記号や現実を，対立する概念や，ちぐはぐな結びつきからなる躍動の空間とみる観点を一緒に考えていきませんか。

執筆者紹介（氏名／よみがな／生年／現職／主著／よくわかるコミュニケーション学を学ぶ読者へのメッセージ）＊執筆担当は本文末に明記

**藤巻光浩**（ふじまき　みつひろ）

静岡県立大学国際関係学部准教授
『グローバリゼーション・スタディーズ（新編）』（共編著・創成社），『〈言語の可能性〉7　言語とメディア・政治』（共著・朝倉書店），『説得コミュニケーション論を学ぶ人のために』（共著・世界思想社）
残念だが，「コミュニケーション」ということばかりが溢れる状況は，逆にその可能性をみえにくくさせている。

**師岡淳也**（もろおか　じゅんや）

立教大学異文化コミュニケーション学部准教授
『メディア・コミュニケーション論』（共著・ナカニシヤ出版），*The Rhetoric of the Foreign Worker Problem in Contemporary Japan*（Doctoral dissertation）（Accession Order No. AAT 3224014）
コミュニケーション（能）力がもてはやされる風潮に，コミュニケーション研究者としてどのように向き合うのかが最近の関心事です。

**吉武正樹**（よしたけ　まさき）

福岡教育大学教育学部教授
『媒介言語を学ぶ人のために』（共著・世界思想社），『21世紀の英語科教育』（共著・開隆堂），*Dialogue among diversities: International and Intercultural Communication Annual*, Vol. 27（共著・NCA）
「私」とは教育コミュニケーションによる「作品」です。これらを考えることはまさに自身を知ることなのです。

やわらかアカデミズム・〈わかる〉シリーズ
よくわかるコミュニケーション学

| 2011年3月30日　初版第1刷発行 | 〈検印省略〉 |
| 2021年11月30日　初版第6刷発行 | |

定価はカバーに
表示しています

編著者　板　場　良　久
　　　　池　田　理知子
発行者　杉　田　啓　三
印刷者　藤　森　英　夫

発行所　株式会社　ミネルヴァ書房
607-8494 京都市山科区日ノ岡堤谷町1
電話代表（075）581-5191
振替口座　01020-0-8076

© 板場良久・池田理知子, 2011　亜細亜印刷・新生製本

ISBN978-4-623-05957-7
Printed in Japan

## やわらかアカデミズム・〈わかる〉シリーズ

| | | |
|---|---|---|
| よくわかる異文化コミュニケーション | 池田理知子編著 | 本体 2500円 |
| よくわかるヘルスコミュニケーション | 池田理知子・五十嵐紀子編著 | 本体 2400円 |
| よくわかる社会学［第3版］ | 宇都宮京子編 | 本体 2500円 |
| よくわかる現代家族［第2版］ | 神原文子ほか編著 | 本体 2600円 |
| よくわかる宗教社会学 | 櫻井義秀・三本 英編 | 本体 2400円 |
| よくわかる環境社会学［第2版］ | 鳥越皓之・帯谷博明編著 | 本体 2800円 |
| よくわかる国際社会学［第2版］ | 樽本英樹著 | 本体 2800円 |
| よくわかる医療社会学 | 中川輝彦・黒田浩一郎編 | 本体 2500円 |
| よくわかる観光社会学 | 安村克己ほか編著 | 本体 2600円 |
| よくわかるメディア・スタディーズ［第2版］ | 伊藤 守編著 | 本体 2500円 |
| よくわかる質的社会調査 技法編 | 谷 富夫・芦田徹郎編著 | 本体 2500円 |
| よくわかる質的社会調査 プロセス編 | 谷 富夫・山本 努編著 | 本体 2500円 |
| よくわかる文化人類学［第2版］ | 綾部恒雄・桑山敬己編 | 本体 2500円 |
| よくわかる統計学 Ⅰ 基礎編［第2版］ | 金子治平・上藤一郎編 | 本体 2600円 |
| よくわかる統計学 Ⅱ 経済統計編［第2版］ | 御園謙吉・良永康平編 | 本体 2600円 |
| よくわかる学びの技法［第3版］ | 田中共子編 | 本体 2200円 |
| よくわかる卒論の書き方［第2版］ | 白井利明・高橋一郎著 | 本体 2500円 |

――― ミネルヴァ書房 ―――
http://www.minervashobo.co.jp/